VERLAG ANTJE
KUNSTMANN

JAMES HAMBLIN

NATÜRLICH WASCHEN!

WAS UNSERE HAUT WIRKLICH GESUND HÄLT

Aus dem amerikanischen Englisch
von Christine Ammann

Verlag Antje Kunstmann

INHALT

PROLOG

Vor fünf Jahren habe ich aufgehört zu duschen.

Zumindest nach gängiger Vorstellung. Ab und zu halte ich meine Haare noch unter Wasser, verzichte aber auf Shampoo und Pflegespülung, und Seife nehme ich nur noch für die Hände. Auch die anderen Körperpflegeprodukte, die ich früher mit Sauberkeit verbunden habe, wie Peelings, Feuchtigkeitslotionen oder Deos, verwende ich nicht mehr.

Ich würde das nicht unbedingt jedem empfehlen, denn in vielerlei Hinsicht war es furchtbar. Aber es hat mein Leben verändert.

Gern würde ich behaupten, ich hätte mit dem Duschen aus ehrenwerten, tugendhaften Gründen aufgehört: Etwa, weil in Amerika dabei durchschnittlich 75 Liter völlig sauberes Wasser verbraucht werden, oder weil das Wasser mit erdölhaltigen Reinigungsmitteln und Seife verschmutzt wird und das Palmöl der Seifen aus Plantagen stammt, für die Regenwald gerodet wurde. Oder weil die Schiffe und Güterzüge, auf denen die Körperpflegeprodukte rund um den Globus reisen, von fossilen Kraftstoffen angetrieben werden, weil die antimikrobiellen, konservierenden Zusatzstoffe und das Mikroplastik in unsere Seen und Flüsse, in unsere Nahrung, unser Grundwasser und schließlich in unsere Körper gelangen. Weil die endlosen Reihen aus Plastikflaschen, in denen die Produkte in den Drogeriemärkten der Welt stehen, niemals verrotten werden, sondern sich als große Inseln auf unseren Meeren sammeln. Oder weil die Wale tragischerweise versuchen, sich mit diesen Inseln zu paaren.

Das mit den Walen stimmt nicht (hoffe ich). Aber all die anderen guten Gründe dafür, mit dem Duschen aufzuhören, sind tatsächlich die globalen Auswirkungen der individuellen Hygienegewohnheiten von rund sieben Milliarden Menschen. Aber daran hatte ich gar nicht gedacht, als ich mit dem Duschen aufhörte.

Meine Motivation war viel einfacher und hatte nicht wirklich mit dem Duschen zu tun. Ich war gerade nach New York gezogen, wo alles kleiner, teurer und schwieriger ist. Erst kurz zuvor hatte ich meine Arztkarriere in Los Angeles aufgegeben, weil ich Journalist werden wollte. Obwohl mir fast jeder davon abriet, entschied ich mich gegen einen Beruf mit voraussichtlich 500.000 Dollar Jahresgehalt und für eine Branche im weltweiten Niedergang. Ich zog ans andere Ende der USA und befand mich wieder ganz unten auf der Karriereleiter, in einem winzigen Appartement. Vor mir lag ein Weg, der in jede Richtung durch dichten Nebel führte. Ein Mentor riet mir, die Leiter erst wieder zu erklimmen, wenn ich mir zumindest sicher wäre, dass sie an der richtigen Wand stehe.

Ich denke nicht, dass das heißen sollte, »hör auf zu duschen«. Doch für mich war das der richtige Moment, mein Leben einer gründlichen Inventur zu unterziehen. Ich stellte alles auf den Prüfstand und überlegte, auf welche Besitztümer und Gewohnheiten ich versuchsweise verzichten konnte. Um unnötige, wiederkehrende und unüberlegte Kosten zu vermeiden, schraubte ich meinen Kaffee- und Alkoholkonsum herunter, meldete Fernsehen und Internet ab und verkaufte mein Auto. Ich liebäugelte sogar mit einem Leben im Camper, weil das bei Instagram so glamourös aussah, aber davon rieten mir meine Freundin und alle anderen entschieden ab.

Obwohl ich nicht viel Geld für Seife und Shampoo ausgab, fragte ich mich, wie viel Zeit ich alles in allem für die Hygiene aufwendete. Um Menschen dabei zu helfen, schlechte Gewohnheiten abzulegen, schätzen Verhaltensökonom*innen und Produktivitätsexpert*innen gerne die Langzeitwirkung selbst kleinster Entscheidungen: Wenn man etwa in New York täglich eine Packung Zigaretten raucht, gibt man dafür im Jahr mindestens 5000 Dollar aus. Wenn man mit dem Rauchen aufhört, spart man also in den nächsten zwanzig Jahren, Preissteigerungen mitgerechnet, mindestens 200.000 Dollar. Würde man nie wieder zu Starbucks gehen, könnte man, wenn ich das richtig verstanden habe, sich wohl ein Ferienhaus auf den Bermudas kaufen. Wendet man also für Duschen und Körperpflege täglich eine halbe Stunde auf, verbringt man in hundert Lebensjahren – optimistisch betrachtet und weil es sich leichter berechnen lässt – 18.250 Stunden damit. Ohne Duschen hätte man also volle zwei Lebensjahre mehr freie Zeit.

Freund*innen und Familie wandten allerdings ein, ich würde die zusätzliche Zeit kaum genießen können, da ich mich eklig und ungepflegt fühlen würde. Meine Mutter befürchtete, dass ich mir Krankheiten einfinge, wenn ich die Keime nicht mehr abwusch. Vielleicht würden mir all die so menschlichen Gewohnheiten fehlen, mit denen wir uns zwangsläufig Zeit für uns nehmen und uns zumindest scheinbar der Welt so zeigen können, wie sie uns sehen soll. Oder ich würde einfach die angenehm warme Dusche und das Gefühl vermissen, der Welt jeden Morgen wie neu entgegenzutreten.

Aber was, wenn das alles nicht eintreten würde? Wenn ich seltener erkältet wäre, meine Haut besser aussähe und ich bessere Gewohnheiten und Rituale finden würde? Was, wenn all die Produkte in unseren Badezimmern uns vor allem dazu animieren sollen, immer mehr Produkte zu kaufen? Shampoos gegen fettiges Haar und die Pflegespülungen, die dem Haar das Fett wieder zurückgeben, Seifen gegen fettige Haut und die Feuchtigkeitslotionen, die der Haut das Fett wieder zurückgeben? Wie soll man das wissen, wenn man nie mehr als ein paar Tage lang darauf verzichtet hat?

»Ich weiß, wie es sich anfühlt, wenn man nicht duscht«, sagen die meisten Skeptiker. »Nicht gut.« Und ich gebe ihnen recht. Ich weiß, wie es sich anfühlt, keinen Kaffee zu trinken: nicht gut. Oder wie es ist, auf eine Party zu gehen, wo man niemanden kennt: nicht gut. Oder einen Marathon zu laufen, wenn man nicht trainiert hat:

auch nicht gut. Aber ich weiß auch, wie es sich anfühlt, nach und nach weniger Kaffee zu trinken, sich in ungewohnten sozialen Kreisen langsam immer wohler zu fühlen oder gut trainiert 42 Kilometer zu laufen, ohne am liebsten sterben zu wollen.

Je allmählicher man sich an neue Abläufe gewöhnt, desto leichter fallen sie einem oder machen sogar Spaß. Und genauso kann man seine täglichen Gewohnheiten der Körperpflege verändern. Je weniger Produkte ich verwendete, desto weniger brauchte ich auch – das sagte mir jedenfalls mein Gefühl. Meine Haut wurde nach und nach weniger fettig, ich hatte weniger Ausschlag. Ich duftete nicht nach Kiefer und Lavendel, roch aber auch nicht so streng wie früher, als ich die Achseln noch täglich mit Deo zukleisterte und dann einmal nicht daran dachte. Wie meine Freundin sagte: Ich roch »nach Mensch«. Aus anfänglicher Skepsis wurde bald Begeisterung.

Allerdings bilde ich mir nicht ein, ich hätte nie schlecht gerochen. Mit der Zeit kam das nur immer seltener vor. Ich erkannte bestimmte Muster. Akne oder schlechter Geruch gingen meistens mit Stress, Schlafmangel oder allgemeinem Unwohlsein einher. Wenn ich auf dem Bauernhof meiner Familie in Wisconsin war oder im Urlaub im Yellowstone-Park wanderte, wo ich manchmal tagelang kein richtiges Klo sah, roch ich meistens ganz anständig und sah ordentlich aus. Doch wenn ich in den trägen Wintermonaten nur ins Büro und wieder nach Hause ging und mich ansonsten kaum bewegte, fühlte ich mich armselig und roch auch so. Insgesamt entwickelte ich vor allem ein besseres Gefühl dafür, was mein Körper »mir sagen wollte«. Offenbar weniger »wasch dich«, sondern eher »geh raus, beweg dich, sei gesellig, etc.«. (Manchmal nuschelt mein Körper noch immer »etc.«).

In gewissem Sinne konnte ich nur mit dem Duschen aufhören, weil ich von Geburt an großzügig mit Privilegien ausgestattet worden war: Ich bin weiß und männlich, habe keine Bewegungseinschränkungen, bin insgesamt gesund, relativ jung, und ich kann es mir leisten, gut sitzende Kleidung zu kaufen, die keine Löcher (oder wenn dann absichtliche) hat, und sie regelmäßig zu waschen und zu wechseln. Ich bin gebildet und beherrsche die Landessprache fließend. Darum muss ich mich in dieser Welt nicht extra beweisen und durch ein erwartungsgemäßes Äußeres zeigen, dass ich dazugehöre. Selbst ungeduscht und ungepflegt hält man mich für kompetent und professionell und heißt mich gern in jedem Restaurant willkommen. Kurzum, ich muss kaum etwas tun, damit man mich für sauber hält.

Die sozialen Normen, nach denen Sauberkeit seit Langem als positiv gilt, stehen unter anderem in engem Zusammenhang mit der Geschichte der Hygiene und der sanitären Einrichtungen. Manche Vorstellungen von Sauberkeit gelten fast universell und lassen sich durch evolutionsbedingte Ekelgefühle erklären, die der Krankheitsvermeidung und dem Selbsterhalt dienen. Andere gehen jedoch weit über den vernünftigen Schutz vor Infektionskrankheiten und Vergiftungen hinaus. Hygienemaßnahmen, die uns vor Krankheiten schützen, haben sich mit gesellschaftlich bedingten Vorgehensweisen vermischt, die letztendlich auf komplexen, von Generation zu Generation weitergegebenen Glaubenssystemen beruhen. Diese wiederum definieren unseren Platz in der Welt und helfen uns, das richtige Gleichgewicht zwischen Zugehörigkeit und Individualität zu finden. Schon lange werden selbst höchst persönliche Entscheidungen im Bereich der Körperpflege von Machtstrukturen beeinflusst und gesteuert.

Während ich an diesem Buch arbeitete, machte ich gleichzeitig einen Abschluss im Fach Öffentliches Gesundheitswesen und beendete eine Facharztausbildung in Vorsorgemedizin. Dieses relativ neue Fachgebiet versteht sich als Gegengewicht zur bisherigen medizinischen Praxis, das Augenmerk vor allem auf Lösungen für Symptome und eng definierte, zeitlich begrenzte Behandlungen zu legen, aber die eigentlichen Ursachen und Probleme kaum zu berücksichtigen. Die Präventivmedizin möchte Krankheiten stattdessen vor allem vorbeugen, und das bedeutet in vielen Fällen erst einmal Zugang zu vernünftiger Nahrung, sauberem Wasser und einer Gemeinschaft, in der ein engagiertes, aktives, sinnstiftendes Leben möglich ist. Auch wenn Gesundheit für jeden etwas anderes bedeuten mag, hat sie doch stets mit einer gewissen, vor allem finanziellen Freiheit und mit frei verfügbarer Zeit zu tun, denn erst dann kann der Mensch gut leben und sich auf zwischenmenschliche Beziehungen und eine sinnvolle Arbeit konzentrieren.

Auch solche Gedankengänge inspirierten mich dazu, der Frage nachzugehen, wie viel Geld und Zeit wir in unsere Körperpflege investieren und welche Normen überhaupt definieren, was dabei normal ist. Viele der Normen wurden und werden von einer stetig wachsenden Industrie bestimmt, die uns seit zweihundert Jahren Gesundheit, Glück, Schönheit und Akzeptanz verspricht, sich aber eigentlich auf im wahrsten Sinne des Wortes oberflächliche Kriterien stützt. Und damit begann meine mehrjährige Erkundungsreise in die Welt und die Geschichte der Seife. Unterwegs analysierte ich die Reichtümer, Produkte und Glaubenssätze der Branche, vom Seifenboom des 19. Jahrhunderts bis zur heutigen Hautpflegeindustrie. Ich sprach mit Mikrobiolog*innen, Allergolog*innen, Genetiker*innen, Ökolog*innen, Kosmetikfachleuten, Seifenfans, Venture-Capital-Unternehmen, Historiker*innen, Amischen, Entwicklungshelfer*innen und ein paar waschechten Betrüger*innen und erfuhr, dass sich unsere Vorstellung von *sauber* oder *rein* gerade grundlegend verändert.

Man schätzt den globalen Umsatz mit Seifen, Reinigungsmitteln, Deos, Haar- und Hautpflegeprodukten auf viele Billionen US-Dollar. Die Parade aus Flaschen, Tuben und Döschen, die sich in unseren Duschkabinen und Spiegelschränken aneinanderreiht, dürfte wesentlich imposanter sein als die früherer König*innen. Vieles davon wird uns nicht als Luxus verkauft, sondern als unbedingt notwendig. Ihren unvergleichlichen Höhenflug verdankt die Branche großteils dem Versprechen, unseren Körper vor der Außenwelt zu beschützen.

Doch während wir immer umfangreichere und intensivere Körperpflege betreiben, vergessen wir leicht, was das für die Billiarden von Mikroben bedeutet, die auf unserer Haut leben. Dabei begreift die Wissenschaft erst in Ansätzen, welchen Einfluss die Mikroben auf viele unserer Körperprozesse haben. Ihre große Mehrheit ist nämlich nicht nur harmlos, sondern sogar sehr wichtig für unsere Haut und somit auch für unser Immunsystem.

Die bisherigen Erkenntnisse über das Hautmikrobiom sind jedenfalls bereits Grund genug, unsere Vorstellungen über Seife und Hautpflege zu überdenken und unsere täglichen Gewohnheiten, mit denen wir vermeintlich etwas für Gesundheit und Wohlbefinden tun, einer gründlichen Prüfung zu unterziehen. Die Haut mit ihrem Mikrobiom ist die Schnittstelle zwischen uns und der Natur. Die Mikroben gehören dabei teils zu uns, teils auch nicht. Je mehr wir über dieses komplexe, vielfältige Ökosystem wissen, desto grundlegender könnten sich unsere Vorstellungen von der Hautbarriere, die uns von unserer Umgebung trennt, verändern.

Dieses Buch möchte auch dazu einladen, sich auf die Komplexität der Welt um uns herum und der auf unserer Haut einzulassen. Auch wenn Sie nicht aufhören wollen zu duschen.

***

Ich habe dieses Buch noch vor der Corona-Pandemie geschrieben. Sie griff gerade um sich, als das Buch gedruckt werden sollte. Darum findet Covid-19 auf den folgenden Seiten keine Erwähnung. Aber auch in Zeiten eines neuen Pandemiebewusstseins verlieren die Geschichten und Grundsätze, von denen dieses Buch erzählt, nichts von ihrer Bedeutung. Wenn wir uns von der einen Pandemie erholt haben werden, wird irgendwann die nächste kommen. Vielleicht ist es heute sogar wichtiger denn je, unsere täglichen Reinigungsgewohnheiten zu überdenken und uns zu fragen, was wir konsumieren wollen und in welcher Beziehung wir eigentlich zur Natur stehen.

Ich habe Hoffnung, dass uns ein besseres Verständnis und Bewusstsein für das mikrobielle Leben in den nächsten Jahren dienlich sein wird.

I. MAKELLOS

Der Aufzug hält im siebten Stock, ich betrete luxuriöse, sonnendurchflutete Geschäftsräume, hoch über dem Bryant Park in Manhattan. In diesem Herbst 2018 ist es drei Jahre her, dass ich mein Gesicht zum letzten Mal gewaschen habe. Hier soll nun nachgeschaut werden, welche Folgen das hat.

Bodenvasen mit mannshohen Blumenarrangements zieren das Fischgrätparkett. Ein großer Kamin ganz in Weiß, ätherische Flötenmusik erfüllt den Raum. Unter einem Kronleuchter wartet ein Bett mit schneeweißen Laken. Ich befinde mich im Hauptsitz von Peach and Lily, einem rasant aufstrebenden Unternehmen, das auf koreanische Traditionen der Hautpflege und ihre westliche Ausprägung, K-Beauty, setzt, ein Ritual mit häufig zehn oder mehr Pflegeschritten, Reinigung, Gesichtswasser, Feuchtigkeitsspender, Sheet-Masken ...

Die Unternehmensgründerin Alicia Yoon studierte in Harvard BWL, ist gelernte Kosmetikerin und wurde vor allem durch Hautbehandlungen mit Schneckensekret bekannt. In nur zwei Jahren mauserte sich die kleine Onlineboutique Peach and Lily zu einem Anbieter mit einer umfangreichen Produktlinie, die in Läden wie Urban Outfitters oder CVS verkauft wird. Eine gigantische Welle trug das Unternehmen nach oben. Der Marktbereich K-Beauty wuchs in Südkorea, wo er eine lange Tradition hat, explosionsartig auf 13 Milliarden US-Dollar. Und dank seiner Popularität konnte das Hautpflegesegment in der US-Schönheitsindustrie sogar das Make-up-Segment überflügeln. Hochwertige Hautpflegeprodukte legten allein 2018 um 13 Prozent zu und damit stärker als das BIP.

Als ich den Aufzug verlasse, begrüßt mich eine fröhliche Assistentin, ich solle mich bitte entkleiden. Ich erkläre, dass ich eigentlich für eine Gesichtsbehandlung hier sei. Sie lacht, das wisse sie, reicht mir einen Bademantel und einen Fragebogen zu meiner täglichen Hautpflege. Dann lässt sie mich zum Umziehen allein.

Ich wende mich dem Fragebogen zu. Er ähnelt denen, die man beim Arzt ausfüllen muss. Es gibt Fragen zu Allergien, zur Ernährung und jede Menge zu meiner Haut: Was für ein Peeling benutze ich? Welche Feuchtigkeitslotionen? Welche Seren? Welche Reinigungslotionen? Wie oft, in welcher Reihenfolge und Kombination?

Die Fragen sind schnell erledigt, ich benutze nichts. Yoon kommt und begrüßt mich freundlich, aber als sie den überwiegend leeren Fragebogen sieht und ich ihr sage, dass ich nicht vergessen habe, ihn auszufüllen, verändert sich ihr Ton. »Oje«, sagt sie. »Sind Sie sicher, dass Sie überhaupt eine Gesichtsbehandlung vertragen?«

»Natürlich. Moment, wieso nicht?« Bislang war mir nicht in den Sinn gekommen, dass es Risiken geben könnte. Jetzt mache ich mir Sorgen. »Ich weiß es nicht. Was könnte denn passieren?«

»Vermutlich ist es kein Problem. Ich hab das nur noch nie bei jemandem … so jemandem gemacht«, wiegelt sie betrübt oder enttäuscht oder beides ab.

Ich lege mich also hin, und sie richtet eine grelle Lampe auf mein Gesicht. Mit den Fingerspitzen betastet sie erst leicht, dann fester meine Wangen. Zögernd sagt sie: »Haben Sie Ihr Gesicht schon mal befühlt?«

Seltsam, dass sie mich gerade das fragt.

Denn ich achte sorgsam darauf, mein Gesicht nicht zu berühren. Als Teenager hatte ich »schlechte Haut« und dachte, was heute als überholt gilt, dass man sein Gesicht bei Akne vor allem richtig und aggressiv genug reinigen müsse. Manchmal hatte ich sogar am Augenlid Akne, und es schwoll so stark an, dass ich das Auge kaum öffnen konnte. Weil es bei Gesprächen alle Aufmerksamkeit auf sich zog, wurde jede soziale Interaktion unmöglich. Und obwohl sich die Akne besserte, als ich auf dem College war, behielt ich die Angewohnheit bei, meine Hände mit all den Bakterien und Viren, die sich auf ihnen tummelten, vom Gesicht fernzuhalten.

Weil ich Yoon die lange Vorgeschichte nicht erzählen will, sage ich, ich würde es »ganz normal berühren«, und sie fängt an.

»Problem«-Haut ist auch Yoon nicht fremd. Sie kämpfte lange mit einer schweren Neurodermitis. Manchmal war ihre entzündete Haut so aufgekratzt, dass es keine Haut mehr zum Kratzen gab. »Ich habe alles versucht, sogar Bleichbäder«, erzählt sie. Durch die dubiosen Bäder sollte noch die letzte Mikrobe abgetötet werden.

Als sie dann in Korea Kosmetikerin lernte, versuchte sie, die Entzündung mit neuen Hautpflegemethoden zu beruhigen. Sanfte, feuchtigkeitsspendende Produkte und der neue Ansatz, den sie ihren Kundinnen und Kunden heute nahelegt, waren der, wie sie es nennt, »Wendepunkt in meiner Hautpflege«.

Yoon behandelt meine Gesichtshaut mit Peach and Lily »Glass Skin Refining Serum« (neben »Peptiden« verspricht das Etikett einen »transparenten + leuchtenden« Teint), »Pure Beam Luxe Oil« (»nährend« + »ausgleichend« mit Jojobaöl), einer »Super Reboot Resurfacing Mask« mit blauer Agave und einer »Matcha Pudding Antioxidant Cream«. Für zu Hause empfiehlt sie mir noch die »Original Glow Sheet Mask« mit Hyaluronsäure.

Da Hyaluronsäure Wasser bindet, verleiht sie der Epidermis mehr Volumen. Babyhaut wirkt auch darum so glatt, fest und prall, weil sie reichlich Hyaluronsäure enthält. Aber ob die Säure beim Auftragen auf die Haut dieselbe Wirkung entfaltet, ist fraglich. Benzin auf das Auto zu schmieren oder Dachziegel ins Haus zu legen, ist ja auch keine gute Idee. Manche Säuren können zwar, wie mir Dermatolog*innen erklärten, tatsächlich in die Haut eindringen, aber nur bei geringem Molekulargewicht. Die Maske von Peach and Lily macht keine Angaben dazu, ob ihre Wirkstoffe in die Haut eindringen können, verspricht jedoch einen »Anti-Aging«-Effekt.

Ich denke, die Hautpflege boomt nicht zufällig gerade jetzt, in einer Zeit, in der immer mehr Menschen – oft aus guten Gründen – das Vertrauen in Wissenschaft und Medizin verlieren. Hautärzt*innen sind wie andere Ärzt*innen knapp. Ein Besuch ist teuer, und außerdem, so der Eindruck vieler, nützt er nichts. Sofern sich überhaupt sagen lässt, ob eine Haut »gut« oder »schlecht« ist, ist unsere Haut allgemein wohl schlechter geworden und fühlt sich häufiger unangenehm trocken, gereizt, juckend, schmerzhaft oder sonst wie unbehaglich an. Immer mehr Menschen leiden unter Neurodermitis, einer entzündlichen Hauterkrankung. Im Jahr 2008 waren laut Weltgesundheitsorganisation doppelt so viele Menschen davon betroffen wie noch 1979. Und in den prägenden Jahren ihrer sozialen Entwicklung leiden bis heute viele unter Akne. Und wie die Forschung sagt, nimmt sie besonders bei Mädchen zu.

Es gibt für diese Entwicklung viele Ursachen, und sie haben bei Weitem nicht nur mit der Haut zu tun. Einer Metastudie zur klinischen, kosmetischen und forschenden Dermatologie von 2018 zufolge könnte beispielsweise die Zunahme von Akne bei Frauen an einem hormonellen Ungleichgewicht liegen, das mit dem »metabolischen Syndrom« assoziiert wird, das heißt mit einer Kombination aus Diabetes, Herz-Kreislauf-Erkrankung und Fettleibigkeit. So kann durch einen hohen Insulinspiegel etwa Östrogen in Testosteron verwandelt werden. Als Folge werden Wachstumssignale an die Haut gesendet, mehr Fette abgesondert, Bakterienstämme verändert und Entzündungskreisläufe in Gang gesetzt, die am Ende die Pusteln hervorrufen.

Wenn das Erscheinungsbild der Haut von solch komplexen Prozessen bestimmt wird, verwundert es nicht, dass Akne und andere verbreitete Hautauffälligkeiten durch die alleinige lokale Behandlung der Symptome nicht vollständig oder zuverlässig geheilt werden können. Aber auch die Wirkung systemischer Behandlungen ist oft sehr unsicher. Manchmal werden beispielsweise orale Empfängnisverhütungsmittel verschrieben, um ein vermutetes hormonelles

Ungleichgewicht wieder ins Lot zu bringen. Da Menschen jedoch unterschiedlich darauf reagieren, kann das Ergebnis lebensverändernd oder gleich null sein, aber auf jeden Fall wird als Nebenwirkung der eigentlichen Hautbehandlung der gesamte chemische Haushalt des Körpers verändert. Selbst Antibiotika helfen nur unzuverlässig, und äußerst wirksame Medikamente wie Accutane können zu Geburtsfehlern und, wie vielfach berichtet, zu starken Depressionen führen. Manche, die an Neurodermitis oder Schuppenflechte leiden, versuchen es ihr Leben lang immer wieder mit Steroidbehandlungen, ohne jemals endgültig geheilt zu werden oder zu wissen, wann und warum es zu einem Ausbruch kommt. Bei so viel Herumdoktern ist es kein Wunder, dass manch einer die Sache irgendwann lieber selbst in die Hand nimmt.

Viele Betroffene wünschen sich vorbeugende Behandlungen auch deshalb, weil sie endlich Kontrolle und Sicherheit wollen, aber solche Ansätze werden vom Gesundheitssystem traditionellerweise kaum ernst genommen. So beobachtet Yoon eine wachsende Nachfrage nach »nährenden«, »schützenden« Hautprodukten. Ihre Kund*innen, erzählt sie, machen sich Sorgen wegen der Luftverschmutzung und der UV-Strahlung, die durch den Treibhauseffekt und die dünnere Ozonschicht zunimmt. Wenn die Erde ihre Schutzschicht verliert, müssen die Menschen eine eigene auftragen.

Alle Produkte, die Yoon auf meine Gesichtshaut gibt, versprechen zugleich Schönheit, Schutz und Pflege und weichen damit die Grenze zwischen kosmetischer Behandlung und dem notwendigen Schutz vor Giften und anderen Umweltgefahren auf. Bei einigen Ritualen erklärt mir Yoon, meine Gesichtshaut werde so mit Nährstoffen versorgt: »Damit bekommt Ihre Haut all die Vitamine, Mineralstoffe und Fettsäuren, die sie braucht.« Langsam bekomme ich das Gefühl, viel zu sorglos zu sein.

Kosmetika sind rechtlich gesehen keine Nahrungsmittel. Und weil sie nicht von sich behaupten können, bestimmte Erkrankungen zu behandeln oder zu verhindern, auch keine Medikamente. Trotzdem dürfen ihre Anbieter damit werben, sie würden der Gesundheit dienen. Doch den langen bürokratischen Prozess, den ein Medikament bis zur Marktreife zurücklegt, müssen sie nicht durchlaufen. Yoon gehört zu der jungen Unternehmer*innengeneration, die weder nur im Gesundheits- noch nur im Schönheitsbereich tätig ist, sondern in einer Mischung aus beiden. Die neuen Hautprodukte versprechen, Make-up und Medikamente überflüssig zu machen, weil die Haut »natürlich« schön werde. Angeblich lassen sie sie also nicht nur durch vorübergehende Erholungseffekte besser aussehen, sondern leisten etwas, was man normalerweise von Medikamenten erwartet: Hautproblemen vorzubeugen oder sie zu heilen.

Die aufstrebende Branche kann die sonst üblichen Markteintrittsbarrieren auch leicht umgehen, weil sie ihre Produkte aggressiv auf Instagram vermarktet. YouTube-Influencer*innen machen sich selbst zur Marke, setzen auf Lösungen von Haut-»Problemen«, die sich gegen das Establishment wenden, und reden mit einer Überzeugungskraft, die man an der medizinischen Hochschule wohl notgedrungen verliert. Jeder darf sich hier Expert*in nennen. Wenn etwas bei jemandem wirkt oder nicht wirkt, können selbst bergeweise Studien nicht das Gegenteil belegen.

Wenn Sie jemals mit Ihrer Haut unglücklich waren, wissen Sie wahrscheinlich, wie verlockend so etwas erscheinen kann. Als die Antibiotika, die mir mein Hautarzt gegen meine Pubertätsakne empfohlen hatte, nicht halfen, riet mir mein innovativer Zahnarzt-Vater, sie wegen der Nebenwirkungen nicht länger einzunehmen, sondern aufzutragen. Ich nahm die Tetracyclin-Kapseln, brach sie entzwei, vermischte den Inhalt mit Wasser und rieb mir damit das Gesicht ein. Nun war es nicht mehr rot und voller Pusteln, sondern gelb. Die Leute erkundigten sich, ob ich, wie damals viele Teenager*innen im Mittleren Westen, Bräunungsspray verwendet hätte. Lachend entgegnete ich, das sei doch albern. In Wahrheit hatte ich neben vielem anderen auch Selbstbräuner ausprobiert, um meine schreckliche Gesichtsfarbe irgendwie loszuwerden. Aber raten Sie mal, was man erhält, wenn man auf Rot und Gelb Orange gibt. Ein noch merkwürdigeres, unnatürlicheres, peinlicheres Orange.

Jetzt, da ich bei Peach and Lily auf frisch gestärkten Laken liege, weit weg vom Lärm und der Anonymität der Straßen unter mir, denke ich nicht an Marketing oder meine Teenager-Angst – und auch an sonst kaum etwas. Falls Sie noch nie eine Gesichtsmassage genossen haben, es ist wunderbar. Man spürt nicht nur die sanfte Massage und die Behandlung, sondern fühlt sich allen Alltagssorgen enthoben, einen Moment lang ist man König. Jemand nimmt sich die Zeit und streicht einem achtsam über das Gesicht, damit man besser aussieht und sich wohlfühlt.

Nachdem das Facelift abgeschlossen ist, packt mir Yoon jede Menge Pröbchen für zu Hause ein. Nur das »Glass Skin Refining Serum« könne sie mir leider nicht mitgeben, es sei überall ausverkauft, sie habe selbst nicht genug. Es sei in der Tat sofort nach Markteinführung ausverkauft gewesen.

»Sie sollten sich mehr um Ihr Gesicht kümmern«, sagt sie zum Abschied, zumindest solle ich eine Reinigungslotion verwenden. Ich lache. Sie nicht. Ich erröte. Als ich den Aufzug betrete, wiederholt sie mit Nachdruck: »Sie sollten mehr tun.«

Als ich mit meinem neuen Gesicht, das vor der Behandlung offenbar nichts als tote Haut und überschüssiges Fett war (wer hätte das gedacht?), auf die Straße trete, erlebe ich die Welt völlig anders. Wer sein Gesicht noch nie jahrelang nicht gereinigt und dann eine hochraffinierte Gesichtsbehandlung erhalten hat, kann es vermutlich kaum glauben, aber ein Schritt ins Sonnenlicht, und ich spüre die Welt, wie ich es nie für möglich gehalten hätte. Meine Haut ist eindeutig weicher, und ich habe das Gefühl, anders angesehen zu werden, auch wenn ich mir das vielleicht nur einbilde. Gehe ich mit meinem neuen Selbstvertrauen plötzlich beschwingter, oder sehe ich wirklich besser aus? Vielleicht wirke ich auch einfach wie jemand, der sich Matcha fürs Gesicht leisten kann.

Jedenfalls fühle ich mich anders. Und manchmal ist das ja alles, was wir wollen. Nicht unbedingt besser zu sein, sondern anders. Wie leicht gewöhnt man sich an den Blick, mit dem einem die Welt entgegentritt, und sieht sich mit ihren Augen. Wenn wir uns verändern, merken wir schnell, dass wir auch andere Erfahrungen machen, man uns freundlicher oder unfreundlicher begegnet, als wir es unserem erworbenen Selbstbild nach verdient haben. Und dafür reicht es schon, unser äußeres Erscheinungsbild ein wenig zu verändern, uns etwa piekfein anzuziehen oder uns einen völlig neuen Haarschnitt zuzulegen. Dann werden wir mit einem gewissen Unbehagen spüren, wie stark das Verhalten der anderen durch unser Aussehen bestimmt wird.

Doch noch etwas hat sich verändert, und diese Veränderung wird wohl langlebiger sein. Bislang bin ich ganz gut ohne Gesichtsbehandlung durchs Leben gekommen. Sollte sie meine Gedanken überhaupt gestreift haben, tat ich sie schnell als maßlose Eitelkeit oder, da bin ich wohl ein echter Junge aus Indiana, als unmännlich ab. Und letztendlich war ich auch nicht bereit, dafür Geld oder Zeit zu opfern. Aber nachdem ich nun erlebt habe, dass ich völlig anders durch den Tag gehe, wenn mir jemand nur irgendetwas im Gesicht verreibt, halte ich eine solche Behandlung nicht mehr für sinnlos oder überflüssig. Ich merke, wie die Seren, Öle und Masken, wie so vieles, was sich erst extravagant anfühlt, plötzlich ihre luxuriöse Anmutung verlieren und zur Gewohnheit, gar zur Notwendigkeit werden könnten.

Viele Körperpflegegewohnheiten, die uns selbstverständlich erscheinen, sind eigentlich noch gar nicht alt. Erst in den letzten Jahrhunderten haben sich unsere gesellschaftlichen und individuellen Sauberkeitsnormen derart entwickelt, dass aus dem gelegentlichen Sprung in den Fluss die tägliche Dusche oder Badewanne wurde. Heute ist allein die Information, man dusche nicht täglich, wie man mir zu verstehen gab, »kein Thema fürs Abendessen«.

Hin- und hergerissen zwischen einer Welt der minimalen und der maximalen Körperpflege fragte ich mich, wie der goldene Mittelweg aussehen könnte. Ich hatte nicht vor, mir eine neue teure Angewohnheit zuzulegen (und brauchen die Schnecken ihren Schleim nicht eigentlich selbst?), wollte aber auch nichts von dem verpassen, was viele andere offensichtlich genossen und was das alltägliche Zusammenleben erheblich beeinflussen konnte. Wie sollte ich meine Haut pflegen? Wie viel von all dem, was die Leute taten, machten sie wirklich aus reiner Freude oder zumindest, damit sich die anderen nicht ekelten oder sie in deren Augen nicht nachlässig oder vergesslich wirkten? Wie viel brauchte ich tatsächlich für meine Gesundheit und mein Wohlbefinden?

Auf jeden Fall würde es schwer werden, wieder zum Nichtstun zurückzukehren.

***

Niemals ist mir eine so ausgewogene Mischung aus Zuneigung, Ekel, Neugier und Zorn entgegengeschlagen wie 2016, als ich in einem kurzen Artikel für *The Atlantic* bekannte, nicht mehr zu duschen. Zu Hunderten brachten Leserinnen und Leser ihre Gefühle zum Ausdruck und ließen dabei keine emotionale Regung aus. Manche hatten das Nichtduschen schon längst für sich entdeckt, andere erklärten mich für vollkommen verrückt, und wieder andere erkundigten sich, ob ihre eigene Hygiene wohl medizinisch vertretbar sei.

Manche konnten es nicht fassen, wie ein Arzt so unverantwortlich sein konnte, Hygiene als überflüssig zu betrachten, obwohl es immer noch Cholerafälle gab und jedes Jahr Hunderttausende an Grippe starben. Andere waren wutentbrannt, weil ich nicht verdeutlicht hätte, dass nicht zu duschen das Privileg des weißen Mannes in einem wohlhabenden Land sei.

Andere fanden es geradezu selbstverständlich, nicht zu duschen. Aus Deutschland schrieb mir Patricia: »Sie haben mir aus der Seele gesprochen!« Sie hatte es sich zuerst gezwungenermaßen abgewöhnt. Am Ostersonntag 2007 begab sie sich mit furchtbaren Rückenschmerzen ins Krankenhaus, und man teilte ihr mit, sie habe einen Schlaganfall erlitten. »Mit eineinhalb Händen ist Duschen echte Arbeit«, schrieb sie. »Ich bat alle Nachbarn und Freunde, mir Bescheid zu geben, falls ich stank!« Aber »alles war und ist in Ordnung. Außer meiner ›Katzenwäsche‹ dusche ich nur noch einmal im Monat oder so.« Als ihre Füße nicht mehr rochen und Haut und Haare nicht mehr so viel Fett absonderten, habe sie die Abstände zwischen dem Waschen noch vergrößern können.

Die neunundachtzigjährige Claire aus Ontario schrieb mir, sie und ihr Mann (der mit sechsundneunzig starb) hätten nie geduscht. Das hielten sie einfach für gesund, und als Beweis schickte sie ein Foto mit, auf dem sie jünger wirkt, als sie ist. Mit weißer Schirmmütze und Shorts winkt sie in die Kamera: »Alle sind erstaunt, wie außergewöhnlich gesund ich bin. Vielleicht liegt es daran, dass ich Sport treibe und mich SEHR bedacht ernähre«, schrieb sie. »Gestern habe ich zweimal den Schnee von der Auffahrt geschippt und mich kein bisschen müde gefühlt.«

Ich antwortete ihr und fragte, wie sie auf die Idee gekommen seien, nicht zu duschen. »Tja, warum waschen wir uns überhaupt so oft?«, fragte sie zurück. »Wir haben doch eine wunderbare Haut, die sich beständig schuppt und selbst reinigt, durch Seife wird sie nur entfettet.« Das sei Teil einer Lebensphilosophie, die ja neuerdings sogar populär geworden sei. Sie empfahl mir, »wie ein Höhlenmensch« zu essen.

Ja, Claire war eine der ersten Verfechter*innen der Steinzeiternährung. Ihre »Höhlenmensch«-Vorstellung tauchte auch in vielen anderen Zuschriften auf, die ich erhielt. Das moderne Leben sei die Ursache der vielen chronischen Erkrankungen; wenn wir uns nur wie in der Steinzeit, also im Wesentlichen von Rindfleisch und Butter ernährten und auf Agrartechnologie verzichten würden, dann wäre alles gut. Nur leider wurden die Menschen in der Steinzeit längst nicht so alt wie heute. Und Kühe gab es auch nicht.

Aber unbestritten hatte die Steinzeit auch ihre Vorteile. Damals lebten die Menschen in derart dünn besiedelten Landschaften, kleinen Dörfern oder Höhlen, dass sie Flüsse und Bäche bedenkenlos als Toilette nutzen konnten. Sie konnten jagen und sammeln, ohne die Ressourcen aufzubrauchen. Die Menschen waren Sonne, Hitze und Kälte ausgesetzt und kamen mit der Erde und mit nach unseren heutigen Vorstellungen »unsauberen« Tieren und Menschen unmittelbar in Berührung.

Wenn man die Menschheitsgeschichte betrachtet, war diese Lebensweise eigentlich bis eben noch möglich. Noch um 1600 hatte London nur ungefähr 200.000 Einwohner. Im Zweiten Weltkrieg waren es dann schon 8,6 Millionen. Auch in New York City leben heute etwa so viele Menschen. Die Innenraumflächen von Manhattan sind insgesamt mittlerweile dreimal so groß wie die Insel selbst.

In diesen vertikal in den Himmel wachsenden Siedlungen werden, in einem radikalen Versuch am lebenden Objekt, Menschen und Ressourcen immer mehr verdichtet. Die weltweite durchschnittliche Lebenserwartung beträgt heute um die zweiundsiebzig Jahre. Und alle auf dieser Erde brauchen regelmäßig Strom, Transportmittel und Produkte aus der industrialisierten Landwirtschaft. Dazu holzen wir Bäume ab und verbrennen fossile Kraftstoffe, die Smog und Rußpartikel in die Luft entlassen. Diese gelangen tief in unsere Lunge und sind eine der häufigsten Ursachen für Krebs und Herzerkrankungen. Die Weltgesundheitsorganisation schätzt die Zahl der Todesfälle durch Luftverschmutzung auf jährlich sieben Millionen.

In der Steinzeit gab es auch darum selten chronische Krankheiten, weil viele Menschen früh an Infektionen und Unfällen starben. In den vergangenen zweihundert Jahren ist die Wahrscheinlichkeit, an einer Infektionskrankheit zu sterben, rapide gesunken, die, an einer chronischen Erkrankung zu sterben, dagegen erheblich gestiegen. Letztere werden weltweit schon bald für drei von vier Todesfällen verantwortlich sein.

Trotz aller modernen Medizin und Technologie führt die heutige Lebensweise zu Krankheiten, die früher viel seltener waren. Autoimmunkrankheiten, Diabetes und Herz-Kreislauf-Erkrankungen nehmen einerseits zu, weil wir heute länger leben als die Generationen vor uns. Andererseits leiden aber auch viele Jüngere an chronischen Erkrankungen, es besteht also wohl ein Zusammenhang mit unserer Lebensweise und unserer Umwelt.

In den letzten Jahren rückten unsere Ernährung und unser Bewegungsmangel als mögliche Faktoren für chronische Erkrankungen in den Fokus. Anderen Faktoren widmen wir hingegen erheblich weniger Aufmerksamkeit. Etwa dass der Mensch in vielen Weltregionen sein Leben überwiegend in klimatisierten Räumen verbringt, wo es keinen Dreck und kaum Tiere und Pflanzen gibt, wo die Fenster nur an strahlenden Tagen geöffnet werden. Die meisten Menschen kommen mit vielem, was früher einmal normal war, nicht mehr in Berührung.

Manchmal muss man sich auch abschotten. So sollten die Menschen 2019 im smogverhangenen Delhi tagelang nicht ins Freie gehen und körperlich anstrengende Tätigkeiten vermeiden. Solche Umweltereignisse oder auch Infektionskrankheiten, bei denen man sich abschotten muss, werden in Zukunft noch häufiger sein und in zunehmend mehr Regionen auftreten.

Bislang verstehen wir erst in Ansätzen, welche Folgen es für unser Immunsystem und unser wichtigstes Immunorgan, die Haut, hat, wenn wir, gezwungenermaßen oder freiwillig, in von der Außenwelt abgeschotteten Räumen leben. Die längste Zeit der Menschheitsgeschichte lernte unser Immunsystem durch beständigen Mikrobenbeschuss, wann und wie es reagieren muss. Doch heute ist es durch die evolutionär völlig neuen Umwelteinflüsse häufig verwirrt und weiß nicht mehr, wogegen es sich mit einem Hautausschlag wehren soll und wogegen nicht. Dies wird auch dadurch gefördert, dass wir uns gründlich, täglich oder sogar mehrmals täglich waschen, weil wir dies für gesund oder unabdingbar halten. Selbst wo die Gefahr von Infektionskrankheiten gering ist, sollen wir am besten alles tun, um ihnen vorzubeugen. Wenn wir nicht als heruntergekommen, faul, unattraktiv, primitiv, unhöflich, unprofessionell, kurzum als unsauber gelten wollen, darf an uns nirgends das geringste bisschen Schmutz, Schlamm oder Staub zu entdecken sein.

***

Wenn Kanadas Luft im Oktober trockener wird, strömen besonders viele Männer in die Praxis von Sandy Skotnicki. Den Männern juckt die Haut.

Skotnicki verfolgt einen ganzheitlichen Ansatz. Ehe sie Professorin für Dermatologie, Arbeitsmedizin und Umwelthygiene an der University of Toronto wurde, arbeitete sie als Mikrobiologin. In den zwanzig Jahren, die sie bereits in der Dermatologie tätig ist, hat sie die Folgen der Umwelt, auch der Mikroben, für unsere Hautgesundheit nie aus dem Blick verloren.

»Ich frage die Leute: ›Wie duschen Sie?‹«, sagt sie. Ihre Patienten, so Skotnicki, würden gern der Jahreszeit die Schuld geben, als könne die Haut nur im Sommer normal funktionieren. Doch dann erkundige sie sich nach den Waschgewohnheiten: »Die Männer schrubben den ganzen Körper mit irgendeinem ›Männerduschgel‹. Weil sie draußen arbeiten, duschen sie zweimal täglich. Aber wenn ich ihnen sage, dass sie damit aufhören sollen, und sie nur noch bestimmte Stellen waschen, geht es ihnen wieder gut.«

Ich frage nach den »bestimmten Stellen«.

»Achseln, Genitalbereich, Füße«, sagt sie. »Muss man sich, wenn man in der Dusche oder Wanne ist, hier«, sie zeigt auf den Unterarm, »auch waschen? Nein.«

Mit fast verzweifelter Stimme berichtet sie, wie oft sie den Männern erklären müsse, dass sie sich nicht vollständig mit Duschgel einschäumen sollen. Die Haut brauche Feuchtigkeit oft nur, weil sie schon zu lange zu häufig gewaschen wurde.

Und selbst Wasser allein habe Folgen für die Haut. Insbesondere warmes Wasser spüle die Fette ab, mit denen unsere Drüsen die

Haut feucht halten. Alles, was die Haut trockener und poröser mache, erhöhe die Wahrscheinlichkeit, dass sie auf Reizstoffe und Allergene reagiere.

Skotnicki ist überzeugt davon, dass zu häufiges Waschen die Haut schädigt und Menschen mit entsprechender genetischer Prädisposition dadurch häufiger Neurodermitis entwickeln. Doch Neurodermitis, die an sich schon nervenzehrend genug ist, kommt häufig nicht allein. Offenbar gehört sie zu einem Symptomkreis, der durch irrtümliche Immunreaktionen verursacht wird. Rund die Hälfte aller Kinder mit schwerer Neurodermitis entwickelt später, in einem sogenannten »Allergischen Marsch«, immunologische Überreaktionen wie allergischen Schnupfen oder Asthma.

Der Allergische Marsch mit den genannten Symptomen wurde von Allergolog*innen der Universitäten von Pennsylvania und Chicago erstmals 2003 beschrieben. Später wurde das Krankheitsbild noch erweitert. In neueren Studien wird sogar die immer häufigere Erdnussallergie dazugezählt. So zeigten sich Fachleute am King's College London im Jahr 2010 »bestürzt« darüber, dass Babys mit Asthma eine höhere Wahrscheinlichkeit haben, auch an einer Erdnussallergie zu leiden. Der Leiter des US-amerikanischen Nationalen Instituts für Allergie und Infektionskrankheiten, Anthony Fauci, riet Eltern 2019, »durch frühzeitigen Hautschutz Lebensmittelallergien bei ihren Kindern vorzubeugen«.

Wir wissen noch nicht genau, wieso eine gute Hautpflege vor Lebensmittelallergien schützt, doch laut neuerer Expertenempfehlungen kann ein früher Kontakt mit Erdnüssen, und nicht etwa das Vermeiden derselben, die Wahrscheinlichkeit verringern, eine schwere Erdnussallergie zu entwickeln. So wie das Immunsystem durch Impfungen lernt, Infektionskrankheiten zu bekämpfen, so könnte es durch kleine Erdnussmengen lernen, Erdnüsse zu tolerieren. Doch bis heute entscheidet man sich bei allergenen Hautreaktionen genau für die gegenteilige Strategie. Häufig werden sie mit Medikamenten behandelt, die die Immunreaktion unterdrücken, mit Antibiotika und natürlich mit regelmäßigen, aggressiven reinigenden und feuchtigkeitsspendenden Anwendungen.

Neurodermitis ist so weit verbreitet, dass sie gern als kleines Ärgernis betrachtet wird, was sie häufig auch ist. Doch manchen kann es dadurch richtig elend gehen. Eine Neurodermitis kann den Schlaf beeinträchtigen (nachts ist das Jucken am schlimmsten) und, wenn man sich stets kratzen muss, sogar die Existenz bedrohen. Hier kommt offenbar alles zusammen, was schlecht für die Haut ist: eine gestörte Schutzschicht, ein mikrobisches Ungleichgewicht und eine Vermehrung der Immunzellen. Wird die Schutzschicht der Haut durch Waschen oder Kratzen beeinträchtigt, kann sich die mikrobielle Besiedelung verändern und das Immunsystem dadurch hochgefahren werden. Den Hautzellen wird dann signalisiert, sich rasch zu vermehren und mit Entzündungseiweißen anzureichern. So entsteht ein sich selbst erhaltender Kreislauf aus Entzündung, Jucken, Zusammenbruch der Schutzschicht und mikrobiellem Ungleichgewicht. »Könnte es nicht sein«, spekuliert Skotnicki, »dass die Neurodermitis überhaupt erst durch das häufige Waschen in unserer Gesellschaft ausgelöst wird?«

Jedenfalls hat beides zur gleichen Zeit zugenommen, und es gibt Hinweise darauf, dass ein Zusammenhang besteht. Doch anstatt die Haut wieder mehr Umgebungsreizen auszusetzen, verleiten uns Allergien und Überempfindlichkeiten dazu, uns noch intensiver zu säubern und unsere Umgebung noch steriler zu halten. Patient*innen, die zu Skotnicki kommen, leiden häufig seit Wochen oder Monaten unter Ausschlag, und sie würden sich am liebsten noch mehr schrubben und einseifen. Sie hoffen auf ein neues Produkt, das die bisher verwendeten ungeschehen machen oder wenigstens ausgleichen kann. Etwas »Mildes, Natürliches«. Etwas, was, na ja, eigentlich eher nichts sein soll.

Doch für Ärzt*innen ist es schwer, nichts zu verschreiben. Häufig wünschen sich die Patient*innen eine Behandlung, wenn schon kein Rezept, so doch zumindest etwas, was sie regelmäßig tun können. Skotnicki hat einen Weg gefunden, aus dem Nichts etwas zu machen. Sie empfiehlt eine radikale Produkt-»Diät« oder -»Bereinigung«, das heißt, mit allem aufzuhören. Oder mit möglichst allem. Selbst wenn die Probleme nicht durch bestimmte Produkte ausgelöst wurden, vertreten Dermatolog*innen zunehmend diesen Ansatz. Es kann psychologisch hilfreich sein, zu erkennen, wie wenig wir eigentlich brauchen, und erst dann behutsam nur noch das zu verwenden, was wir wirklich wollen.

Denn im Grunde ist unsere Haut sehr widerstandsfähig. Wir können versuchen, sie mit den aktuellsten Produkten zu regulieren oder zu kaschieren, aber auf die beständigen inneren und äußeren Signale reagiert sie so, wie sie es in Jahrmillionen gelernt hat. Sie will ihr Gleichgewicht wahren.

***

Die Haut ist das größte Organ des Menschen. Würde man sie ausbreiten, wäre sie fast zwei Quadratmeter groß. Sie ist in alle Richtungen beweglich, dehnbar und registriert selbst winzigste Temperatur-, Druck- und Feuchtigkeitsschwankungen. Die Signale werden von Nervenenden in der Haut an unser Gehirn weitergeleitet, dank derer wir alles zwischen furchtbaren Schmerzen und ekstatischen Freuden empfinden können. Die Haut verrät es auch der Welt, wenn wir krank, müde, ängstlich oder erregt sind. Wenn sie aufreißt, kann sie in wenigen Tagen wieder verheilen. Sie schützt uns vor tödlicher Überhitzung, indem sie sich selbst in Flüssigkeit badet und so dafür sorgt, dass wir die Wärme schneller an die Umgebungsluft abgeben. Die Haut ist so lebenswichtig wie unser Herz, Rückgrat oder Gehirn. Ohne sie würde alles Flüssige, aus dem wir bestehen, verdunsten, die Außenwelt in uns eindringen, uns infizieren, und schon bald wären wir tot.

Die Haut ist also extrem wichtig. Doch Hautpflege heißt weit mehr, als sich mit irgendetwas einzuschmieren.

Zieht man die Lehrbücher zurate, erfährt man – wie auch ich an der medizinischen Hochschule –, dass die Haut aus drei anatomischen Schichten besteht. Die untere Schicht, die Unterhaut, setzt sich hauptsächlich aus Fett und Bindegewebe zusammen. Die beiden anderen Schichten sind allerdings interessanter. Die obere heißt Epidermis oder Oberhaut. Mit einem Millimeter ist sie ungefähr so dick wie ein Blatt Papier, aber in diesem Millimeter passiert überraschend viel. Die wichtigste Epidermiszelle heißt Keratinozyt und produziert das Faserprotein Keratin, aus dem unsere Haut überwiegend besteht, unsere Fingernägel und Haare sogar vollständig. Dazwischen sind zudem Immunzellen, winzige Nervenfasern sowie die Melanin produzierenden Zellen eingelagert, die der Haut ihre Farbe geben. Alle Hautzellen reagieren hochsensibel auf die Umgebung und können sich daran anpassen.

Die Epidermis regeneriert sich fortlaufend und so häufig wie kaum ein anderer Teil unseres Körpers. Obwohl sie nur einen Millimeter dünn ist, besteht sie aus mehreren Zellschichten unterschiedlichen Alters. Die Basalzellschicht enthält die Stammzellen, die sich fortlaufend teilen und neue Zellen hervorbringen, besonders in der Jugend. Doch neue Zellen bilden sich ein Leben lang und schieben die älteren in Richtung Hautoberfläche. Dort angekommen, sind sie meist bereits verhornt, das heißt abgestorben, abgeplattet, ausgetrocknet und so miteinander verklebt, dass sie mit bloßem Auge zu erkennen sind. Von diesen älteren Zellen sollen die Peeling-Produkte unsere Haut befreien und frische Zellen zutage fördern. Doch eigentlich fallen die Zellen von ganz allein ab. Der gesamte Zyklus dauert ungefähr einen Monat, die Hautoberfläche bildet sich also laufend neu.

Unter der Epidermis liegt die Dermis oder Lederhaut, die hauptsächlich aus zwei Proteinen besteht: Kollagen und Elastin. Ineinander verwoben, machen sie die Haut elastisch und robust. Leder, daher Lederhaut, besteht ausschließlich aus Dermis. Die Menschheit jagt Tiere denn auch trotz enormer Kosten und ethischer Bedenken unverdrossen wegen ihrer Haut. Schon als die Werkzeuge noch nicht erfunden waren, schützten wir uns mit der einzigartigen, zugleich elastischen und widerstandsfähigen Tierhaut vor der Witterung, um zu überleben.

Epidermis und Dermis sind von einem Nervennetz durchzogen, das geringste Umgebungsveränderungen wahrnimmt, etwa das Gewicht einer Mücke oder den Temperaturunterschied zwischen 20 und 22 Grad im Büro. Bei körperlicher Anstrengung oder Stress dehnen sich mit dem Netz verflochtene winzige Äderchen aus, um unseren Körper herunterzukühlen, lassen uns erröten und verraten unsere Emotionen.

Außerdem besitzt unsere Haut recht große Follikel, die Haar und Härchen wachsen lassen. Vormenschliche Arten konnten sich dank ihrer einst in klimatisch kältere Zonen begeben. Heute gibt es dank ihrer einen gigantischen Markt, der es ermöglicht, durch Haarentfernung, Schneiden, Frisuren und Färben gemäß wechselnden Normen zu zeigen, wo in der sozialen Hierarchie man steht oder stehen möchte.

In unserer Haut befinden sich zudem drei verschiedene Drüsen, die Sekrete absondern. Die ekkrinen Schweißdrüsen geben Wasser zur Kühlung des Körpers ab. Die Talgdrüsen schützen die Haut durch eine fettige Talgschicht vor Trockenheit und Rissen, das heißt vor Beschädigungen der Schutzschicht, die todbringende Mikroben von unserem Körper fernhält.

Der Sinn der apokrinen Schweiß- oder Duftdrüsen, die sich während der Pubertät vor allem in den Achseln und im Genitalbereich entwickeln, ist weniger offensichtlich. Dass sie zusätzliche fettige Sekrete absondern, empfinden viele als übertrieben oder geradezu unbarmherzig. Mit Deos wollen wir genau diesen Drüsen zu Leibe rücken, und manch einer verbringt in seinem Leben viel Zeit mit diesem Kampf. Aber die apokrinen Drüsen spielen, wie wir heute wissen, auch eine wichtige Rolle für den Teil unserer Haut, den man als ihre vierte Schicht bezeichnen könnte: die Billiarden von Mikroben in und auf uns. Die Bakterien, die vor allem Achseln und Genitalbereich besiedeln, ernähren sich von unseren Hautfetten und produzieren die chemischen Stoffe, die in Verbindung mit Luft für unseren Körpergeruch verantwortlich sind.

Die abgesonderten Hautfette und Stoffe wie Natrium, Harnstoff oder Laktat, die unser Körper beim Schwitzen abgibt, haben Einfluss auf die Mikrobenpopulationen. Wie man seit Kurzem weiß, enthält Schweiß unter anderem Peptide mit antimikrobiellen Eigenschaften wie Dermcidin, Cathelicidin oder Laktoferrin, die zum Erhalt und der Wiederherstellung des mikrobiellen Hautgleichgewichts beitragen. Wenn Ihnen also das Schwitzen einmal unangenehm ist, könnten Sie Ihren Mitmenschen ganz einfach erklären, dass Ihr Körper gerade einen raffinierten, rätselhaften biochemischen Tanz aufführt.

Dass auf unserer Haut überhaupt Mikroben leben, ist schon länger bekannt. Seit die Biologie Bakterienkulturen anlegt, weiß sie, dass sich aus menschlichen Hautpartikeln ein wunderbarer mikrobieller Garten züchten lässt. Doch erst im vergangenen Jahrzehnt hat man dank der DNA-Sequenzierungstechnologie erkannt, wie umfassend und vielfältig das mikrobielle Leben auf unserer Haut ist. Unsere Haut- und Darmmikroben zusammengenommen machen einige Kilo unseres Körpergewichts aus. In und auf unserem Körper gibt es mehr mikrobielle als menschliche Zellen.

Lange Zeit hat man die Haut als Barriere betrachtet, die uns von unserer Umgebung trennt, doch wie neuere Erkenntnisse zum Mikrobiom zeigen, ist sie wohl eher eine dynamische Schnittstelle. Im Grunde sind unsere Hautmikroben eine Erweiterung unserer selbst. Nur selten lösen sie, ebenso wenig wie unsere Darmmikroben, Krankheiten aus. Wenn überhaupt, dann beschützen sie uns vor ihnen. Aber alles, was wir mit unserer Haut anstellen, oder auch nicht, wirkt sich auf die Mikrobenpopulationen aus.

Mit jedem Waschen greifen wir zumindest vorübergehend in die Populationen ein. Wir entfernen sie oder nehmen Einfluss auf ihre Ressourcen. Auch wenn wir keine ausdrücklich »antimikrobiellen«

Körperpflegeprodukte verwenden, verändern die aufgetragenen chemischen Stoffe die Umgebung, in der die Mikroben gedeihen. Die Seifen und Gesichtswasser, die unsere Haut trockener und weniger fettig machen sollen, entfernen auch den Talg, von dem sich die Mikroben ernähren.

Da Wissenschaft und Medizin den Umfang und die Bedeutung der Mikroben erst seit Kurzem durch neue Technologien sichtbar machen konnten, wissen wir bislang nur wenig darüber, was sie wirklich auf unserer Haut tun. Doch je mehr der neue Forschungsbereich das Zusammenspiel von Mikroben und Haut erhellen kann, desto fraglicher werden lang gehegte Annahmen über das, was für die Haut gut oder schlecht ist.

***

Die Milben in unserem Gesicht verdeutlichen vielleicht am eindrucksvollsten, wie das Wissen um die Hautmikroben unser Selbstverständnis verändert.

Als eine Forschungsgruppe 2014 einen Abstrich von der Gesichtshaut vierhundert Freiwilliger aus North Carolina nahm, entdeckte sie unter den Hautpartikeln Mikroben namens *Demodex*. Diese farblosen, einen halben Millimeter kleinen Milben, die normalerweise versteckt in den Hautporen leben, besitzen am vorderen Körperdrittel vier Beinpaare, mit denen sie den Rest ihres Körpers hinter sich herziehen. »Ein Anus fehlt«, vermerkte eine schweizerische dermatologische Zeitschrift bei der anatomischen Beschreibung, wohl um etwaigen Sorgen entgegenzuwirken, was die Milben in unserem Gesicht alles anstellen könnten. Anus hin oder her, meine erste Reaktion und die vieler anderer war: »Um Himmels willen, wie werde ich die bloß wieder los?« Seriösere Wissenschaftsjournalist*innen entschieden sich für Schlagzeilen wie die auf der Website vom amerikanischen Sender NPR: »Hey, in deinem Gesicht leben Milben. In meinem auch.«

Unter all unseren Mikroben sind, soweit wir das wissen, nur die Milben so groß, dass man sie mit der Lupe sehen kann. Dann folgen in puncto Größe die Pilze, die uns dank unserer Körpertemperatur allerdings nur selten besiedeln, die Bakterien, Archaeen, Protozoen und schließlich die viel kleineren Viren. Eigentlich ist es also schleierhaft, wieso wir nicht mehr über die Milben wissen. Entdeckt wurden sie schon vor Längerem: Ein deutscher Anatom fand sie 1841 auf einigen Leichnamen und später gelegentlich an Lebenden. Obwohl er seine Entdeckung dokumentierte und betonte, wie bedeutsam sie wohl sei, gerieten die winzigen Milben weitgehend in Vergessenheit.

Warum fanden die Milbenjäger aus North Carolina also gerade jetzt heraus, dass wir vor *Demodex* nur so wimmeln?

Erst die neue DNA-Sequenzierungstechnologie, mit der auch das restliche Mikrobiom entdeckt wurde, machte es möglich. Die Milben leben nämlich gut versteckt in den Hautporen und sind meist nur schwer zu finden. Wenn man aber auf der Haut nach Spuren ihrer DNA sucht, finden sich die Milben bei uns allen. Und das ist der Grund, warum wir über diese winzigen Gefährten, wie über so viele andere auch, noch so wenig wissen.

Auch wenn der Gedanke an Milben den meisten wohl kaum behagt, wäre es vermutlich weitaus schlimmer, gar keine zu haben. Und welches Merkmal könnte im Übrigen näher an die Definition von »normal« herankommen als eines, das auf 100 Prozent der Menschen zutrifft? Da muss es einen guten Grund für die Milben geben. Oder etwa nicht?

Michelle Trautwein, Professorin für Dipterologie (Fliegenkunde) an der California Academy of Sciences und Co-Autorin der genannten Studie, erkennt in den Milben die Schönheit des Lebens: »Sie sind ein universaler Bestandteil unseres Menschseins.« Insektenkundler*innen wie Trautwein gehen gemeinsam mit Dermatolog*innen und Ökolog*innen der Frage nach, warum wir Milben besitzen, und entdecken dabei neue Wahrheiten über uns. Zum einen: Der

Mensch ist kein autarkes Lebewesen, er ist auf andere Organismen, die auf ihm und um ihn leben, angewiesen.

Die Milben, so Trautwein, ernähren sich vermutlich von unseren toten Hautzellen und wären damit die »natürlichste« Peelingmethode. Außerdem verringern sie wohl auch den Staub in unseren Wohnungen, der zum Teil aus Hautzellen besteht. Dennoch würde uns jedes Produkt im Drogeriemarkt oder auf Instagram verlockend erscheinen, das uns verspricht, uns von den Gesichtsmilben zu befreien.

Auch wenn wir alle Milben im Gesicht haben, kann ihre anormale Vermehrung oder eine anormale Reaktion auf ihre Vermehrung nachweislich zu Hautkrankheiten führen. So besteht etwa, wie eine kürzliche Auswertung von achtundvierzig Studien ergab, ein Zusammenhang zwischen Milbendichte und Rosazea. Wie bei anderen Erkrankungen mit Mikrobenbezug geht es dabei jedoch vor allem um Zahlenverhältnisse und den Kontext, nicht einfach um eine Invasion »böser« Lebewesen. Normalerweise ist die Milbe *Demodex* gutartig und offenbar sogar der Gesundheit förderlich. Doch wenn sich ihr Umfeld ändert, kann sie pathogen (krankheitsauslösend) werden. Ähnlich wie der Mensch selten mit der Neigung geboren wird, andere zu verletzen, aber im Krieg und mit einem Schießbefehl ohne Weiteres tötet.

Die Entdeckung der Milben und Billiarden anderer winziger Geschöpfe unseres Hautmikrobioms bedeutet das Ende der sogenannten »Keimtheorie«, der simplen Vorstellung also, wir müssten die Mikroben bekämpfen, um Krankheiten vorzubeugen. Das Bild ist bunter geworden. Die meisten Mikroben gelten inzwischen nicht nur als harmlos, sondern sogar als nützlich, wenn nicht gar überlebenswichtig. Das Ich und das Andere sind weniger eine Dichotomie als vielmehr ein Kontinuum.

Obwohl sich das menschliche Baby in einer sterilen Umgebung, der mikrobenfreien Gebärmutter, entwickelt, ist es nach Verlassen des Geburtskanals ein brüllender Bakterienschwamm, der sofort Mikroben aufliest, die seine Gesundheit und Überlebensfähigkeit fördern. Seine Haut wird von mütterlichen Bakterien besiedelt, von denen einige lebenslang in den Hautporen verbleiben und die Interaktion mit allen späteren Mikroben überwachen.

Ab diesem Zeitpunkt wird die Hautgesundheit vor allem zu einer Frage des Umfelds. Außenwelt und Haut beeinflussen die Mikroben, Mikroben und Körperfunktionen ihrerseits die Haut.

Die Forschungen zum Mikrobiom sind gerade im Begriff, unsere Grundannahmen der Hautpflege auf den Kopf zu stellen. Die Folgen sind alles andere als nebensächlich. Da ist etwa die kürzliche Studie des Dermatologen Richard Gallo von der University of California in San Diego. Sein Team bestrich eine Mäusegruppe mit dem Bakterium *Staphylococcus epidermidis*, das auch auf der menschlichen Haut vorkommt. Eine andere Gruppe säuberte man so gründlich, dass sie bakterienfrei war.

Dann verpasste man beiden eine schöne Bräune. Die Mäuse mit den Bakterien entwickelten seltener Hautkrebs. Laut Gallo erzeugt *Staphylococcus epidermidis* einen Stoff namens 6-N-Hydroxyaminopurin, der Krebszellen angreift und ihre Vermehrung verhindert.

Natürlich handelt es sich hier um eine erste Studie, und sie hat die Mikroben auch nur an Mäusen und nicht an Menschen erforscht. (Menschen UV-Licht auszusetzen, um zu sehen, ob sie Krebs entwickeln, wäre unethisch.) Doch ähnliche Studien werden derzeit offenbar im Wochentakt veröffentlicht. Zusammengenommen werfen sie zumindest die Frage auf, ob wir wirklich alle Hautbakterien so entschieden und willkürlich abwaschen sollten, wie man uns beigebracht hat.

Doch um das herauszufinden, müssen wir zunächst der Frage nachgehen, wie unsere heutigen Sauberkeitsvorstellungen überhaupt entstanden sind.

II. REINIGEN

Val Curtis hat Fremden gern Bilder von verfaulten Nahrungsmitteln, von Würmern, Körperflüssigkeiten und Ähnlichem gezeigt und ihre Reaktionen dann aufgezeichnet.

Das war ihr Job. Curtis war eine weltweit führende »Ekelogin«, ehe sie im Herbst 2020 starb. In ihrer langen Laufbahn als Professorin an der London School of Hygiene and Tropical Medicine ging sie zu Beginn der Frage nach, warum Menschen sich – häufig aus einem innersten Bedürfnis heraus und mit großer Leidenschaft – um Sauberkeit bemühen.

Die Reaktionen auf die gezeigten Bilder waren, so Curtis, fast identisch, quasi universell, also unabhängig von Wohnort, Alter, Geschlecht und anderen erfassten Variablen. Die allgemein verbreitete Reaktion auf »dreckige, klebrige, tropfende, wimmelnde Gegenstände« bezeichnete sie in ihren Studien als »starkes Ekelgefühl«.

Aber was verbarg sich dahinter? Um das herauszufinden, arbeitete Curtis mit dem sogenannten Laddering-Verfahren aus der Marktforschung. Mithilfe der »kognitiven Leiter« kommt man tieferliegenden Motiven auf die Spur. Eigentlich eine einfache Fragetechnik, wie sie Dreijährige in aller Welt beherrschen: Warum, warum, warum? Wenn man einen Restaurantgast beispielsweise fragt: »Warum haben Sie diesen Salat bestellt?«, wird er vielleicht antworten: »Er hat sich gut angehört.« Fragt man aber weiter nach dem Warum, stößt man möglicherweise auf das komplexe Verhältnis, das wir zu Nahrungsmitteln haben, zur Sterblichkeit und unserem Wunsch der Kontrolle darüber. Das Laddering-Verfahren eignet sich für erste Dates genauso wie für die Forschung. Die Antworten auf Curtis' Fragen liefen irgendwann immer auf dasselbe hinaus: »Ekel«.

»Dreck ist einfach ekelhaft. Schmodder ist einfach ekelhaft. Verdorbene Nahrung ist ekelhaft«, sagte sie in unserem Gespräch. »Weiter kam ich nie.«

Also machte sie sich daran herauszufinden, was diese Dinge gemeinsam hatten.

Ihr Büro verwandelte sich in eine Bibliothek zu ihrem Forschungsgegenstand, eine »riesige, kunterbunte Sammlung von allem, was die Menschen auf der Welt ekelhaft finden«, wie sie sagte. Und auf der Suche nach dem gemeinsamen Muster »stieß ich jedes Mal auf Krankheit«.

Ein ausgefallenes Haar etwa könne Kopfhautflechte übertragen. Und darum reiche schon ein einziges verirrtes Haar auf dem Teller, um ein Restaurant in Grund und Boden zu verdammen, nie wieder einen Fuß dort hineinzusetzen und den Küchenchef samt Familie auf ewig zu verfluchen.

Genauso könne Erbrochenes, das überall als ekelhaft gelte, ungefähr dreißig verschiedene Krankheiten übertragen.

Dabei ekeln wir uns offenbar nicht vor dem Leid an sich. Wenn jemand an Krebs stirbt oder einen Herzinfarkt hat, eilen wir ohne Zögern an seine oder ihre Seite. Doch der Anblick von Blut, Erbrochenem oder Fäkalien, so Curtis, löst bei uns eine instinktive Abwehr aus, die uns vor ansteckenden Krankheiten schützt.

»In unserem Alltag ist der Kontakt mit anderen vermutlich das Gefährlichste«, erläuterte sie, »der andere trägt den Bazillus in sich, der uns krank machen kann.«

So gesehen ist Ekel sehr nützlich. Wenn wir bei einem bestimmten Verhalten oder Aussehen Ekel empfinden, schützt uns das vor den Krankheiten der anderen. Darum ekeln wir uns auch manchmal vor uns selbst, schämen uns für unser Aussehen oder sind peinlich davon berührt. Wir wollen keinen Ekel erregen, weil wir sonst Gefahr laufen, sozial ausgegrenzt oder aus der Gemeinschaft verstoßen zu werden. Wert auf unser Äußeres zu legen, gehört also zu unserer Evolutionsgeschichte.

»Wenn Sie mein Freund sein wollen, müssen Sie mir in die Augen blicken, mich anhören, mir die Hand geben und in gewissem Maße Körperflüssigkeiten mit mir austauschen können. Weil wir uns anatmen«, sagte Curtis. »Wäre ich verdreckt und ungepflegt, hätte überall Parasiten und Verletzungen und würde schlecht riechen, würden Sie sich schnell vor mir ekeln und meine Gesellschaft meiden.«

Und sie fügte hinzu: »Weil wir eine kollaborative Spezies sind und den anderen zum Überleben brauchen, fühlen wir uns bedroht.« Als Mensch leben wir in der ständigen Spannung zwischen dem Bedürfnis nach Nähe und der Notwendigkeit, uns vor anderen zu schützen.

Aber auch das Tierreich kennt »Hygieneverhalten«, wie die Evolutionswissenschaft die Körperpflege nennt. Die Karibik-Languste meidet Artgenossen mit Virusinfektionen, die Ameise säubert sich von krankheitserregenden Pilzen und räumt tote Kameraden beiseite, die Bienen entfernen erkrankte Freunde aus dem Stock und lassen sie sterben. Das alles scheint grausam, aber ihre Kranken können ohne ausgefeilte, moderne Gesundheitssysteme wie die unsrigen nicht behandelt werden.

Sämtliche Wirbeltiere befolgen offenbar Hygieneregeln: Ochsenfroschkaulquappen gehen, so Curtis, Artgenossen mit *Candida*-Pilzbefall aus dem Weg. Renken können den Parasit *Pseudomonas fluorescens* erkennen und meiden. So wie fast alle Säugetiere und Vögel, putzen sich Fledermäuse, um sich von Parasiten zu befreien. Das Schimpfwort Nestbeschmutzer ist nicht nur eine Metapher. Kein Vogel beschmutzt sein Nest. Selbst an verführerisch kalten Tagen kackt er draußen, etwa im Überflug auf einen Menschenkopf. Auch Waschbären, Dachse oder Lemuren wissen, wie die Sache läuft, und haben bestimmte »Latrinenplätze«. Bei Schimpansen lässt sich nach dem Kopulieren manchmal sogar so etwas wie Penispflege beobachten. Als Idee zumindest nett, wenn sich auch nicht alle sexuell übertragbaren Krankheiten so vermeiden lassen.

Krankheitsvorbeugende Verhaltensweisen sind in der Natur genauso universell verbreitet wie Sex. Eigentlich sogar noch mehr. Selbst hirnlose Fadenwürmer, die Sex in jeder Form scheuen, können nachweislich krankheitserregende Bakterien erkennen und vermeiden. Das hat ihnen die leidenschaftslose Evolution gelehrt. Die Gene von Exemplaren, die sich nicht vor Krankheiten schützen konnten, sind ausgestorben. Wer dagegen eine gute Hygiene betrieb, überlebte, vermehrte sich und fraß seine toten Brüder. Nein, die wurden begraben.

In der Fachsprache meint Hygiene ein krankheitsverhütendes Verhalten. Beim Menschen bedeutet dies Händewaschen, die Hand oder die Ellenbeuge beim Husten und Niesen vor den Mund zu halten, offene Wunden abzudecken und den Stuhlgang vorschriftsmäßig zu erledigen. Solche gesundheitsfördernden Urinstinkte können aber zugleich zu Diskriminierung beitragen. Selbst heute noch, so Curtis, können etwa Humpeln, leichte Asymmetrien oder ungewöhnliche Größenmaße Abscheu hervorrufen, weil sie unseren evolutionsgeschichtlichen Selbstschutz vor Ansteckung aktivieren.

So konnten in früheren Zeiten Schwellungen bei Menschen etwa auf Filariose hinweisen, eine durch Mücken übertragbare Wurmerkrankung, die Körperteile anschwellen und die Haut verdicken ließ. Sie waren also ein Gefahrenhinweis. Bis heute können solche Instinkte in Abscheugefühlen zum Ausdruck kommen und so definieren, was als normal gilt. Während die evolutionsgeschichtlichen Hinweise meist bedeutungslos geworden sind, bekommen Menschen, die zu stark von der normalen Bandbreite abweichen, anders aussehen, riechen oder klingen, die gesellschaftlichen Folgen weiterhin zu spüren.

Obwohl bei den Todesursachen die Infektionskrankheiten längst von den chronischen Erkrankungen überholt wurden, fürchtet sich unser Gehirn noch immer unverhältnismäßig stark vor einer Ansteckung. Und wenn zu dem Ekel vor uns selbst und anderen noch Weiteres hinzukommt, das mit Krankheit nichts zu tun hat, können wir die echten Gefahren leicht aus dem Blick verlieren. Hinter manchen heutigen Hautpflegemethoden verbirgt sich wohl auch der Antrieb, keinen Ekel erregen zu wollen, selbst wenn sie auf weit mehr abzielen, als dass wir nicht blut- oder kotbeschmiert herumlaufen.

In den wohlhabenden Ländern, so Curtis, orientiert sich die große Mehrheit bei der Körperpflege an einer abstrakten Vorstellung von Reinheit. Doch »rein« habe, anders als Hygiene, nicht nur mit Krankheitsvorbeugung zu tun.

»Die meisten Leute kaufen Körperpflegeprodukte nicht aus vernünftigen Gesundheitsgründen«, sagte sie. »Sie wollen gut aussehen, Akne, Ekzeme und Falten loswerden und angenehm duften.«

Dass der Mensch nach Schönheit und Wohlgeruch strebt, hat natürlich sehr komplexe Gründe. Manche werden durch kulturelle Normen und Erwartungen zu Verhaltensweisen gedrängt, die sie im Grunde gern aufgeben würden. Es hängt von unserer beruflichen und sozialen Stellung ab, ob wir glauben, es uns leisten zu können, ästhetischen Normen nicht zu entsprechen. Besonders bei Frauen hat die Körperpflege nachweislich Auswirkungen auf das Gehalt sowie insgesamt auf das Körperselbstbild. Hinzu kommt, dass das Pflegeritual Spaß macht, weil man sich täglich ein wenig Zeit für sich nimmt.

Schönheit kann auch Selbstzweck sein. Eigentlich haben mir viele vertrauenswürdige Menschen aus dem Literaturbetrieb davon abgeraten, in diesem Buch Charles Darwin zu erwähnen, das sei ein peinliches Klischee. Also spreche ich wohl besser von einem nebulösen Finkenliebhaber des 19. Jahrhunderts. Obwohl der Mann tugendhaft und häuslich war und in einem Zeitalter der sexuellen Unterdrückung lebte, war seine Ästhetik der sexuellen Auslese radikal. Schönheit sei evolutionär bedingt, sie bereite dem Menschen Lust, und Lust sei ein Selbstzweck. Es gehe bei Schönheit nicht nur darum, Fortpflanzungspartner anzulocken. Wir Tiere würden nämlich alles lieben, was uns ein gutes Gefühl gebe, selbst wenn das unserem langfristigen Überleben entgegenstehe – wie etwa die Paarung mit schönen Tieren, die uns nicht guttun, sich als schlechte Versorger herausstellen oder selbst nicht überleben.

Der deutlich biederere Alfred Russel Wallace, »Mitentdecker« der Evolutionstheorie, widersprach Darwin in diesem Punkt: Schönheit sei das Ergebnis von Anpassung und diene dem Überleben der Art. Seine Ansicht setzte sich über Generationen in den Lehrbüchern durch. Viele Theorien zur natürlichen Selektion bezogen sich fast ausschließlich darauf, wie Männer eine paarungswillige Frau gewinnen und Frauen eine attraktive Partnerin sein können. Dass Frauen autonome Wesen mit eigenständiger sexueller Lust und Absicht sind, kam nicht einmal theoretisch als Möglichkeit vor.

Der Evolutionsornithologe Richard Prum von der Yale University widmet schon sein ganzes Berufsleben der Wiederbelebung der verschütteten Theorie von Schönheit als intrinsischem Gut. »Schönheit passiert«, so seine Theorie, und habe sich wie jeder andere evolutionäre Prozess zufällig entwickelt. Demnach setzten sich Farben, Gesänge, die Größe, Form oder Textur eines Körpers durch, weil sie Lust erzeugen und sich als soziale und genetische Präferenz verbreiten konnten. Männliche Tiere seien nicht größer und aggressiver als weibliche, weil sie paarungswillige Konkurrenten körperlich ausstechen müssten, sondern weil Weibchen größere, kräftigere Männchen *bevorzugten*. Einfach weil sie sie schöner fanden.

Prum zeigt am Beispiel des Orgasmus, dass die Fähigkeit, Lust zu schenken, auch beim Überleben von Vorteil sein kann: Weibchen, die mehr Spaß am Paarungsvorgang haben, bekommen vermutlich mehr Nachwuchs. Und Männchen, die ihnen diese Lust besser verschaffen können, wahrscheinlich öfter Gelegenheit dazu. Wissenschaftliche Zeitschriften lehnten Prums Artikel zunächst ab, doch langsam freundet sich die Wissenschaftswelt mit der Vorstellung an, dass Schönheit ein Wert an sich ist, auch wenn sie nicht unbedingt stärker, gesünder oder zeugungsfähiger macht.

Auch wenn die Biologie eine Weile gebraucht hat, bis sie damit warm wurde, die Schriftstellerin Toni Morrison hat es schon immer gewusst. In einem Interview von 1993 für den *Paris Review* sagte sie: »Man kann die Schönheit nicht ausblenden. Sie ist kein Privileg oder ein Luxus. Eigentlich muss man sich nicht einmal darum bemühen. Man kann sie fast mit dem menschlichen Streben nach Wissen vergleichen, der Mensch ist dafür gemacht.«

***

Die längste Zeit der Menschheitsgeschichte hatte Körperpflege eher mit Spiritualität und Ritus zu tun als mit heutigen Gesundheits- oder Schönheitsvorstellungen. So schlugen die Azteken im 15. Jahrhundert riesige Wasserbecken für Reinigungsriten in den Bergfels. Wenn die Babys von den Hebammen gewaschen wurden, riefen sie die Wassergottheit Chalchiuhtlicue an:

> Komme zu deiner Mutter Chalchiuhtlicue ... Möge sie dich empfangen! Möge sie dich waschen! Möge sie allen Schmutz, der von deiner Mutter, deinem Vater auf dich gekommen ist, von dir nehmen und fortwerfen! Möge sie dein Herz reinigen! Möge sie es edel und gut machen! Möge sie dein Verhalten edel und gut machen!

Bei den Azteken wurden selbst die Sklav*innen, die man zur Opferung vorbereitete, mit heiligem Wasser gereinigt. Im alten Ägypten kleidete man die Toten wie Gottheiten und wusch sie nach einem bestimmten Ritual, damit sie leichter ins Jenseits gelangten.

Für den griechischen Arzt Hippokrates, auf den die Ärzte und Ärztinnen noch heute ihren Eid ablegen, war das Bad schon eher eine gesundheitsfördernde Maßnahme. Aber nie hätte er daran gedacht, Bakterien abzuwaschen. Bei der Vorstellung wäre er wie vom Blitz getroffen umgefallen. Er dachte eher an einen Wechsel aus kalten und heißen Bädern, um die Stimmungen auszugleichen. Bei Erkrankungen wie Kopfschmerzen und Harnverhalt hielt man damals warme Bäder für hilfreich, bei Gelenkschmerzen verschrieb man lieber kalte. Bäder waren in erster Linie dazu da, sich den Elementen auszusetzen, nicht so sehr, um bestimmte Krankheitserreger auszumerzen.

Ihren Höhepunkt fanden solche Vorstellungen in den berühmten Bädern des antiken Rom. In den öffentlichen Thermen trafen sich Bürger*innen aller Klassen zum Baden und geselligen Zeitvertreib. Oft befanden sich dort Sportanlagen unter freiem Himmel, umgeben von Räumen mit heißen (*caldarium*), lauwarmen (*tepidarium*) und kalten Bädern (*frigidarium*). In manchen Thermen gab es zudem Spieleräume, Bibliotheken, Speisen- und Getränkeverkäufer*innen und Prostituierte.

Manchmal rieben sich die alten Römer*innen mit Öl ein oder schabten Schmutz und Dreck mit einer Art Sichel ab. Doch wenn die Bäder einen hygienischen Nutzen hatten, dann höchstens zufällig. Die Wasserbecken waren alles andere als keimfrei. Wie zeitgenössische Berichte vermuten lassen, kam das Wasser aus öffentlichen Tiertränken. Gesunde und Kranke badeten zudem dicht an dicht. So empfahl der Philosoph Celsus bei unzähligen Beschwerden, etwa Darmentzündungen, kleinen Pusteln oder Durchfall, ein Bad zu nehmen. Da es keine Chloranlagen oder Umwälzpumpen gab, muss man davon ausgehen, dass auf dem Wasser ein schaumiger Schlier aus Dreck, Schweiß und Fett trieb.

Die Kombination aus Müßiggang und Nacktheit machte die Thermen zur Zielscheibe damaliger Kulturkämpfe. Dass sich die dekadenten Anlagen in seiner Heimatstadt verbreiteten, hielt der Philosoph Seneca für ein Zeichen des moralischen Niedergangs. Die christliche Frühkirche riet ebenso vom Baden ab.

Im Gegensatz dazu unterstrich die jüdische Gesetzgebung um die Zeit Jesu die Bedeutung körperlicher Reinheit durch den Erlass von Ernährungs- und Hygienevorschriften. Gemäß der Vorschriften musste man sich vor und nach dem Essen die Hände und vor dem Betreten des Tempels Hände und Füße waschen. Das Sprichwort

»Cleanliness is next to godliness« (Reinlichkeit kommt gleich nach Frömmigkeit) leitet sich angeblich von einem Rabbinerausspruch ab, nach dem körperliche Reinheit die Voraussetzung spiritueller Reinheit sei.

Doch die Frühchrist*innen wandten sich gegen eine Moral aus Vorschriften und Verboten und ließen von den strengen jüdischen Regeln zu Lebensmitteln, Beschneidung und Sabbatgebot ab. Ihr Messias war in puncto ritueller Reinigung eher ein Minimalist. Die Maler*innen befreiten Jesus später von Schmutz und Filz, er selbst aber machte sich wie viele, die eine treue Gefolgschaft haben, ausdrücklich keine Gedanken um seine Schönheit. Laut Matthäus schalt er, wem religiöse Rituale wichtiger waren als innere Reinheit. »Reinige zum Ersten, was inwendig im Becher ist, auf dass auch das Auswendige rein werde!« Und an anderer Stelle im Neuen Testament heißt es, die Pharisäer seien schockiert gewesen, weil Jesus und seine Jünger Brot aßen, ohne sich zuvor die Hände zu waschen. Im 4. Jahrhundert schrieb schließlich Hieronymus, wer in Christus gebadet sei, müsse sich nicht waschen.

Unter den Weltreligionen ist das Christentum, das außer der symbolischen Taufe keine Wasch- oder Körperpflegevorschriften kennt, eher ein Außenseiter. Der Islam schreibt fünfmal täglich rituelle Waschungen vor dem Gebet vor. Wegen des hohen Wasserbedarfs an den Moscheen entwickelten die arabischen Städte daher im Gegensatz zu Europa raffinierte Wasserversorgungssysteme. Ein Muslim, der in den 920er-Jahren die Wolga bereiste, schrieb über die Wikinger: »Es sind die verdrecktesten Geschöpfe Allahs, sie waschen sich nicht nach dem Kacken und Pinkeln, nicht nach dem Geschlechtsverkehr oder dem Essen. Sie verhalten sich wie ungeratene Affen.«

Der Hinduismus kennt ebenfalls verbindliche Körperpflegerituale. Schon Jahrhunderte vor der westlichen Keimtheorie mahnte er, nach dem Toilettengang die Hände zu waschen. Nur die linke Hand war dafür erlaubt, die rechte ausschließlich fürs Essen. Als der Italiener Marco Polo im 13. Jahrhundert Indien bereiste, war er überrascht, wie pingelig die Leute beim Trinken waren. Jeder habe seine eigene Wasserflasche, staunte er, »niemand würde aus einer fremden Flasche trinken. Auch setzt keiner die Flasche an die Lippen.« Und noch verwunderlicher: Die Inder*innen badeten regelmäßig.

Auch in China vermerkte Marco Polo fasziniert: »Jeder nimmt mindestens dreimal in der Woche ein heißes Bad, und wenn er kann, im Winter sogar täglich. Wer etwas gilt oder wohlhabend ist, hat ein eigenes Bad im Haus.« Nicht so er selbst in Venedig. Als das alte Rom von den Völkern, die man später Barbaren taufte, unterworfen worden war, waren viele Aquädukte und Thermen zerstört worden. Die fehlende Infrastruktur und die Skepsis des Christentums gegenüber der Körperpflege machten das Mittelalter, wie man später sagte, zu »eintausend Jahren ohne Bad«.

Mitte des 14. Jahrhunderts spitzte sich die Lage zu. Die Europäer*innen litten plötzlich an schwarzen, eiternden Beulen, die, wie Giovanni Boccaccio im *Dekameron* schreibt, groß waren wie Eier oder Äpfel. Drei Tage nach den ersten Beulen starb der oder die Betroffene. Als »der schwarze Tod« in Boccaccios Heimatstadt Florenz wütete, sah er, wie Mütter die eigenen Kinder aussetzten, dem Leichengeruch sei nicht zu entkommen. Trotz der Gebete und Prozessionen breitete sich die Krankheit unkontrolliert aus. Innerhalb von drei Jahren war ein Drittel der europäischen Bevölkerung tot.

Die Beulen waren geschwollene, von Immunzellen überschwemmte Lymphknoten. Durch die Pestbakterien lief die Immunabwehr aus dem Ruder. Doch das wusste man erst fünfhundert Jahre später. Die Christ*innen beschuldigten also die Juden und Jüdinnen, Gift in den Städten zu versprühen. Vor die Wahl gestellt, lebendig verbrannt oder christlich getauft zu werden, gestanden manche jüdischen Gefangenen ihre Schuld und wurden von ihren angeblichen Sünden freigesprochen. Manchen half selbst das nicht.

Eine etwas gelehrtere Erklärung sah den Stand der Gestirne als Ursache des Problems. Laut einem Bericht der medizinischen Fakultät der Pariser Universität von 1348 starben die Menschen, weil Saturn und Jupiter unglückseligerweise mit Mars, »einem bösen Planeten, der Zorn und Kriege begünstigt«, in einer Reihe standen. Da der Mars rückläufig gewesen sei, hätte »er viele Dämpfe von der Erde und den Meeren angezogen, die sich mit Luft vermischten und deren Substanz beschädigten«.

Die angeblich krank machenden Dämpfe nannte man Miasma, im Fall der Pest Pesthauch. Auch wenn das ähnlich klingt wie unsere moderne Vorstellung von einer Ansteckung über die Luft, ging es beim Pesthauch um eine spirituelle Ansteckung. Die Pariser Ärzte warnten, dass »heiße, feuchte Körper für die Pestilenz am anfälligsten« seien, ebenso wie Körper »voll schlechter Stimmungen, weil unverbrauchte Abfallprodukte nicht richtig ausgestoßen« würden, oder Menschen »mit einem schlechten Lebensstil, zu viel körperlicher Ertüchtigung, Sex und Baden«. Die Vermeidung der furchtbaren Sünden garantierte zwar keine Gesundheit, versetzte aber die Bevölkerung garantiert in Panik: »Wer einen trockenen Körper hat, von Abfallprodukten geläutert ist, umsichtig Maß hält, wird der Seuche langsamer erliegen.«

Die Furcht vor heißem Wasser verbesserte die ohnehin entsetzliche hygienische Situation nicht gerade. Als man in Avignon keinen Platz mehr fand, um die Toten zu begraben, erklärte der Priester den Fluss kurzum zur geheiligten Erde. Reinen Gewissens hievten die Familien ihre Toten in die Rhône, doch die Gewässer waren weniger rein. Alle Menschen hatten Flöhe, die die Pestbakterien übertrugen, und bis zum Beginn des 18. Jahrhunderts trat die Krankheit fast jedes Jahr irgendwo in Europa wieder auf. Die Badeanstalten schloss man von offizieller Seite aus Sorge vor Krankheitsübertragung. Panik und das mangelnde Wissen über das Pestbakterium, so die Journalistin Katherine Ashenburg, machten das 16. und 17. Jahrhundert zu den wohl schmutzigsten in der europäischen Geschichte.

Die vielen Todesfälle in den Städten ließen das Leben dort wenig verlockend erscheinen. Auf dem Land war es sicherer, dort gab es auch mehr Arbeit. Das änderte sich erst mit der industriellen Revolution. Bis ins 19. Jahrhundert lebten in den Städten jeweils nur wenige Hunderttausend Menschen. Es gab keine Hochhäuser oder Fabriken und folglich auch keine beständige Dunstglocke wie heute über Los Angeles, Hongkong oder Delhi.

In London wohnten erstmals 1801 über eine Million Menschen. Im Jahr 1850 waren es schon zwei Millionen, und weil die Menschen überall in die Städte strömten, bald ebenso in Paris und New York. Die Infrastruktur hielt mit dem Bevölkerungszuwachs allerdings nicht Schritt. Plötzlich war die Umwelt sichtbar dreckig. Die noch unasphaltierten Straßen waren im Sommer staubig, das restliche Jahr über matschig, immer voller Pferdeäpfel, und die Kohleöfen verpesteten die Luft. Die Gassen glichen Jauchegruben, die Brunnen waren vermüllt. Die ansteckenden Krankheiten, die sich unter diesen Bedingungen ausbreiteten, veränderten die Welt und ließen das öffentliche Gesundheitssystem entstehen.

Als in den europäischen Arbeiterbehausungen der 1840er-Jahre die Typhusepidemien grassierten, fiel dem deutschen Arzt Rudolf Virchow der Zusammenhang zwischen Lebensbedingungen und Krankheit auf. Seine Arbeit, die noch immer von der Miasma-Theorie geprägt war, brachte den amerikanischen Ärzteverband dazu, die Bedingungen in den USA zu untersuchen und schließlich 1847 Toilettenbelüftungen zu fordern, damit sich krankheitserregende Dämpfe verflüchtigen könnten.

Die These von der schlechten Luft wurde erstmals infrage gestellt, als der Arzt John Snow 1854 einen Cholera-Ausbruch in London zu einem Brunnen zurückverfolgen konnte. Mithilfe detaillierter Karten und der Befragung von Erkrankten versuchte er, gemeinsamen Gewohnheiten oder Aufenthaltsorten auf die Spur zu kommen. Die Methode, die Sherlock Holmes vorwegnahm, erwies sich als so bedeutsam, dass daraus schließlich die moderne Epidemiologie entstand. Doch Snow erkannte nicht den genauen Zusammenhang zwischen dem Wasser und der Krankheit. Ernst genommen wurde er auch nicht.

Dass das Wasser durch Organismen aus der menschlichen Fäkaliengrube direkt neben dem Brunnen verseucht war, lief damals nicht nur den gängigen Überzeugungen zuwider, sondern hätte auch erhebliche politische Folgen gehabt. In der gesamten Stadt hätte man menschliche Abfallprodukte und Trinkwasser trennen müssen. Die Londoner Regierung hielt Snows Entdeckung für reinen Zufall, für einen Zusammenhang gebe es keine Beweise. Erst als der deutsche Arzt Robert Koch 1883 Cholerabakterien unter dem Mikroskop sah, wurde Snow rehabilitiert, zwei Jahrzehnte nach seinem Tod. Diese Entdeckung, die epidemiologischen Hinweise aus dem Londoner Brunnen und spätere Beobachtungen erhärteten für Koch die Vermutung, dass das verseuchte Wasser die Ursache war. Und wenn die »Keime« unbemerkt in unser Trinkwasser kriechen und uns töten konnten, konnten sie wohl genauso gut für viele andere Krankheiten, Leiden und Temperamente verantwortlich sein.

Während die Gefahr von Infektionskrankheiten durch Verstädterung und rasches Bevölkerungswachstum zunahm, drang die neue »Keimtheorie« langsam ins öffentliche Bewusstsein. Um die Jahrhundertwende gehörten die Bekämpfung und Vorbeugung von Infektionskrankheiten schließlich zur Städteplanung. Diese »Hygiene-Revolution« war im Grunde das Resultat ihres industriellen Vorläufers. Um die erforderlichen Sanitär- und Hygienemaßnahmen durchzusetzen, baute man in Europa und den USA ein öffentliches Gesundheitswesen auf. Statt wie bisher die Keimtheorie zu leugnen, ging die Politik nun schleunigst dazu über, in präventive Infrastrukturmaßnahmen zu investieren. Im Fokus standen keimfreies Trinkwasser, Abwasserkanäle und die Volkserziehung zum Händewaschen nach dem Toilettengang, so wie es die Menschen in der übrigen Welt seit Jahrtausenden taten. Man hatte es bislang einfach hingenommen, dass die Bevölkerung ganzer Stadtviertel oder Städte plötzlich dahinschwand. Die Erkenntnis, dass sich das verhindern ließ, war revolutionär.

Damit rückte auch die Körperpflege ins Zentrum des öffentlichen Bewusstseins. Wie sauber jemand war, sagte nun etwas über sein Gefahrenpotenzial. Wer ungepflegt war, konnte sich das Waschen offenbar nicht leisten und nutzte den Graben in der Gasse vor dem Mietshaus als Toilette. Womöglich übertrug er oder sie auch Krankheiten. Wer gepflegt war, sauber gekleidet, sorgfältig gekämmt und mit frisch gewaschenem Gesicht, signalisierte Sicherheit. Obwohl ein gepflegtes Äußeres kein Garant dafür war, dass jemand sich die Hände wusch und keine Flöhe hatte – die gefürchtetsten Krankheitsüberträger –, gingen äußeres Erscheinungsbild und Hygiene nun Hand in Hand.

Sauberkeit und Schmutz wurden nun konkret mit Gesundheit beziehungsweise Tod assoziiert, und die dazu passenden polarisierenden Konnotationen verbreiteten sich zusehends. Doch ein saubereres Erscheinungsbild erforderte Zeit und Geld. Sichtbare Körperpflege wurde zum Statussymbol, und mehr galt oft als besser. Es reichte nun nicht mehr, nicht ekelerregend auszusehen oder zu riechen, man musste duften. Ein sauberes Äußeres wurde zur Voraussetzung für bestimmte Berufe und soziale Kreise. Die Arbeiterklasse galt als ungewaschen, und der soziale Aufstieg konnte nur dann gelingen, wenn man sich trotz Latrine vorm Haus passend für eine Arbeit fern der Latrinen kleiden konnte.

Die Mittel- und Oberklasse in Manhattan begann Anfang des 20. Jahrhunderts, sich im eigenen Schlafzimmer zu waschen. Selbst in ärmlichen Mietshäusern stellten die Familien samstags den Badebottich in die Küche, füllten ihn mit Wasser und wuschen ihre Kinder. Eimerweise trugen sie das Wasser über endlose Treppen und Flure nach oben und erhitzten es auf dem Holzofen. Ein »sauberes« Aussehen war – und ist es für einige bis heute – diese Mühen wert.

Die neuen Hygienevorstellungen wurden explizit als Werkzeug gesellschaftlicher Reformen eingesetzt. Aus den ersten Anstrengungen, sexuell übertragbare Krankheiten einzudämmen, entwickelte sich die Bewegung der »Sozialhygiene«. Im Ersten Weltkrieg versuchte man so, mit öffentlichen Aufklärungskampagnen der Syphilis Einhalt zu gebieten. Später wurden daraus Programme zur Sexualaufklärung im Klassenzimmer. Nun konnte man im Namen der Hygiene und mit wissenschaftlicher Rechtfertigung Themen ansprechen, die vorher mit einem unüberbrückbaren Tabu belegt waren.

Doch die Hygiene rechtfertigte auf ähnliche Weise auch eine Katastrophe. Die neuen Wissenschaften der Genetik und Infektionskrankheiten verliehen den bereits länger eingeführten Begriffen der Ausrottung und Säuberung die legitimierende Patina. Als der deutsche Arzt Alfred Ploetz 1895 das Buch *Rassenhygiene* veröffentlichte, legte er damit den Grundstein für die Eugenik der nächsten Jahrzehnte und schließlich den Holocaust. Reinheit und Säuberung dienten als Schlachtruf für eine nationale Abschottung, die auf der Grundannahme beruhte, dass Homogenität gut, Diversität aber unnatürlich und gefährlich sei.

Die Angst vor der allgemein gering geschätzten Mikrobenwelt spielte dem destruktiven Gedankengut, vom expliziten Rassismus bis zu restriktiven Sexualnormen, in die Hände. Außerdem förderte sie den Seifenverkauf. Als fließendes Wasser und Badewanne im letzten Jahrhundert zum allgemeinen Standard der Arbeiterklasse wurden, etablierten sich die zahllosen Produkte, die heute ganze Drogeriemärkte füllen, langsam in unserem Alltag. Das Baden wurde Allgemeingut, und damit entwickelten sich ein riesiger Markt für Seife sowie ein regelrechter Rüstungswettlauf bei vielen anderen Reinigungsprodukten. Weil man arme Leute nun nicht mehr daran erkennen konnte, dass sie ungewaschen waren, mussten Wohlhabende jetzt noch sauberer sein. Nichts verkauft sich im Kapitalismus so gut wie Status. Und wenn wenig schon gut war, konnte mehr nur besser sein.

III. SCHAUM

Am Anfang war das Unternehmen Dr. Bronner's eine Art Kirche.

Der Übergang vom religiösen Non-Profit-Unternehmer zum Vollzeitverkäufer von Pfefferminz-Flüssigseife erfolgte so unmerklich, dass Emanuel »Dr.« Bronner völlig vergaß, die Steuerbefreiung aufheben zu lassen. Seine letzten Lebensjahre verbrachte er im erbitterten Kampf mit dem US-Finanzamt um eine Million Dollar Steuerschulden, und bei seinem Tod war er fast pleite. Aber bis zum Schluss nahm er jeden Anruf für das Unternehmen persönlich entgegen oder rief zurück.

Das Aushängeschild von Dr. Bronner's ist eine gelbliche Flüssigseife in einer durchsichtigen Plastikflasche, die Sie überall finden können – vom Bioladen über Walmart bis hin zu Instagram-Accounts berühmter Persönlichkeiten. Die symbolträchtigen, einst nur blauen Etiketten sind über und über mit winzigem, marktschreierischem Text bedruckt: »Ready to teach the whole Human race the Moral ABC of All-One-God-Faith! For we're All-One or none! ALL-ONE! ALL-ONE! ALL-ONE!« (Lehren wir der gesamten Menschheit das moralische ABC des Alle-Ein-Gott-Glaubens! Wir sind Alle-Eins oder Nichts! Alle-Eins!) Und so weiter.

Das war Emanuel Bronners Gospelsong. Er war aus Deutschland vor dem Holocaust geflohen und reiste in den Fünfzigerjahren durch die USA, um die Botschaft von Frieden und Einheit zu verbreiten. Er stand an Straßenecken in Los Angeles auf einem Seifenkarton und verkündete den Passant*innen seine Botschaft. Die Seife verkaufte er, um seine Mission zu finanzieren. Die Leute wollten nicht wirklich hören, was er zu sagen hatte, aber die Seife schien ihnen zu gefallen. Also druckte Bronner seine Predigt auf die Seifenetiketten. Irgendwann sprach sich herum, dass dieser komische Mann Pfefferminzseife verkaufte, und die Nachfrage stieg – obwohl Bronner damit eigentlich nur seine Botschaft von Liebe und Einheit unter die Leute bringen wollte. Als seine Enkel das Unternehmen später wiederbelebten und die Seife zu dem allgegenwärtigen Produkt machten, das es heute ist, war es für sie wichtig, das Etikett möglichst so zu belassen, wie ihr Großvater es geschrieben hatte, trotz aller Herausforderungen für das Marketing.

In den letzten Jahren wurde aus dem Nischen- ein Mainstreamprodukt. Ein halbes Jahrhundert lang war Dr. Bronner's nur in räucherstäbchengeschwängerten Hippie-Läden zu finden, jetzt stehen die Seifen neben teuren Beautyprodukten in großen Drogerie- und Supermärkten oder trendigen Hipsterläden. In den zwei Jahrzehnten, die David Bronner und sein Bruder Mike das Unternehmen nun führen, haben sich die Umsätze mehr als verdreißigfacht.

Als ich David Bronner treffe, bietet er mir als Erstes an, ein Schaumbad in einem Anhänger zu genießen – aber es hatte nichts Anrüchiges. Wir stehen im kalifornischen Vista, auf dem Parkplatz seines neuen Firmensitzes, die alten Räume sind zu klein geworden. Der Anhänger mit den Gemeinschaftsduschen wird von Bronner und seinem Team normalerweise bei Schlammrennen, beim »Burning Man« oder anderen Festivals aufgestellt. David, heute CEO (Cosmic Engagement Officer), ging schon zum »Burning Man«, bevor es cool wurde, und als er die Firma übernahm, befand er, es sei ein guter Ort, die Marke besser bekannt zu machen. Auf dem Festival ist Werbung verboten, ebenso wie Sponsering, aber Bronner's installiert dort raffinierte Plakate und interaktive Ausstellungen, die das Unternehmensethos kommunizieren. So finanziert er einen »Safe Place« für Leute, die auf einem schlechten Trip sind, außerdem treten Performance-Künstler*innen aus dem Unternehmen auf. Die ich glücklicherweise kennenlernen durfte.

»Hi, hast du Lust zu tanzen?«, fragt mich einer der bärtigen Männer. In meiner Erinnerung haben alle lange Bärte, vielleicht waren sie aber nur unrasiert. Es ist eine dieser Situationen, wo einem das Gedächtnis gern einen Streich spielt. Ich war früh auf, hatte kaum geschlafen und schon ein Glas aus ihrem Kombucha-Fässchen intus.

»Nein.«

Sie haben offensichtlich ein »Ja« erwartet. Jemand schaltet einen Gettoblaster ein, und sie stellen sich in zwei Reihen auf.

»Okay, kein Problem. Dann tanzen wir für dich.«

Mitten in einer Lagerhalle tanzen acht erwachsene Männer für mich. Sie schauen mich erwartungsvoll an, und ich weiß ihre Bemühungen wirklich zu schätzen, aber bin auch leicht genervt davon, so betanzt zu werden. Sie lächeln die ganze Zeit und am Ende klatschen sich alle ab, auch mich. Dann stehen sie im Kreis und fragen mich über das Hautmikrobiom aus. Manche berichten, sie duschen ebenfalls selten, und als ich von der Idee zu diesem Buch erzähle, verhalten sie sich, als sei angesichts dieses grandiosen Konzepts ihr Gehirn gerade implodiert. Es fühlt sich an, als sei ich der Mensch, der den Ninja Turtles ihre erste Pizza reicht.

Dass ein Seifenunternehmen Künstler*innen der Generation X beschäftigt, die nicht duschen, klingt zunächst paradox. Doch das Wachstum des Unternehmens beruht auf einem starken Markenimage, das hervorragend dazu passt. Dank diesem Image und einer generell egalitären Einstellung ist Dr. Bronner's besonders bei kapitalismuskritischen Millennials beliebt. Obwohl das Produkt seit Jahrzehnten eine treue Kundschaft hat, wirft es erst seit Kurzem wirklich Gewinn ab.

Auf das öffentliche Bad in David Bronners Anhänger verzichte ich trotzdem: Nach einem Tough Mudder in der Gruppe mag es ein Riesenspaß sein, aber hier wäre ich allein, auf einem Parkplatz und umringt von lauter PR-Leuten, die unbedingt wollen, dass ich Fun habe. Also steige ich in David Bronners Minivan und lasse mir das Firmengelände zeigen. Bronner besitzt noch einen Mercedes, der mit Fett als alternativem Kraftstoff läuft, aber für die Arbeit nehme er lieber den größeren Van, er eigne sich, so erklärt er, besser für Fahrgemeinschaften.

David Bronners Gehalt ist höchstens fünfmal höher als das der Mitarbeitenden, die am wenigsten verdienen. Er ist groß, das Haar hinten lang und vorn ausgefallen, der Oberkörper immer ein wenig zurückgelehnt. Sein Lebensmotto heißt Party, aber mit Respekt für das Mutterschiff Erde. Man hat ihn mit Captain Jack Sparrow verglichen, aber seine Droge ist nicht der Alkohol. Er bevorzugt psychedelische Drogen. Er ist für Legalisierung und gegen Drogenbekämpfung. Das wundert keinen, der ihn sieht, außer man weiß, dass er Erbe und CEO eines der am schnellsten wachsenden Seifenunternehmen der Welt ist.

Als wir uns dem Haupteingang nähern, sehen wir einen Imbisswagen, der Tacos mit Fleisch verkauft. David rollt die Augen. Er ist enorm stolz darauf, dass sein Unternehmen allen Mitarbeitenden ein veganes, regionales Biomittagessen direkt vom Bauern bietet. Die Gerichte werden von einem ernst zu nehmenden Koch zubereitet; als ich die Küche besichtige, lässt er mich einen Löffel von seinem Farro-Kürbis-Salat kosten.

»Ich verstehe ja, dass das nichts für jeden ist«, sagt Bronner und schaut mit einer so reglosen Miene auf den Taco-Lieferanten, als übe er sich gerade in achtsamer Empathie. Er parkt den Minivan, und wir gehen in die Kantine, vorbei an einem riesigen Wandgemälde, das seinen Großvater zeigt, den ursprünglichen Doktor in »Dr. Bronner's«, der allerdings nicht wirklich Doktor war und auch wissenschaftlichen Tatsachen nicht sonderlich verbunden. Als wir uns aus dem Kombucha-Fass bedienen, erklärt David mir seine Seife. Wie er offen zugebe, dusche er eher selten und wenn, dann seife er nur Achselhöhlen, Intimbereich und Füße ein. Es sei ihm nie wirklich um die Seife gegangen, sondern eigentlich um sein Umweltengagement.

Auch Emanuel Bronner war ein überzeugter Minimalist. Auf

dem berühmten Etikett steht »18 in 1«: Während alle anderen Seifenunternehmen ihren Kund*innen möglichst viele diversifizierte Produkte verkaufen wollten, konnte Dr. Bronner's Seife von jedem für jede Körper- und Haushaltspflege verwendet werden, ob beim Baden, Wäschewaschen, Reinemachen oder Zähneputzen. Das Unternehmen hat seine Produktpalette erst vor Kurzem ein wenig erweitert, etwa um Zahnpasta. Das beißt sich mit David Bronners Unternehmensvision, der dem Menschen nichts verkaufen will, was er nicht braucht. »Die Leute wollten eben Zahnpasta«, erklärt er mir. Ich bin allerdings nicht der Einzige, der bestätigen kann, dass ein einziger Tropfen Pfefferminzseife genauso gut wirkt.

Doch die spirituellen Untertöne, aufgrund derer manche Dr. Bronner's als typischen New-Age-Quatsch abtun, sind keineswegs neu. Eigentlich sind sie eine Rückkehr zu dem Einklang aus reinen Händen und reinem Herzen. Bei aller Exzentrik des Unternehmens steht das Ethos der Bronners den meisten historischen Sauberkeitsidealen näher, als es jedes strenge wissenschaftliche oder gesundheitliche Argument je könnte.

***

Seife wird vom Menschen schon von Beginn der geschichtlichen Aufzeichnung an und überall auf der Welt verwendet. Doch seit wann tun das Milliarden von Menschen mehrmals täglich, und zwar nicht, weil ihnen danach ist, sondern weil sie das für absolut notwendig halten?

Ich suche einen Seifenhistoriker auf, den man mir als »Seifenkönig« beschrieben hat. Nach mehreren Telefongesprächen lädt er mich in sein Zuhause in einem Vorort von Chicago ein. Ich steige aus dem Auto, klingele, eine dreieinhalb Meter hohe Haustür schwingt auf, und dahinter kommt eine kleine Frau mit weißen Haaren zum Vorschein: Fortuna Spitz. Lächelnd ruft sie: »Luis!«, woraufhin ihr Ehemann, der Seifenkönig, gemächlich aus dem Arbeitszimmer auf den Flur tritt und mir mit der Hand bedeutet, ihm ins Wohnzimmer zu folgen.

»Die beiden Menschen, die hier vor Ihnen sitzen, haben mehr für das klassische Seifenstück getan als jeder andere auf der Welt«, sagt Luis Spitz sehr ernst. Ich hätte nicht gedacht, dass jemand mit so etwas angeben würde, aber in den folgenden vier lehrreichen Stunden werden alle meine Zweifel ausgeräumt, während mich die beiden durch das umfangreiche Privatmuseum führen und mir die Geschichte der Seife erklären.

Luis, bei meinem Besuch dreiundachtzig Jahre alt, hatte Chemietechnik studiert und kam mit der Seifenindustrie erstmals als Sachbearbeiter bei The Dial Corporation in Kontakt. Er vertrat die italienischen Hersteller von Seifenverarbeitungsanlagen und -verpackungsmaschinen und war 1977 Vorsitzender der ersten Weltkonferenz für Seifen und Reinigungsmittel. Er hat Beiträge und Bücher verfasst oder herausgegeben, die von der Seifenindustrie veröffentlicht wurden, und arbeitet derzeit als unabhängiger Berater für die Herstellung und den Vertrieb von Seifen. Wenn ich seine heutige Tätigkeit genauer beschreiben sollte, würde ich sagen, er weiß alles, was es über Seife zu wissen gibt, und er macht in der Seifenindustrie Leute.

»Sie haben wohl nicht gedacht, dass Sie so viel Zeug zu sehen bekommen!«, sagt er, als ich den Blick über Seifenwerbungen und Devotionalien schweifen lasse, die jeden Zentimeter Wand- und Ablagefläche ausfüllen. Das Ehepaar Spitz hat sein Haus förmlich um die Seifensammlung herumgebaut. Als Fortuna Spitz mir ein Stück Apfelkuchen reicht, prangt auf dem Tischset ein Seifendekor.

An diesem Nachmittag erfahre ich, dass der Verkauf von Seife eine Kunst ist, mehr noch als ihre Herstellung. Tatsächlich hat sich das Marketing für Seife zunächst der Kunst bedient. Auf der Weltausstellung 1893 in Chicago warb die Pears Soap Company mit einem Gemälde, auf dem unten ein nüchternes »Pears« aufgedruckt war. Die obere Etage im Haus der Eheleute Spitz ist eine Galerie mit Gemälden (Farbdrucken) aus dem 19. Jahrhundert, die heute niemand für Seifenwerbung halten würde. Auf dem berühmtesten und am häufigsten nachgedruckten Gemälde, »Bubbles« von John Everett Millais, sieht man einen kleinen Jungen mit Lockenkopf, der Seifenblasen macht.

Als Seife schließlich in Mode kam, war es mit der anspruchsvollen, zugleich unschuldigen Werbung natürlich vorbei. Ein hart umkämpfter Markt verlangte eine aggressivere Werbung, die das Produkt von anderen abhob, andere auch mal mit Dreck bewarf, Verbraucher*innen verunsicherte und Versprechungen machte, die keine Seife der Welt jemals einlösen konnte. All das war nötig, weil die meisten Seifen chemisch eigentlich mehr oder minder identisch sind. Es gibt per definitionem nicht viel Spielraum, das Produkt zu verändern, ansonsten ist es definitiv keine Seife mehr. Das Herstellungsverfahren für Seife ist Teil des Chemiegrundkurs I und schon seit Jahrhunderten bekannt.

Seife besteht aus Tensiden beziehungsweise »oberflächenaktiven Stoffen«, bei denen Fett mit einer wasserlöslichen Base, genauer gesagt mit Alkalien, kombiniert wird. Egal, ob es sich um tierische oder pflanzliche Fette wie Oliven- oder Kokosöl handelt, sie bestehen immer aus Triglyceriden. Wie der Name vermuten lässt, sind dies drei Fettsäuremoleküle und ein Glycerinmolekül. Wenn man Triglyceride mit Alkalien wie Kaliumhydroxid (Pottasche) oder Natriumhydroxid (Lauge) mischt und unter Druck erhitzt, spaltet sich die Fettsäure von dem Glycerin ab. Kalium oder Natrium können sich nun mit der Fettsäure verbinden. Und das ist dann Seife.

Tenside sind einfache Moleküle, deren eines Ende Wasser und deren anderes Fett binden kann – etwa Fette, die auf unserer Haut kleben und sich allein mit Wasser nicht entfernen lassen. Wenn Ihre Kleidung beispielsweise mit Erde verschmutzt ist, wird sie mit Wasser nicht sauber. Geben Sie aber eine tensidhaltige Seife ins Wasser, wird das fettliebende (lipophile) Ende von dem Fett der Erde und das wasserliebende (hyrophile) Ende vom Wasser angezogen. Durch die gegensätzlich wirkenden Kräfte lockert sich der Dreck und wird im Wasser aufgelöst. Jetzt müssen Sie ihn nur noch ausspülen.

Obwohl niemand genau weiß, so Spitz, wie und wann die Seife erfunden wurde, kursieren jede Menge Märchen darüber. Nach einer römischen Sage wurde die Seife am Berg Sapo entdeckt. Dort brachte man den Göttern Tieropfer dar, und Holzasche und Tierfette, die bei dem Ritual zurückblieben, wurden beim nächsten Regen vermischt, den Berg hinabgespült und landeten in einem Fluss, wo die Menschen gerade ihre Togen wuschen. Als sie bemerkten, dass die Togen viel sauberer wurden als sonst, schrien sie: »Was zum Teufel ist das? Verfluchtes Wasser?«, und rannten weg. (Falsch, sie gingen der Sache auf den Grund und stellten Seife her.)

Man kann sich jedenfalls gewiss sein, dass das simple Herstellungsverfahren an mehreren Orten »entdeckt« wurde. Die Herangehensweise hing dabei von den jeweils verfügbaren Materialien ab. Rund um das Mittelmeer sorgte Olivenöl für ein regelmäßig verwendbares Qualitätsprodukt. Das französische Marseille entwickelte sich zur wahren Hochburg der Seifenkunst. Im italienischen Savona und in Kastilien schossen die Seifenmanufakturen aus dem Boden, wahre Pilgerstätten, wo die Leute jahrhundertelang ihre Seife kauften. Obwohl die Seifenherstellung eher banal und die Ingredienzien mehr oder minder unveränderlich sind, zeigte sich eine klare Lernkurve, aus der sich Unterschiede zwischen handgemachter und industriell hergestellter Seife ergaben.

Seife aus dem Ladenregal war bis ins späte 19. Jahrhundert und in vielen Teilen der Welt noch wesentlich länger ein Luxusprodukt. Mein Großvater wuchs in einem ländlichen Städtchen in Indiana auf, und seinen Eltern und Nachbar*innen wäre es im Traum nicht eingefallen, Seife zu kaufen. Sie machten Seife, wenn sie ein Schwein geschlachtet hatten. Dazu nahmen sie die Schweinehaut, schnitten sie in Streifen, legten sie in den großen gusseisernen Kessel und setzten diesen aufs Feuer. Mein Großvater musste dafür sorgen, dass das Feuer nicht ausging. Das weiße Hautfett schmolz, und die übrig bleibenden Hautstreifen wurden in dem brodelnden Schmalz zu knusprigen Röllchen, den Grammeln, eine Delikatesse, an die sich mein Großvater stets mit Freuden erinnerte.

Das Schweineschmalz diente zum Kochen, Würzen, zur Wundbehandlung, als Rostschutz- und Schmiermittel. Wie mein Großvater erzählte, sammelte seine Mutter Regenwasser, mischte Holzasche und das Schmalz darunter und machte so Seife. »Ich hatte das Gefühl, als Junge wusste er gar nicht, dass man in einen Laden gehen und dort Seife kaufen konnte«, erinnert sich mein Vater. Sollte in dem Gemischtwarenladen des Städtchens tatsächlich Seife verkauft worden sein, hätte mein Großvater jedenfalls zu der ersten Generation gehört, die diese Möglichkeit hatte. Allerdings erlebte er auch die Weltwirtschaftskrise 1929, und es widerstrebte ihm ein Leben lang, Geld für etwas auszugeben, das man ebenso gut selbst herstellen konnte.

Den Borstenschaber, die Schlachthaken und den Kessel haben wir auf dem Bauernhof noch immer. Auf dem Gelände, wo mein Großvater einmal Pfeilspitzen fand, lebten vor nicht allzu langer Zeit noch amerikanische Ureinwohner. In vielen Stämmen gab es bekanntlich Schwitzhütten oder -zelte für Reinigungsrituale. Dort traf man sich und büßte und läuterte sich durch andächtiges Schwitzen. Doch die Zeremonie diente der spirituellen Reinigung, durch die Hitze, sanftes und manchmal auch tödliches Dehydrieren veränderte sich der Geist. Zum Baden ging man hingegen in Seen und Flüsse. Dass die indigenen Völker auch Seife herstellten, ist nicht belegt, aber mit Sicherheit hatten sie Zugang zu Seifenpflanzen wie Seifenkraut oder Seifenbaumgewächsen. Noch vor ihnen verwendeten die Azteken zwei pflanzliche Produkte als Seife, die Frucht des Copalxcotl (den die dreckigen spanischen Plünderer »Seifenbaum« nannten und wahrscheinlich kurz darauf zerstörten) und die Wurzel des später *Saponaria americana* genannten Seifenkrauts. Die Pflanzen erhielten ihre Namen nicht zufällig. Beide produzieren zur

Selbstverteidigung Saponine, also Tenside, wie sie auch bei der Seifenherstellung entstehen. Wenn man sie oder auch eine Agave oder eine Yucca schält, pulverisiert und energisch mit Wasser verquirlt, entsteht Seifenlauge.

Heute gäbe es eine große Nachfrage nach solch milden »Seifen«. Die Lauge des Seifenbaums ähnelt eher den heute so beliebten Reinigungslotionen wie Cetaphil (das für »empfindliche Haut« beworben wird) als den frühen Seifen. Allerdings waren kommerzielle Seifen die längste Zeit ihrer Geschichte auch nicht fürs Gesicht bestimmt. Seife erfordert eine Base, und Kalilauge war oft am billigsten und verfügbarsten. Das Produkt war daher stark basisch und trocknete die Haut aus oder brannte sogar.

Aber die frühe Seife hatte wie jedes Hilfsmittel ihren eigenen Anwendungsbereich. Wenn man Ruß oder Schmiere an den Händen hatte, half Wasser wenig. Dann brauchte man Seife. Doch bis ins späte 19. Jahrhundert wurde Seife hauptsächlich für die Wäsche verwendet. Zwar gab es etwa in Jamestown schon im 17. Jahrhundert »Seifenhersteller«, aber die Siedler stellten die Seife aus überschüssigem Tierfett und Lauge lieber selbst her und verwendeten sie nur bei größtem Dreck. Regelmäßiges Waschen war nicht nur teuer, sondern griff auch Haut und Kleidung an.

Mit der Zeit wurde die Seife weiterentwickelt und besser verträglich. Als die Seifenmacher als Base erstmals Pottasche nahmen, wurde Seife allgemein fürs Baden beliebt. Das erste US-Patent überhaupt war ein Verarbeitungsverfahren für Pottasche. Das Dokument, nur ein einziger Absatz, wurde 1790 von Thomas Jefferson genehmigt und von George Washington unterschrieben. Es markiert den Beginn des Patentwesens, das für den Kapitalismus entscheidend werden sollte.

Das Recht am geistigen Eigentum war für das Wachstum der Seifenindustrie von zentraler Bedeutung. In Großbritannien etwa war Seife durch ein Monopol knapp und durch eine Seifensteuer zudem teuer. Als der britische Premierminister William Gladstone die Steuer 1853 schließlich abschaffte, war Seife plötzlich ein erschwingliches Gut. Von nun an arbeitete die Seifenindustrie unermüdlich daran, das Baden vom Image eines leicht sündhaften Luxus zu befreien. Es sei im Gegenteil grundlegender Bestandteil eines Minimums an Anstand. Mithilfe von Marketing und Werbung gelang es der Branche, Gesundheit, Schönheit und Sauberkeit neu zu definieren. Die noch immer vorhandenen europäischen Tabus rund ums tägliche Waschen wurden auf den Kopf gestellt. In nur wenigen Jahrzehnten war es plötzlich tabu, es *nicht* zu tun.

***

Ich fahre, hoch oben auf einem Feuerwehrauto, über das Firmengelände von Dr. Bronner's. Da das Unternehmen gewachsen sei, sagt man mir, müsse ich mich aus Haftungsgründen jetzt festhalten.

Das Fahrzeug ist umgerüstet, aus den Schläuchen spritzt statt Wasser Seifenschaum. Wie den Dusch-Anhänger nimmt das Unternehmen es mit auf Festivals oder präsentiert es als Markenerlebnis auf dem Firmengelände. Die dröhnende Musik aus den Lautsprechern wirkt in dem Gewerbepark am Stadtrand irgendwie fehl am Platz. Die Presseabteilung trägt leuchtend rot-blaue Overalls, die an die Oompa Loompas erinnern. Als wir um die Ecke biegen, werden wir abrupt von der Realität eingeholt. An den Laderampen stehen Tanklaster, die Öl vor allem aus dem fernen Ghana anliefern.

Hinter den riesigen Rolltoren erstrecken sich makellose und hochindustrielle Produktionsanlagen, ein seltsamer Kontrast zu den groovenden Vibes im übrigen Unternehmen. Vor mir ragen riesige Edelstahltanks für die Hochdruckverseifung in die Höhe. In einer Halle stehen Duftstoffsilos, zehn Meter hoch und in allen Farben der Dr.-Bronner's-Etiketten. Ein Kunststoffbehälter mit der Aufschrift »Citronensäure« (die als Konservierungsmittel beigemengt wird) ist größer als ich. Das Herzstück, der sogenannte Verseifungsreaktor, ist ein Sechstausend-Liter-Tank mit Deckel, der mit zwölf

Bolzen und einem Schiffssteuerrad verschlossen wird. Der gigantische Kessel ist mit zwei weiteren genauso großen Kesseln verbunden, die heißes beziehungsweise kaltes Wasser enthalten. Über ein Notfallventil wird Druck an einen riesigen »Notfallauffangtank« abgeleitet. Die Temperaturen erreichen Tausende von Grad, offenbar herrscht erhebliche Explosionsgefahr. Ich klettere über ein Gerüst auf den Reaktor, und ein Techniker ermahnt mich lachend, nicht hineinzufallen. Vor meinem inneren Auge spielt sich eine furchtbare Todesszene ab.

Zusammensetzung und Wirkweise sind im Prinzip bei allen Seifen gleich. Abgesehen von Duftstoffen und Farben unterscheiden sich Seifen nur durch das verwendete Fett, dessen Eigenschaften davon abhängen, von welchen Pflanzen oder Tieren es stammt. Alle Fette bestehen aus Kohlenstoffmolekülketten. Doch während die gesättigten Fettsäuren vollständig mit Wasserstoff gesättigt sind, können die ungesättigten Fettsäuren noch Wasserstoff binden. Beide sind effektiv, und die meisten Seifen enthalten eine Mischung aus beiden. Seifen mit ungesättigten Fettsäuren reinigen im Allgemeinen besser, trocknen die Haut aber mehr aus. Seifen mit überwiegend gesättigten Fettsäuren schäumen meist besser.

Dr. Bronner's wirbt damit, nur biologisch angebaute pflanzliche Öle zu verwenden. Alle Inhaltsstoffe, so steht es auf den Etiketten, stammen aus ethisch einwandfreien Lieferketten, sind fair gehandelt und enthalten keine gentechnisch veränderten Bestandteile. Bevor ich dieses Buch schrieb, hatte ich keine Ahnung, dass all das auch bei Seife eine Rolle spielen kann. Doch der Anbau von Palmöl, dem häufigsten Seifenfett, trägt erheblich zur Abholzung der Wälder in den äquatornahen Ländern bei. Umweltorganisationen wie Greenpeace weisen darum regelmäßig auf die Folgen der Verwendung von Palmöl in Konsumgütern hin. Amnesty International und andere Organisationen beschuldigen zudem Seifenhersteller, die Menschenrechte zu verletzen, etwa durch Kinderarbeit bei der Palmölbeschaffung. Amnesty hat Unilever, Colgate-Palmolive oder

Procter and Gamble eindringlich aufgefordert, eine ethisch einwandfreie Palmölerzeugung sicherzustellen, und mahnt die Verbraucher*innen, nur Fair-Trade-Produkte zu kaufen. Manche Unternehmen haben mittlerweile Veränderungen angekündigt, die meisten Mainstream-Produkte werden den Anforderungen der NGOs aber nicht gerecht.

Für David Bronner hat das Thema höchste Priorität. Die zigtausend Liter Palmöl, die er jedes Jahr importiert, stammen von Fair-Trade-Plantagen, so behauptet er jedenfalls. Das Unternehmen investiert außerdem in nachhaltige Anbaumethoden, hauptsächlich in Ghana. Doch vom Ideal ist es noch weit entfernt. Das Fair-Trade-Palmöl wird von Ghana aus zur Raffinerie in Amsterdam geflogen, in Kalifornien zu Seife verarbeitet und dann in Plastikflaschen in alle Welt geliefert. Es gibt also, wie Michael Milam, Chief Operating Officer, sagt, einen »nicht zu übersehenden wunden Punkt« des Unternehmens: die CO_2-Bilanz.

Beim Herstellungsprozess unterscheidet sich das Unternehmen nicht von anderen. Verseifung und Trocknung finden in einer riesigen Apparatur statt, dem Reaktor, und alles ist computergesteuert. Bei Dr. Bronner's ist die gesamte Produktionsstraße auf einer schultafelgroßen LED-Anzeige zu sehen: ein Gitternetz mit Füllhöhe, Temperatur und Druck in jedem einzelnen Behälter. Als ich in den Reaktor spähe, sehe ich zylinderförmige Flaschen über ein Fließband schießen, vollautomatisch wird eine goldene Flüssigkeit eingefüllt, ein Verschluss aufgesetzt und ein Etikett aufgeklatscht. Die menschliche Arbeitskraft ist nur noch nötig, um beschädigte Flaschen auszusortieren und Staus zu beheben.

Die klassischen Seifenstücke machen einen deutlich kleineren Teil des Umsatzes von Dr. Bronner's aus. Dazu wird auf der anderen Werksseite eine heiße, feste, schmierige Masse stranggepresst, in Stücke geschnitten und im »Finishing« mit Prägelogo versehen. Ich nehme ein heißes Stück aus der Maschine, es ist biegsam wie Gummi. Kleinere Firmen kaufen diese nudel- oder pelletförmigen »Rohlinge« häufig en gros ein und bestimmen nur noch Duftstoff, Farbe, Form und Verpackung. Die Gewinnmargen sind enorm.

Heute können sich Millionen Menschen den Luxus leisten, eine Seife zu kaufen, die garantiert nur ein bestimmtes Fett aus einer bestimmten Weltgegend verwendet. Dennoch denken wohl nur wenige über die Transportkosten oder die Herkunft der Inhaltsstoffe nach, obwohl diese beiden Faktoren Preis und Verfügbarkeit der Seife seit jeher bestimmten. Denn der Seifenboom des 19. Jahrhunderts wurde nicht nur durch medizinische und volksgesundheitliche Gebote befeuert, sondern auch von der Fleischverarbeitungsindustrie. Das Ehepaar Spitz lebt in Chicago, weil die Stadt das historische Zentrum des Seifenverkaufs war, »die Seifenhauptstadt der Welt«, wie sie sagen. Ich bin in der Region aufgewachsen, wusste aber nur, dass es an jeder Fabrik, an der wir vorbeikamen, so roch, als wenn einem ein Geist direkt in die Nase fliegt und an der Seele nagt.

Auf Chicagos Viehhöfen gab es im 19. Jahrhundert Unmengen überschüssigen Fetts, vieles davon musste weggeworfen werden. Das fiel jungen Menschen mit Unternehmergeist auf. Wo andere Berge verderbender Tierfette sahen, erblickten sie den amerikanischen Traum. Scharenweise kamen sie in die Stadt, um ins Seifengeschäft einzusteigen. So wie 1849 die Goldsucher nach Kalifornien gingen oder heute viele im Silicon Valley nach ... was auch immer suchen.

Einer der ersten »Seifenleute« war William Wrigley Jr. Er kam 1891 nach Chicago, um dort die Seife zu verkaufen, die sein Vater in Philadelphia herstellte. Zur Verkaufsförderung verschenkte er zu jeder Seife Extras wie Backpulver oder Kaugummi. Letzteres war schließlich viel beliebter als die Seife. Um 1895 hatte sich Wrigley's Markenzeichen von einem Mädchen mit Seifenstück in der Hand zu einer Illustration des Kaugummis »Juicy Fruit« gewandelt, auf der stand: »Manufacturers of Chewing Gum«. Ohne die Seife gäbe es weder das berühmte Wrigley-Gebäude noch das so lange verfluchte Baseballstadion Wrigley Field.

Was Seife anbelangt, war James Kirk erfolgreicher. In der Nähe der Mündung des Chicago River baute er eine fünfstöckige Fabrik mit hoch aufragenden Werbeplakaten für seine vier Seifen: Jap Rose, White Russian, Juvenile und American Family. Sie seien, erklärte Spitz, ein frühes Beispiel für die Zielgruppensegmentierung eines Produkts gewesen. Kirk verkaufte nicht nur eine, sondern vier Seifen, und jede bekam eine so eigenständige Vermarktung und Verpackung, als wäre sie für eine ganz spezielle Gruppe, für einen ganz speziellen Zweck. Der Chicagoer Seifenproduzent Nathaniel Kellogg Fairbank, der eine Fett- und Ölverarbeitungsanlage erworben hatte und Seife nur zur Abfallvermeidung herstellte, ging noch einen Schritt weiter und schuf nach dem Gießkannenprinzip Marken, die sich wie die blumigen Angebote eines Drogendealers anhören: Copco, Clarette, Chicago Family, Ivorette, Mascot, Santa Claus, Gold Dust, Fairy und Tom, Dick and Harry.

Diese Produktdifferenzierung war reines Marketing. Fairbank brachte Bilderbüchlein heraus, sogenannte »Fairy Tales« – Märchen –, mit Gedichten und harmlosen Wortspielen wie »People with common sense pay but five common cents for a soap with no common sents – that's Fairy Soap« (Für Menschen mit gesundem Menschenverstand: nur fünf gewöhnliche Cents für eine Seife mit ungewöhnlichen Düften. Das ist Fairy Soap).

Pears gab das Magazin *Pears' Annual* heraus, mit zeitgenössischer Literatur wie der *Weihnachtsgeschichte* von Charles Dickens. Das Unternehmen übernahm Druck und Vertrieb und streute hie und da Werbung für seine Seife ein. Beim Öffnen des Magazins fielen etwa postkartengroße Einleger heraus, ein frühes Beispiel für diese bis heute ärgerliche Werbemasche.

Schließlich verwischte sich bei den Botschaften der Unterschied zwischen Information und Werbung. So gab Procter and Gamble 1906 einen Ratgeber für Mütter heraus, *How to Bring Up a Baby: A Hand Book for Mothers* (*Die richtige Säuglings- und Kinderpflege: Ein Handbuch für Mütter*), der noch zwei Jahrzehnte später gefragt war. Neben den seriösen Ratschlägen einer Krankenschwester, die über

Kinderpflege und -erziehung informierte, fanden sich Tipps zur richtigen Anwendung von Ivory Soap. Später wurde der »Sponsored Content« geradezu zum Kennzeichen der Seifenindustrie, die damit schon das heutige Monetarisierungsmodell von Influencer*innen und digitalen Medien vorwegnahm.

Auch wenn der Seifenboom zahllose Unternehmensgründer*innen hervorbrachte, die dank kluger Marketing- und Medienstrategien mit neuen Produkten um Aufmerksamkeit kämpften, so ragen zwei Brüder aus der Menge heraus. Das Unternehmen der Gebrüder Lever sollte zum weltweit größten Seifenhersteller werden. Der Erfolg der Lever Brothers, heute Unilever, beruhte nicht auf Neuerungen in der Kunst der Seifenherstellung, sondern der plumpen Kunst des Marketings. Sie verkauften ihre Seife als lebensrettendes Gesundheitsprodukt.

William Lever, der ältere der beiden Brüder, kam 1851 zur Welt. Heute gilt er als der Macher des Unternehmens, obwohl er es gemeinsam mit seinem Bruder James gründete. Mit sechzehn stieg er in das Lebensmittelgeschäft seines Vaters im englischen Lancashire ein. Seine Aufgabe war es, Seifenstücke zurechtzuschneiden und einzuwickeln. Wer damals Seife kaufte, ließ sich im Laden ein Stück von einer großen braunen Platte abhacken und zahlte nach Gewicht. Die Seifenqualität lag im mittleren Bereich, irgendwo zwischen selbst gemachter brennender Laugenseife und den Luxusseifen von Castile. Man konnte sich zumindest ab und zu damit waschen, was einige nun manchmal taten.

Schließlich übernahm Lever das Lebensmittelgeschäft seines Vaters, und war mit dreiunddreißig bereits ein wohlhabender Mann. Leicht gelangweilt und mit dem Gefühl, dass er aus dem Laden alles herausgeholt hatte, suchte er nach neuen Wachstumsmöglichkeiten. Die industrielle Revolution war in vollem Gange, die Städte pulsierten. Lever erkannte, dass das urbane Leben mit seinen Herausforderungen eine Nachfrage beflügeln konnte. Die neue Mittelschicht verfügte über genügend Gehalt und Bildung, um sich Gedanken über

Gesundheit und Hygiene zu machen. Als die Städte von Mietsbauten verschattet wurden und der Himmel vom Fabriksmog verdunkelt, kam ihm die Seife wieder in den Sinn. Dieses Produkt konnte doch in wirklich jedem Haushalt liegen.

Im Jahr 1884 ließ sich Lever die Marke »Sunlight« schützen und, das war neu, wickelte jedes Stück einzeln in Pseudopergamentpapier ein, auf dem fett gedruckt »Sunlight« stand. Anfangs stellte er seine Seife nicht einmal selbst her, sondern ließ sie von anderen produzieren. Er war nur für Marke und Verkauf zuständig. Und das tat er mit der Kraft von tausend Sonnen.

»Statt sein Produkt einfach zu bewerben, überschwemmte er die Welt mit seiner Marke«, sagt Spitz. Lever beauftragte berühmte Grafiker mit Werbeanzeigen, hängte Sunlight-Schilder in den Bahnhöfen auf, kleisterte die Stadt mit farbenfrohen Plakaten zu, brachte eine Zeitung namens *Sunlight Almanac* heraus und verschenkte Puzzles, Broschüren und das Buch *Sunlight Year Book* mit Gesundheitstipps (darunter: Verwenden Sie mehr Sunlight-Seife).

Und es funktionierte. Die Nachfrage nach Sunlight überstieg bald die Kapazitäten seiner Fremdhersteller, und irgendwann beschloss Lever, eine eigene Seifenfabrik zu bauen. Aber auch hier wollte er höher hinaus. Er baute Arbeitersiedlungen, und am Ende entstand auf der anderen Flussseite von Liverpool eine ganze Stadt. Der Name: Port Sunlight. Als die Fabrik 1889 eröffnet wurde, war sie bald die größte Seifenfabrik der Welt. Lever betrachtete sie als eine Art Utopia und nannte sein Geschäftsmodell »prosperity sharing« – Wohlstand für alle. Bezahlbare Wohnungen und eine eingeschworene Gemeinschaft rund um die Seife würden, so glaubte er, dafür sorgen, dass die Arbeiter*innen maximal loyal und produktiv waren. Womit er den Firmencampus von Google oder Facebook vorwegnahm, wo es so viele Annehmlichkeiten gibt, dass es geradezu töricht scheint, den Arbeitsplatz zu verlassen, um nach Hause zu gehen.

Die fortschreitende Automatisierung trug wesentlich dazu bei, dass Seife allgemein erschwinglich wurde. So erwarb Colgate & Company auf der Weltausstellung von 1904 in St. Louis eine neue Walzmaschine, um die Produktion zu steigern. Die Luxusseife Cashmere Bouquet wurde von nun an als »milled soap« – geschliffene Seife – beworben. Anzeigen im *Ladies' Home Journal* erklärten der Leserin, die Seife sei »hart geschliffen«, also in einem »speziellen Press- und Trockenprozess« hergestellt, der ihr beinah »die Härte von Marmor« verleihe. »Sie weicht nicht im Geringsten auf, und ihre spezielle Härte macht sie gesundheitlich unbedenklicher.« Darum »bleibt die Haut auch bei täglichem Gebrauch jung und zart«.

Die Vorstellung, Seife sei vorher nicht unbedenklich gewesen, entbehrte jeder Grundlage. Die Seifen wurden dank der Walzwerke zwar feiner und gleichmäßiger, aber mit »speziellen Press- und Trockenprozessen« hatte das nichts zu tun. Wie Spitz erläutert, gibt es kein »weiches« oder »hartes« Schleifen, das sei von Anfang an leerer Marketing-Jargon gewesen. Doch bis heute werden Seifen mit der Verpackungsaufschrift »hard milled«, »French milled« oder »triple milled« verkauft, also hart, französisch oder dreifach geschliffen. Wir Verbraucher*innen glauben ja gern, was so deutlich auf der Packung steht, müsse eine positive Eigenschaft sein.

Mehr als durch jede bisherige Händewasch-Kampagne erhöhte sich der Verbrauch von Seife durch die automatischen Seifenpressen und Verpackungsmaschinen der 1910er-Jahre. Die Seifenstücke waren nicht nur gleichmäßiger geformt und identisch verpackt, sondern vor allem billiger. Während man sich heute »limitierte Auflagen« und »handgemachte« Produkte wünscht, war ein vorhersehbares, stets identisches Produkt damals ein schlagendes Verkaufsargument.

Die Massenproduktion verbilligte das Seifenstück und erweiterte den Kundenstamm. Die Großproduktion erschwerte zudem den Markteintritt. Wenn man zunächst einmal Maschinen kaufen und zahlreiche Arbeiter*innen einstellen musste, konnten nicht mehr Hinz und Kunz im Geschäft mitmischen. Zudem fusionierten die Unternehmen zu den heutigen multinationalen Schwergewichten, um optimal von den Vorteilen der Massenproduktion zu profitieren. So entstand Unilever 1929 durch die Fusion von Lever Brothers mit der niederländischen Margarine Union.

Als der Seifenmarkt von Produkten überschwemmt wurde, mussten sich diese Jahr für Jahr deutlicher von denen der Konkurrenz und den eigenen bereits existierenden abheben. Darum werden Seifen für immer speziellere Anwendungen oder gezieltere Ergebnisse erdacht. Dass die eine Seife ein Schönheits-, die andere ein Gesundheitsprodukt, die eine nur für Männer, die andere nur für Frauen oder Kinder, oder auch für Hunde, oder nur für bestimmte Hauttypen geeignet sei, hat weniger mit wissenschaftlicher Innovation als mit genialem Marketing zu tun.

***

Das legendärste Ereignis in der Geschichte der Seife hat vermutlich so nie stattgefunden. Was man sich erzählt: Eines Tages im Jahre 1879 ließ ein Arbeiter im Seifenwerk von William Procter and James Gamble den Seifenmischer in der Mittagspause laufen. Die so entstandene Mischung war luftiger, aber weil man das immerhin taugliche Produkt nicht wegwerfen wollte, verkaufte Procter and Gamble es als neue Seife, die schwimmen konnte.

Soweit die Legende, doch wie ein Firmenarchivar 2004 entdeckte, hatte Gambles Sohn schon Jahre früher Folgendes in seinem Notizbuch festgehalten: »Heute habe ich schwimmende Seife hergestellt. Ich denke, wir sollten alle Seife so herstellen.« Wie dem auch sei, den Verbraucher*innen gefiel die neue, weiße Seife. Da sie auf dem Wasser schwamm, ließ sie sich im Waschbottich leicht wiederfinden. Die »zufällige« Erfindung verkaufte sich so gut, dass Procter and Gamble sie von nun an absichtlich herstellte.

Vielleicht handelt es sich hier um eins der seltenen Produkte, die noch vor ihrer Markenstrategie entwickelt wurden. Wie es die Geschichte will, hatte William Procters Sohn Harley, der noch immer verzweifelt einen Namen für das neue Produkt suchte, bei einer Bibellesung in der Kirche die Erleuchtung. In Psalm 45,9 heißt es: »Deine Kleider sind lauter Myrrhe, Aloe und Kassia; aus Elfenbeinpalästen – *ivory palaces* – erfreut dich Saitenspiel.«

Am nächsten Tag taufte er die Seife Ivory.

Während andere Seifen mit ihrer Sauberkeitsvorstellung auf die reinen Hände und das reine Herz nur anspielten, kam Ivory direkt aus der Heiligen Schrift. Und passend zum Thema wurde die Seife als »rein« beworben. Um das zu beweisen, tat das Unternehmen einiges. Fünf Universitäten und unabhängige Labore verglichen Ivory mit Castile-Seife, die in puncto Reinheit damals als Maß aller Dinge galt. (Und für manche auch noch heute: So wird Dr. Bronner's Klassiker als »reine Castile-Seife« beworben.) Wie die Ergebnisse zeigten, enthielt Ivory nur 0,11 Prozent freie Alkalien, 0,28 Prozent Karbonat und 0,17 Prozent Mineralien. Procter and Gamble zog ihre Summe von 100 ab und bewarb die Seife als »99 44/100 % rein«, obwohl andere Seifen sicherlich ähnlich und mehr Mineralien und Karbonate nicht unbedingt schlecht waren. Die Verkaufszahlen gingen durch die Decke. Die religiösen, idealistischen Untertöne waren, genauso wie die weiße Farbe der Seife, für die USA nach dem Sezessionskrieg wie geschaffen.

Doch im Vergleich zu manchem Mitbewerber war das noch eine subtile Strategie. Das berühmteste Produkt von Fairbank in Chicago hieß »Gold Dust Waschpulver«, auf den Werbeanzeigen waren Illustrationen der »Gold Dust Twins« Goldie und Dustie zu sehen. Die beiden Kinder mit pechschwarzer Haut, übertriebener Muskulatur, extrem weißem Lächeln und übermäßig vollen Lippen saßen in einem Waschbottich oder machten Hausarbeit. Sie wurden zum Symbol für das Unternehmen Fairbank. In Zeitschriftenanzeigen hieß es: »Lassen Sie die Gold Dust Twins Ihre Arbeit tun.« Die Huldigung der Sklavenarbeit war keineswegs subtil. Das Produkt war so beliebt, dass die Lever Brothers sich die Lizenz für den nationalen Vertrieb sicherten und die Marke in den 1930er-Jahren schließlich erwarben.

(Aus naheliegenden Gründen wird die Seife nicht mehr hergestellt. Doch während ich an diesem Buch schreibe, kann man auf eBay ein Metallschild mit »Let the Gold Dust Twins Do Your Work« für 3.249,95 US-Dollar ersteigern.)

Andere Anzeigen versprachen mit einem einzigen Produkt saubere Hände und »rassische Überlegenheit«. Eine Werbung von 1899 für Pears-Seife zeigt einen Marineoffizier, der sich vor schönster kolonialer Kulisse in einem strahlenden Badezimmer die Hände wäscht. »Die Tugend der Sauberkeit vorzuleben, ist der erste Schritt, um die Bürde von den Schultern des Weißen Mannes zu nehmen«, heißt es dort. »Pears-Seife trägt wesentlich dazu bei, die noch dunklen Ecken der Erde zu erhellen und die Zivilisierung voranzubringen.«

Später wurden die rassistischen Anspielungen auch bei Ivory-Produkten expliziter. Eine Werbung aus den Zwanzigerjahren erzählt die Geschichte von weißen Kindern, die in ein »wildes Dorf« mit Strohhütten und schwarzen Eingeborenen kamen, die »an ein *Recht* auf Schmutz und dreckstarrende Sünde glaubten«. Die jungen Helden schrubbten die Bewohner*innen, »bis das ganze Dorf nach IVORY und Regen roch«.

Das kindliche Maskottchen von Procter and Gamble, das Ivory Baby, ist besser gealtert. Die Slogans, die es in den Mittelpunkt stellten, bekamen einen medizinischen Touch: »Gute Gesundheit und reine Seife: die einfache Formel für schöne Haut«. »Ivory-Seife für babysaubere, babyweiche Haut.« »›Bewahren Sie Ihre SCHÖNHEIT! Pflegen Sie Ihre Haut mit Ivory‹, rät der Arzt.« »Die Schönheitskur von zehn Millionen Babys.«

Harley Procters größter Erfolg, für den sein Name stets stehen wird, war die einfache Kombination seiner beiden beliebtesten Wersprüche, obwohl sie zusammen so peinlich wie unsinnig sind: »99 44/100 % Pure; It Floats.« (99 44/100 % rein; sie schwimmt.) Für Spitz der beste Marketing-Slogan aller Zeiten.

Dieses Ungetüm von einem Slogan sticht alles aus. Doch im Vergleich zu den Akrostichen und kryptischen Parabeln jener Zeit wirkt er geradezu elegant. Procter and Gamble entwickelte sich von einem Dreipersonen-Werbeteam zu einem gierigen Markenfresser. Im Jahr 1890 spielte das Unternehmen einen Gewinn von circa 500.000 US-Dollar ein, im Jahr 2017 waren es über 15 Milliarden US-Dollar.

Nun, da der Trend zur schwimmenden Seife im ganzen Land herrschte, wollte auch das Seifenunternehmen B. J. Johnson aus Milwaukee nicht zurückstehen. Als Eigentümer von Palm- und Olivenölen benannte es seine Seife mit einem flutschenden Kofferwort: Palmolive. Aber der Durchbruch kam erst 1911, als das Produkt schon ein Jahrzehnt auf dem Markt war. Ein Texter sagte beim Meeting, er habe gehört, dass die beiden Öle die Lieblingsöle der legendären Schönheit Kleopatra gewesen seien.

Der Schönheitstrend, für den Kleopatra bekannt war, waren eigentlich Milchbäder. Zahlreichen Quellen zufolge badete sie in Eselsmilch. Der schrieb man lange Zeit Anti-Aging-Effekte zu, so auch der römische Hautpflegeguru Plinius der Ältere: »Nach allgemeiner Überzeugung sorgt Eselsmilch für glatte, geschmeidige und helle Haut.«

Dennoch nutzte das Unternehmen in seiner Werbung fortan das langlebige Königinnen-Image von Kleopatra, und Palmolive konnte Ivory als weltweit meistverkaufte Marke überholen.

Palmolive war so erfolgreich, dass die Macher aus Milwaukee 1928 mit der größeren Seifenfirma Colgate fusionierten. Das daraus entstandende Unternehmen Colgate-Palmolive investierte noch mehr in die Werbung. Anzeigen mit Zeichnungen berühmter Künstler*innen erschienen in Zeitschriften wie *Ladies' Home Journal* und *Woman's Home Companion*. Und irgendwann wurde Kleopatra durch eine allgemeine Schönheit ersetzt: das Palmolive Girl.

Mit dem Slogan von 1924 fusionierten auch Schönheit und Seife endgültig: »Bewahren Sie sich die Haut eines Schulmädchens.« Damals hatten Frauen kaum Zugang zu höherer Bildung, und unter Schulmädchen stellte man sich keine pubertierenden Schülerinnen vor, die nur der Morgenkaffee noch wach hielt. Der Slogan von Palmolive versprach Sauberkeit und Reinheit und – wenn auch unmöglich – die Rückkehr zur Kindheit.

In den Sechzigerjahren wurde die Botschaft aggressiver und eindeutiger: »Neu! Mit Palmolive-Pflege sehen Sie jünger aus.« Obwohl sich auch andere Seifen auf Medizin und Gesundheit beriefen, so war man bei Palmolive unter den Ersten, die Ärzte ins Spiel brachten: »Bei zwei von drei Frauen wird die Haut innerhalb von 14 Tagen schöner, wie Ärzte beweisen«, hieß es 1943. Daraus wurde schließlich: »Ärzte beweisen: Palmolive-Seife schenkt Ihnen in 14 Tagen schönere Haut!«

Aber Ärzt*innen können natürlich nicht »beweisen«, dass jemand eine »schöne Haut« hat. Hier geht es auch gar nicht um Fakten. Die Angabe eines genauen Zeitraums und die Bescheidenheit des Versprechens, nur zwei von drei Frauen würden profitieren, ließen die Aussage plausibler erscheinen, als wenn man behauptete, jede würde auf der Stelle profitieren. Der Riesenerfolg von Palmolive war wesentlich dafür, dass sich Colgate-Palmolive zu dem heutigen 15,5-Milliarden-Dollar-Unternehmen entwickeln konnte.

Die ebenfalls beliebte Schönheitsseife Camay von Procter and Gamble führte statt Allgemeinmedizinern Dermatologen als Autorität ins Feld. In einer Werbung von 1928 heißt es: »Erstmals in der Geschichte wurde eine Hautseife von den besten amerikanischen Dermatologen wissenschaftlich untersucht.« Darunter wird keineswegs ironisch erklärt, was ein Dermatologe ist.

Die Seifenindustrie war Vorreiter im »Markenmanagement«. Dabei wird jede Unternehmensmarke, auch wenn die Produkte ähnlich sind, als eigenes Geschäft betrieben. Weil Procter and Gamble im Wettbewerb mit Lux und Palmolive aggressiver auftreten wollten, brachte das Unternehmen, obwohl es mit Ivory schon die führende Schönheitsseife anbot, 1923 Camay auf den Markt. Zunächst verkaufte sich Camay schlecht. Doch als ein Texter einwarf, die Angst vor dem firmeninternen Wettbewerb könnte das Marketing von Camay behindern, setzten Procter and Gamble versuchsweise Werbefachleute darauf an, die Ivory als ihren Feind betrachteten. So wurde Camay trotz Ivory zur »Seife für die schöne Frau«.

An Wirtschaftsfakultäten wird diese Diversifizierungsstrategie bis heute gelehrt. Sie ist auch der Grund dafür, dass Procter and Gamble allein zehn ununterscheidbare Waschmittelmarken (Gain, Ace, Era, Downy, Dreft, Cheer, Bounce, Tide, Rindex und Ariel) verkaufen. Die Seifenmarken bekämpften sich nun gegenseitig und priesen die eigene als die einzig unbedenkliche Seife an. Mit Camay schlugen die Marketingleute einen radikalen Weg ein und erfanden dabei im Grunde die Idee der Produktbereinigung: Alle anderen Marken seien gefährlich oder nicht vertrauenswürdig. In einer ganzseitigen Anzeige empfahl eine junge Frau im Hochzeitskleid, »die Romantik mit schöner Haut herbeizurufen! Vertrauen Sie einer Kur mit Camay Milde Seife!« Die Frauen sollten drei Seifenstücke kaufen und dreißig Tage lang »keine andere Seife an ihre Haut lassen«.

Auch wenn die Kampagne nicht ausdrücklich sagte: »Mit Ivory-Seife wird Sie niemand heiraten!«, die Botschaft war klar. Der Verkauf von Seife war auch firmenintern Krieg.

***

Die Siedlung Port Sunlight ist heute eine Art Freilichtmuseum. In den neunhundert Häusern wohnten beinahe hundert Jahre lang nur Angestellte der Lever Brothers (und später von Unilever). In den Achtzigerjahren wurden die ersten Häuser an Privateigentümer*innen verkauft, und auch wenn Unilever dort noch eine Forschungseinrichtung für »Körperpflegeprodukte« unterhält, hat sich das einstige Seifenimperium in einen führenden Hersteller von Shampoos, Deos und Produkten wie Axe Bodyspray verwandelt.

In den letzten zehn Jahren war der Absatz von Seifenstücken rückläufig. Laut einer CNN-Sendung über ihren Niedergang finden junge Menschen den Gebrauch von Seifenstücken »eklig«. Spitz macht dafür Duschgels und Flüssigseifen verantwortlich und aus seiner Abscheu keinen Hehl. Im Vergleich zu den papierverpackten Seifenstücken produzieren Flüssigseifen mit ihren Plastikflaschen nicht nur mehr Müll, sie wiegen auch mehr und belasten durch den Transport die Umwelt stärker. Viele »Flüssigseifen« sind zudem eigentlich keine echten Seifen, sondern Reinigungsmittel oder Syndets (synthetische Detergenzien), also synthetisch hergestellte Tenside, die die Wirkung von Seife nachahmen. Sie wurden von der US-Armee entwickelt, als im Zweiten Weltkrieg das Fett knapp war.

Der Unterschied mag für viele Verbraucher*innen unerheblich sein, für Seifenmanufakturen und die Seifenindustrie ist er es nicht. In der Welt der Sauberkeit verkörpern die Syndets, nach der Seife, den technologischen Fortschritt mit den größten Folgen. Da Syndets häufig aus Erdöl hergestellt werden, kann man sie auch dort produzieren, wo Tier- oder Pflanzenöle nicht verfügbar sind. Zudem erlauben sie vielfältigere Zusammensetzungen und sind für Wasch- und Spülmaschinen daher besser geeignet als Seifen. Sie kommen ebenso in den meisten Shampoos, Duschgels und Flüssigseifen vor.

Sosehr man Größe und Erfolg der Seifenindustrie dem internen Wettbewerb zuschreiben kann, so wurde doch am Ende ihre Kernbotschaft – dass das Produkt unbedingt notwendig sei – genau dadurch unterminiert. Wenn die Unternehmen ihre Produkte weiter differenzieren und Jahr für Jahr neue Produktlinien kreieren wollten, mussten sie vermitteln, dass Seife allein nicht ausreiche oder dass ihre Wirkung durch weitere Produkte ausgeglichen werden müsse. Also: Shampoo allein mache das Haar trocken und brüchig. Man brauche auch eine Pflegespülung. Seife allein lasse die Haut trocken und spröde werden. Zusätzlich sei eine Pflege- oder Feuchtigkeitslotion nötig.

Seinen entscheidenden Wendepunkt erreichte dieser Trend 1957. Um sich von der Konkurrenz abzuheben, brachte Lever Brothers ein Produkt namens Dove mit folgenden Slogans auf den US-amerikanischen Markt: »Sieht aus wie Seife, wird wie Seife verwendet, ist aber keine«, und: »Trocknet die Haut nicht aus, anders als Seife.«

Dove war tatsächlich keine Seife, zumindest keine »reine« Seife. Das Produkt enthielt und enthält Emollientien, feuchtigkeitsspendende Stoffe. Die Reinigungswirkung wird dadurch geringer, aber die Haut trocknet weniger aus. Die Wirkung des Produkts nähert sich also dem gewünschten Nichts. Dove hat durch die Emollientien einen neutralen pH-Wert, das heißt, nicht dieselbe austrocknende Wirkung auf den Säureschutzmantel der Haut wie eine typische Seife.

Damals mag das noch niemand erkannt haben, aber den Verbraucher*innen wurde so die Idee in den Kopf gesetzt, dass Seife nicht zwangsläufig gut oder ausreichend sei. Auf der Suche nach der so schwer definierbaren Sauberkeit ließ sich vielleicht noch etwas Besseres für die Haut finden als nur Wasser und Seife. Dieser innere Konflikt, den sich die Seifenindustrie im Grunde selbst zuzuschreiben hat, war es, der die rebellischen Indie-Marken und das große Reich der Hautpflege hervorbrachte.

Doch nichts sollte die Vorherrschaft der Seife so stark bedrohen wie die veränderte Medienlandschaft. Der Schlüssel zum Erfolg der Seifenindustrie lag von Anfang an in der Beherrschung des jeweils neuesten Mediums. Im Jahr 1920 konnte man in Amerika die erste kommerzielle Radiosendung hören, sie berichtete über die Wahl von Präsident Warren Harding. Im Jahr darauf gab es schon Hunderte Radiosender. Und wie ihre Eigentümer feststellten, ließ sich mit gesponserten Sendungen Geld verdienen: Die sprechenden Kisten mussten nur in möglichst jedem Haushalt stehen und die Leute mit Produktwerbungen beschallen.

Und wie sich zeigte, wollten die Leute beschallt werden. Schon bald verbrachten Familien den Abend im Wohnzimmer vor dem Radio. Auf der Suche nach Werbepartnern stießen die Radiosender auf die florierende Seifenindustrie. Die wollte unbedingt die Nachfrage nach Seife stabilisieren und sie als Teil eines ganzheitlichen, gesunden, kultivierten Lebensstils verankern. Doch die Unternehmen schalteten nicht einfach Werbung, sie veränderten das Medium selbst.

Mithilfe von Fokusgruppen fand die Seifenindustrie heraus, dass ihre Zielgruppe (Hausfrauen, die Hauptabnehmer von Haushaltsprodukten) vom Radio nicht belehrt, sondern unterhalten werden wollte. Colgate-Palmolive rief darum 1927 *The Palmolive Hour* ins Leben, eine Musik- und Comedy-Sendung mit Seifenwerbung. Ihr großer Erfolg führte schließlich zu der Sendung *Clara, Lu, 'n Em*, gesponsert von »Super Suds schnelllöslichen Seifenperlen«, in der sich jeden Abend laut Ankündigung drei »tratschende Hausfrauen« über ansprechende Themen unterhielten. Die Sendung war für die Zielgruppe nicht nur die richtige Unterhaltung, sondern erwähnte praktischerweise auch Colgate-Palmolive-Produkte. Sie war so beliebt, dass sie zur ersten regelmäßigen Sendung im Tagesprogramm wurde.

Da konnten Procter and Gamble nicht zurückstehen und schickten 1933 für ihre Oxydol-Waschgranulate *Oxydol's Own Ma Perkins* in den Äther. Heldin war die Witwe Ma Perkins, in finanziellen Nöten und darum ohne Zeit und Energie, sich um die Wäsche zu kümmern. Doch zum Glück gab es ein Waschmittel, mit dem sie ihr Leben in den Griff bekam: Oxydol. Die Sendung war weder künstlerisch sonderlich ambitioniert noch übermäßig informativ, spannend oder lustig, aber sie blieb siebenundzwanzig Jahre im Programm. Sie erfüllte das Kriterium für gutes amerikanisches Radio: Sie zog Werbespots an.

Auch Lever Brothers und andere Seifenhersteller entwickelten einfach gestrickte Sendungen für eine treue Stammhörerschaft. Irgendwann nannte man sie schließlich Seifenopern. Die langlebigste Sendung, *The Guiding Light* des Seifenherstellers mit dem befremdlichen Namen Duz (»Duz does everything«), war ab 1937 im Radio zu hören. Sie war aber auch zur richtigen Zeit am richtigen Ort, als die bewegten Bilder immer beliebter wurden, und entwickelte sich zur am längsten laufenden TV-Serie der Fernsehgeschichte.

Als es den Tonfilm noch nicht gab, wurden Menschen berühmt, wenn sie Beachtliches taten, etwa das Flugzeug erfanden, Kriege führten oder beendeten. Natürlich gab es Musiker*innen und Schauspieler*innen, aber ihre Gesichter waren nicht allgegenwärtig und ihr Leben wurde nicht in allen Details verfolgt. Sie besaßen daher nicht die Macht oder Glaubwürdigkeit, andere zum Kauf einer bestimmten Seife zu animieren. Doch jetzt wurden die Leinwandstars, zu deren Gesichtern die beeindruckte Menge aufschaute, die ersten Influencer*innen.

Zugleich weckten Film und Fernsehen beim Publikum ganz allgemein ein leidenschaftliches Interesse für die Haut. Die Leinwandgrößen sahen durch Aufnahmen mit geringer Auflösung, durch Make-up und Beleuchtung unnatürlich weich und kindlich aus, die Tricks hinter den Kulissen aber waren der Öffentlichkeit kaum bekannt. Die Stars mussten also einer genetisch überlegenen Spezies angehören oder etwas über Körperpflege wissen, was alle anderen, die für jeden Tipp dankbar waren, höchstens erahnen konnten. Die Verkaufszahlen schnellten in die Höhe, wenn ein »Erfahrungsbericht« die Hautpflegegeheimnisse preisgab, die das Erscheinungsbild des Stars vorgeblich erklärten. Jede Menge Stars verkündeten, sie würden Lux-Seife verwenden, oder gaben ihre Namen und Fotos für die Werbung her: »Neun von zehn Leinwandstars verwenden Lux Toilettenseife.« Lever bot ihnen nicht einmal Geld dafür. Das Ganze war so neu, dass die Stars offenbar nicht auf die Idee kamen.

Irgendwann begann der Begriff »Seifenoper« eine bestimmte Tonalität und einen Hang zu dramatischen Wendungen im Plot zu bezeichnen. Der Begriff hat bis heute überlebt, obwohl sich die Seifenindustrie von ihrer Erfindung längst verabschiedet hat. Als 2009 *Guiding Light* aus dem Programm genommen wurde, was etwa Stephen Colbert zu dem Spaß veranlasste, auf seinen Talkshow-Schreibtisch eine zwei Meter lange angebliche »DVD-Sammelbox« zu stellen, sprachen *New York Times* und BBC vom Ende einer Ära. Seit die Zielgruppe der Hausfrauen, die regelmäßig Tag für Tag einschaltete, um der überkomplizierten Story zu folgen, immer mehr schwand, verzeichneten die Seifenopern sinkende Publikumszahlen. An ihre Stelle traten regelmäßige Spiel- und Talkshows, heute ideal zum kurzen Videoclip auf dem Smartphone optimiert, der punktuell konsumiert werden kann, ehe eine neue Nachricht aufpoppt und die Aufmerksamkeit auf anderes lenkt.

Als *Guiding Light* eingestellt wurde, gehörte die Serie noch immer Procter and Gamble. Das Unternehmen, so hieß es, habe sich nach einer neuen Heimat für sie umgeschaut, aber keine gefunden. Heute gucken die Menschen nicht nur keine Seifenopern mehr, sondern überhaupt weniger Fernsehen. Seit die Generation X und die Millennials ihr Leben mit Marie Kondo ausmisten, sich von #vanlife inspirieren lassen und den umweltbewussten Minimalismus für sich entdeckt haben, stoßen viele Produkte auf Ablehnung, oder zumindest werden die Umstände ihrer Beschaffung und ihre Qualität äußerst kritisch überprüft.

Das gilt auch für Hautpflegeprodukte. Der Markt für massenproduzierte Seifenstücke schrumpft, während »Indie«-Seifen und Hautpflegefirmen Venture-Capital anziehen und ihre Produkte schneller verkaufen, als sie in den Instagram-Feeds der Leute auftauchen können.

Die Seifenindustrie könnte am Ende an der Herausforderung scheitern, dass sich die neue Generation von Fernseher und Plakaten abwendet (so wie die Generationen vor ihnen vom Radio, von der Straßenbahnwerbung oder vom Auftragsgemälde). Heute können die Unternehmenskolosse die gesamte Aufmerksamkeit der jungen Generation nicht mehr zuverlässig kaufen. Und das hat neue Wege für Start-ups, Gurus und Influencer*innen eröffnet, Aufmerksamkeit auf ihre Produkte zu lenken.

IV. SCHIMMERN

Auf dem Bürgersteig wartet eine sehr lange Schlange junger, aufgeregter Leute. Die Canal Street ist ganz in der Nähe, und normalerweise würde ich denken, sie stehen vor einem Club an. Doch es ist früher Dienstagabend, und statt ruppiger, gegelter Männer erblicke ich überwiegend Frauen, die meisten um die achtzehn. Sie sehen aus, als wären sie die Coolen an ihrer Schule.

Ungeduldig warten sie darauf, den neuen, analogen Flagship-Store eines der weltweit am schnellsten wachsenden Hautpflegeanbieters, Glossier, zu stürmen. Der Einlass wird von ebenso jungen Frauen in rosa T-Shirts kontrolliert. Wenn sie das Samtseil anheben, darf eine kleine Herde Kund*innen in die Eingangshalle und zum Vierpersonen-Aufzug laufen. Mit meinem Notizheft und Stift fühle ich mich mehr denn je als Eindringling.

Die Kund*innen von Glossier haben die erstrebenswerte Haut, die die Werbung schon so lange anpreist: »eine Schulmädchenhaut«. Ancheinend tragen sie kaum Make-up. Das gehört zur Philosophie von Glossier. Im Gegensatz zu früheren raffinierten Kosmetiktrends propagiert das Unternehmen einen »natürlichen« Look: »Skin first. Makeup second« – erst die Haut, dann das Make-up. Während Make-up die Haut abdeckt, verkauft Glossier quasi die Berechtigung, sie zu zeigen. Die Models in den Anzeigen sehen aus, als wären sie gerade nach einem langen, erholsamen Schlaf aufgestanden und hätten sich einen grünen Smoothie gekauft. Die leicht schimmernden Gesichter verraten nichts von den Mühen des Alltags. Auch ihre Makellosigkeit scheint vollkommen mühelos. Sie sind wohl schon so aufgewacht, ganz wie Beyoncé: »I woke up like this.«

Als wir den Aufzug verlassen, betreten wir ein von weißem Licht durchflutetes Geschäft, das wirkt wie eine etwas spartanische, aber beeindruckende Kunstinstallation. Wir treten vor Reihen makellos weißer Podeste, auf denen Tuben und Fläschchen in noch makelloserem Weiß thronen, Gesichtswasser und -seren, Lippenbalsam und andere Hautpflege-»Essentials«. In den allgegenwärtigen Spiegeln können wir uns mit den schimmernden Models auf den uns umgebenden Fotos vergleichen. Die Produktetiketten geben sich chemiebewusst: »pH-neutral«, »parabenfrei«, »Alphahydroxysäuren«.

In dem geschäftigen, himmlischen Tempel der Hautpflege treffen die Welt der Schönheit und die Welt der Gesundheit spektakulär aufeinander. Vor einem Jahrhundert legitimierte sich die Seifenindustrie noch mithilfe der Dermatologie, heute will die allmächtige Hautpflege die Dermatologie offenbar fast vollständig übernehmen.

Glossier begann mit einer Idee von Emily Weiss. Diese kam als Praktikantin bei *Teen Vogue* in die Branche und startete 2010 einen Blog über Haut, Beauty und Wellness namens *Into the Gloss*. Dort sprach sie mit Frauen über Hautpflege und Make-up und konnte eine treue Anhängerschaft um sich versammeln. Es sollte eine Plattform für Menschen sein, auf der sie erzählen konnten, was Schönheit wirklich für sie bedeutet, unabhängig davon, was Konzerne ihnen als notwendig verkaufen wollen. Weiss startete ihren Blog, weil ihr, wie sie sagt, »immer klarer wurde, wie mangelhaft unsere herkömmlichen Schönheitsvorstellungen sind. Sie sind durch eine Industrie entstanden, die darauf gründet, dass Expert*innen ihren Kund*innen erzählen, was sie auf ihr Gesicht auftragen sollen und was nicht.«

Mit neunundzwanzig Jahren brachte Weiss 2014 ihre eigene Linie mit vier Produkten auf den Markt. Ihr beliebter Blog war die ideale Voraussetzung dafür, dass ihre Marke »Kult« wurde, obwohl der Begriff für einen so großen Trend wie Glossier eigentlich unpassend wirkt. Ihre erste Produktlinie umfasste ein Gesichtsspray und ein Feuchtigkeitsserum, aber erst das Augenbrauenwachs namens Boy Brow ließ die Verkäufe förmlich explodieren. Es wurde zum Musthave in jeder Millennials-Handtasche. Das Wachs ahmt die Wirkung der Fette nach, die die Haarfollikel absondern, die wir aber abwaschen. Sein Erfolg erweiterte Glossiers Kundenstamm um Millionen Menschen.

Man taufte Weiss die Estée Lauder der Millennials – Hommage an eine Unternehmerin, die ihren Kundinnen anfangs selbst gemischte Anti-Aging-Gesichtscremes in »Tiegelchen der Hoffnung« verkaufte. Lauder baute die Produktlinie in den Vierzigerjahren aus und entwickelte ein Vertriebsnetzwerk für ihre Kosmetikmarke. Das *Time Magazine* zählte sie – als einzige Frau – zu den »zwanzig erfolgreichsten Geschäftsleuten der 20. Jahrhunderts«. Den Durchbruch erzielte sie 1953 mit dem duftenden Badeöl *Youth Dew* – Tau der Jugend.

Glossier, dessen Firmenphilosophie »Schimmernde, taufrische Haut ist unsere Sache« lautet, ist heute über eine Milliarde Dollar wert. Aus einem Blog, der traditionelle Schönheitsvorstellungen infrage stellte, wurde ein Unternehmen mit vierzig Produkten, vom Parfüm bis zur Bodylotion. Glossier zog 2017 in ein 2500-Quadratmeter-Büro in SoHo, schuf 282 neue Arbeitsplätze, wie der New Yorker Gouverneur Andrew Cuomo stolz verkündete, und profitierte von Steuererleichterungen in Höhe von drei Millionen US-Dollar. Die meisten Glossier-Produkte werden zwar online verkauft, aber mittlerweile gibt es auch zwei Flagship-Stores, einen in Los Angeles und einen in New York, in dem ich mich gerade aufhalte.

Eine Freundin, Leah Finnegan, die viel über Konsumverhalten, Netzkultur und Feminismus schreibt, begleitet mich. Wie sie sagt, hat zu Weiss' Erfolg auch das Narrativ der Unternehmerin beigetragen, die sich in einer die längste Zeit von männlichen CEOs dominierten Branche durchsetzen konnte. Bei einer Veranstaltung der Zeitschrift *The Atlantic* erläuterte Weiss 2018, was es heißt, Unternehmerin in einem männlich geprägten Umfeld zu sein. Um der

Nachfrage gerecht zu werden, habe sie das Unternehmen ausgebaut und bediene nicht mehr nur den »natürlichen« Look, sondern auch Verbraucherinnen, die »wie eine Kardashian« aussehen wollen, denn »die Frauen sollen selbst entscheiden können«.

Obwohl ihr Unternehmen in der Hautpflege heute führend und tonangebend ist, beharrt Weiss auf ihrer Außenseiterrolle: »[Die Schönheitsindustrie] war lange fest in den Händen weniger milliardenschwerer Multikonzerne«, sagte sie bei der *Atlantic*-Veranstaltung. »Zum Glück leben wir heute in Zeiten von Social Media und individuellen Ausdrucksmöglichkeiten, und jede Frau kann ihre eigene Expertin sein.«

Wenn nun allerdings alle Expert*innen sind, ist im Endeffekt keine mehr eine.

Für Leah ist diese viel gepriesene Selbstermächtigung eine Illusion. »Natürlich finde ich weibliche CEOs gut, aber brauchen wir wirklich noch mehr Hautpflege? Ist das die richtige Weise, die eigene Macht und den eigenen Einfluss zu nutzen?« Weiss' Behauptung, die Sache der Frauen zu vertreten, hält sie entgegen, dass sie den Frauen übertriebene, unerreichbare Schönheitsideale verkaufe. Dass diese Produkte und Ideale von einer Frau kommen, mache sie nicht besser. »Das Problem sind die Ideale selbst. Das ist doch Autoritarismus!«

Leah meint es nicht ganz ernst, aber ein bisschen schon. In der Tat quillt die Stadt über vor Läden für Hautpflegeprodukte, Convenience Stores, Drogeriemärkten und Kaufhäusern, auch wenn die Leute vor den wenigsten davon Schlange stehen. Werbetafeln, Mannequins mit völlig unrealistischen Körpermaßen und Hochglanzmagazine schaffen und bewahren die Vorstellungen von dem, was gut oder schlecht, richtig oder falsch ist. Dieselben Unternehmen, die diese Botschaften gestalten, beglückwünschen sich dazu, wenn sie mal ein wenig davon abweichen und jemanden auswählen, der nicht ganz so knochig oder über vierzig ist oder eine nicht vollkommen faltenfreie, straffe Haut hat.

Als ich durch den New Yorker Glossier-Laden schlendere und mich bemühe, nicht zu sehr aufzufallen, stoße ich auf ein Produkt mit dem Namen »Invisible Shield« – unsichtbarer Schild. Wie sich herausstellt, handelt es sich um einen Sonnenschutz mit Lichtschutzfaktor 35, Kostenpunkt 25 Dollar für knapp 30 Milliliter, der nicht mehr verspricht als eine normale Sonnencreme. Doch so wie ich das Produkt hier vor mir sehe, will ich es haben. Ich spüre, dass es mich irgendwie besser machen, dass ich damit dazugehören würde. Hauptsache, ich trage es sofort auf. Oder auch nur in meiner Tasche herum.

Die Glossier-Produkte sind schön verpackt, doch der Inhalt ist überraschend gewöhnlich. Ein beliebtes Aknemittel, der »Pickelstift«, enthält das oberflächlich anzuwendende Benzoylperoxid. Es ist der häufigste Inhaltsstoff aller frei verkäuflichen Aknemittel, und die meisten Hautpflege-, Kosmetik- und Drogeriemarken verkaufen es in irgendeiner Form. Das Produkt von Glossier kostet 14 Dollar für gerade mal 3,5 Milliliter. Ich hole mein Handy heraus und sehe, dass es bei Walmart einen 44-Milliliter-Stift (gut zwölfmal so viel Inhalt) für fünf Dollar gibt.[1]

Wie frühere Seifenimperien und Schönheitsmarken verdankt Glossier seinen Erfolg der Tatsache, dass es die neuesten Medien erobern und so das Vertrauen seiner Kund*innen gewinnen konnte. Und, wie Leah sagt, dass die Menschen »durch den Kauf der Produkte selbst eine Emily Weiss werden möchten«. Ihr Gesicht steht für die Marke, für urbane Jetset-Finesse und den eigenen Weg zu finanzieller Unabhängigkeit. William Lever würde vor Neid erblassen, wenn er sähe, wie Weiss, deren Unternehmen heute über 2,5 Millionen Instagram-Follower hat, das Potenzial der Kommunikationsplattformen zu nutzen versteht. Ein Modemagazin bezeichnete sie »als Pionierin der Umwandlung von Content in Kommerz«.

Im Gegensatz zum 20. Jahrhundert, in dem man auf prominente Unterstützer*innen setzte, baute Weiss ein großes Wellness- und Hautpflege-Netzwerk aus Influencer*innen auf, die nicht unbedingt eine große Anhängerschaft haben, aber treue Follower*innen auf Instagram. Sie erhalten für die Verkaufsförderung von Glossier-Produkten Provisionen und Einkaufsgutscheine. Wie die Journalistin Cheryl Wischhover sagt, zog Weiss Nutzen aus der »uralten Weisheit, dass man vor allem seinen Freundinnen vertraut«.

Doch es ist ein Fehler, zu glauben, eine professionelle Influencer*in sei eine Freundin: Sie möchte deine Aufmerksamkeit, um daraus Geld zu machen. Bei Jugendlichen sind Influencer*innen dennoch äußerst beliebt. Auf einer Hochzeit unterhielt ich mich neulich mit einer Dreizehnjährigen, die einen riesigen Glossier-Aufkleber auf ihre Handyhülle geklebt hatte. Ob sie eine Influencerin sei, fragte ich, und es schien ihr peinlich zu sein, das verneinen zu müssen. Um die Sache geradezubiegen, sagte ich, jeder würde ja irgendwie andere beeinflussen. Mit einem halben Lächeln wandte sie sich wieder ihrem Handy zu.

Während ich mich weiter ins Zentrum der Erlebniswelt von Glossier vorwage, spüre ich sehr deutlich das Unbehagen, nicht dazuzugehören. Ich frage Leah, wo sie ihre Hautpflegeprodukte kaufe, und sie antwortet ohne zögern: »Im Drogeriemarkt, bei CVS!« Also schlage ich vor, dorthin zu gehen, auch weil ich neugierig bin, zu erfahren, was eigentlich die zig Hautpflegeprodukte in den zig Drogeriemärkten an fast jeder Straßenecke von denen unterscheidet, die coole Teenies vor Glossier Schlange stehen lassen. Wir stellen uns zu den Wartenden vor dem Aufzug .

Auf unserem Weg durch SoHo kommen wir an Credo Beauty vorbei. Auf seiner riesigen Glasfront steht: »Die größte, sicherste, effektivste Auswahl an Clean Beauty«, im Angebot sind »Haar-, Körper-, Hautpflege und Make-up«. Wie so häufig in der Kosmetik wird auch hier das Wort »clean« – sauber und rein – im heute üblichen Metasinn gebraucht: Nicht, was ein Produkt bewirkt, ist wichtig, sondern was es ist.

Die Clean-Beauty-Bewegung bezieht sich manchmal auf Nachhaltigkeit und geringe Folgen für die Umwelt, meistens aber auf eine

Vorstellung von Reinheit, die, wie stets bei diesem Begriff, nicht näher definiert wird. »Clean Beauty« ersetzt neuerdings auch das Etikett »natürlich«, bei dem ebenfalls eher ein Vibe mitschwingt als eine genaue Bedeutung. Kritiker*innen verweisen immer wieder auf den gängigen Fehler, »natürlich« als Synonym von »gut« zu verwenden: Klapperschlangengift ist natürlich, Hurrikane sind es auch. Toiletten aber sind es nicht.

Zu den Kritikern des Begriffs »natürlich« gehört auch einer seiner führenden Bannerträger. So beklagte das Wellness-Imperium Goop von Gwyneth Paltrow 2016 auf seiner Website, dass die Körperpflegeindustrie »im Wesentlichen unreguliert« sei und es vor Produkten mit schädlichen Inhaltsstoffen nur so wimmele. »Weil alles erlaubt ist, kann man seine Produkte mit jedem Adjektiv bewerben und beliebig ›Greenwashing‹ betreiben: ›Natürlich‹, ›grün‹ oder ›öko‹ sind nicht rechtssicher definiert. Mit anderen Worten, was vorn auf der Verpackung angepriesen wird, muss sich keineswegs auf der Rückseite bei den Inhaltsstoffen wiederfinden. Wir bei Goop sprechen bei unseren Produkten darum einfach von ›clean‹ – rein.«

Trotzdem bietet Goop bis heute viele »natürliche« Produkte. Auf der Website des Unternehmens ergibt die entsprechende Suchanfrage 762 Einträge und Produktangebote, von der Zahnpasta Premium Natural über Natural Pilates bis zum Natural Scented Eye Pad. Doch Paltrow war eine der Ersten, die diese vage puritanische Philosophie unter dem Begriff »clean« verkaufte. Seit 2016 hat Goop eine umfassende »cleane« Hautpflegelinie, ein »cleanes« Kochbuch und sogar Produkte für »cleanen« Schlaf auf den Markt gebracht.

Dieser Marketingansatz steht für die Suche nach einer neuen, höheren, transzendenten Reinheit: Jetzt muss man nicht nur seinen Körper reinigen, sondern die Produkte und Routinen, mit denen dies geschieht, müssen selbst rein sein.

Mittlerweile schleichen sich solche Vorstellungen auch in die Produkte von 08/15-Drogeriemarktketten ein. Die Läden mit ihren Regalen voller Seifen, Shampoos, Duschgels, Bodylotions und anderen Hautpflegeprodukten tragen schon lange dazu bei, Schönheit, Gesundheit und Wohlbefinden in dieselbe Schublade zu stecken. So finden Leah und ich bei CVS so viele Benzoylperoxid-Versionen, dass wir irgendwann mit dem Zählen aufhören. Neben den günstigen gewöhnlichen Produkten gibt es die Luxusvarianten. Eine Produktlinie namens *La Roche-Posay Laboratoire Dermatologique* bietet Körperpflegeprodukte, die »von Dermatologen aus aller Welt empfohlen werden« und »in klinischen Tests« bewiesen hätten, dass sie »trockene, raue Haut nachweislich reduzieren«. Es gibt Seifen und Alkoholprodukte, um Fett und Talg zu entfernen, und feuchtigkeitsspendende Produkte, um sie wieder hinzuzufügen. Sonnenschutzmittel stehen zu Dutzenden im Regal.

Der Erfolg von Marken wie Glossier liegt vermutlich weniger daran, dass auf dem Markt bestimmte Produkte fehlten, sondern dass es zu viele gibt. Das Angebot ist so groß, dass die Wahl zur Qual wird. Da schafft Glossier Abhilfe. Produkte, die in ihrem tollen Laden stehen und die Emily Weiss benutzt, müssen einfach gut sein. Oder zumindest unbedenklich.

Entmutigt und verschwitzt fahren Leah und ich mit der Linie F zurück nach Brooklyn. Es ist Stoßzeit und Sommer, die Pendler sitzen buchstäblich Schulter an Schulter. In der Stahlbüchse hat es gefühlte 33 Grad, und man wird unweigerlich daran erinnert, dass der Mensch ein Sack voller verstoffwechselnder organischer Stoffe ist. Ich bin dankbar dafür, dass die Menschen, zwischen denen ich eingeklemmt bin, wirksame Körperpflege betreiben. Die Innenwände des Waggons sind mit Anzeigen für eine Produktlinie gepflastert: Ergänzungsmittel für Haare, Haut und Nägel. Heidi Klum, die sie bewirbt, lächelt mit strahlend weißen Zähnen auf uns herab. Ihre Haut ist taufrisch, unerklärlicherweise weht ihr Haar, obwohl ihr Kleid völlig unbewegt ist. Die Produktlinie heißt Perfectil.

* * *

Der schmächtige Hipster-Cowboy hinter dem Tresen trägt einen breitkrempigen Hut und Westernkrawatte. Ich setze mich, ungefragt gießt er mir aus einer braunen Flasche, die nach Whiskey aussieht, etwas ein. Doch die Flüssigkeit ist dickflüssig und zäh wie Sirup. Wären wir im Wilden Westen, hätte ich den Typen wohl auf der Stelle erschossen. Doch wir sind auf der Indie Beauty Expo, der weltweit größten Messe unabhängiger Beauty-Marken. Also halte ich die Klappe und lasse ihn reden.

Was da aus der Flasche käme, sei, so erklärt er grinsend, Seife. Männerseife.

Offenbar ist er überglücklich, dass ihm jemand zuhört. Bei dem überwiegend weiblichen Publikum, das hinter uns den anderen Ständen zuströmt, stoßen seine Produkte auf wenig Interesse.

Die Marke heißt 18.21 Man Made. Die Zahlen sind eine Hommage an die Zusatzartikel 18 und 21 der amerikanischen Verfassung, die Alkohol erst verboten und dann wieder erlaubten. Eigentlich besagt der Name also nichts, appelliert aber an die niederen Instinkte der freien Assoziation: Es geht um das, was Männer angeblich mögen und gern konsumieren. Der Mann kommt sowohl im Produktnamen vor als auch im Slogan: »Premium-Körperpflegeprodukte, die jeder Mann voller Stolz besitzt.« Die Whiskey-Seifenflaschen sehen wirklich so aus, als enthielten sie etwas zu trinken.

Bei Hautpflegeprodukten für Männer taucht das Whiskey-Thema häufig auf. Die Seifenlinie Dear Clark von Whole Foods kommt in braunen Flaschen mit einem roten Siegelwachslogo daher, das dem von Maker's Mark gespenstisch ähnlich sieht. In einem Laden in Minneapolis fand ich schwarze Flaschen mit Seife und Feuchtigkeitslotionen der Marke Every Man Jack, die ganze Abteilung nannte sich »All Things Manly«. In den Drogeriemärkten finden sich in den Männerabteilungen fast nur schwarze, braune oder graue Produkte. Sie duften nicht nach Lavendel oder Hibiskus, sondern nach »Mountain Spice« – Bergwürze – oder »Fastballs and fisticuffs« – schnellen Bällen und Fäusten.

Von ähnlichen Produkten für die Frau, die grundsätzlich teurer sind, unterscheiden sich die Männerprodukte meist durch Duft, Farbe und Verpackung. Das scheint so wichtig wie eh und je. Obwohl der Markt für Hautpflegeprodukte für Männer 2019 um sieben Prozent gewachsen ist und der Umsatz für 2022 auf 166 US-Milliarden geschätzt wird, ist er trotzdem noch Neuland. Zudem zeigen Achtzehn- bis Zweiundzwanzigjährige laut einer Marktstudie von 2019 ein unerwartet großes Interesse an geschlechtsneutralen Produkten. Doch da die Anbieter nur selten echte Innovationen im Programm haben, besteht ihr Marketing häufig darin, neu zu definieren und zu erklären, für wen die Produkte sind. Es geht um Diversifizierung. Ein Produkt für jeden ist so gut wie für keinen.

Ein anderer Geschäftsinhaber, mit dem ich auf der Indie Beauty Expo rede, ist Steinzeitfan, steht auf einem Tierfell und rechtfertigt die Verwendung von Hautcreme damit, dass seine »Hände vom Crossfit zerschunden« seien. Wie sich herausstellt, war er früher Führungskraft beim Fernsehsender Food Network. Ihre Hautprodukte, so das Verkaufsargument seiner Firma Primal Derma, seien »Paleo«, da aus Rinderfett hergestellt. Das Logo zeigt ein Rind als Höhlenmalerei.

Die Messe findet in einem Konferenzzentrum in Lower Manhattan statt, umgeben von hohen Sozialbauten. Jedes Jahr treffen sich hier aufstrebende Hautpflegeunternehmen, präsentieren sich dem Handel, knüpfen Kontakte, suchen Zulieferer und neue Wege, um Hautpflege an den Mann und an die Frau zu bringen. Die hier vorgestellten neuesten Trends der Branche werden in den kommenden Jahren in den Läden auftauchen. In den Augen der Verkäufer*innen flackert die Angriffslust, sie wollen Emily Weiss stürzen.

Ich gehe gemeinsam mit Autumn Henry über die 6500 Quadratmeter große Messe. Als Chefkosmetikerin von Exhale, einem besonders luxuriösen New Yorker Spa, weiß sie alles über die Branche, Trends, Verkaufsstrategien, den wahren Wert der Schönheitskniffe. Dankenswerterweise führt sie mich durch die riesige Produktwelt.

Noch ehe sie überhaupt etwas sagt, merken die Expo-Verkäufer*innen offenbar schon, dass sie sich im Gegensatz zu mir auskennt. Stimmt ja auch.

Ich frage Autumn, was eine Marke zur Indie-Marke mache.

»Das ist eher so ein Gefühl«, sagt sie. Die Grenze zwischen Establishment und Anti-Establishment sei im Grunde schwammig. Den Unternehmen auf dieser Messe sei aber gemeinsam, dass ihre Produkte kaum bekannt seien oder verkauft würden, den Großteil kenne nicht einmal sie. An den meisten Ständen verkaufen die Unternehmensgründer und -gründerinnen selbst, für viele ist es eine Freizeitbeschäftigung oder ein zweites Standbein. Sie erhoffen sich den großen Durchbruch, wünschen sich, von einem Konzern aufgekauft zu werden wie frühere Seifenfirmen oder einen Vertriebsvertrag mit einer Ladenkette abzuschließen.

»Allerdings brauchen sie erst einmal ein bahnbrechendes Produkt«, sagt Autumn. »Darum experimentieren viele mit neuen Inhaltsstoffen, wobei sie entweder auf Trends aufspringen oder selbst zum Trendsetter werden wollen.«

Wie in der Seifenbranche gibt es auch hier einen enormen Druck, sich aus der Masse abzuheben. Darum werden mit immer raffinierteren Methoden Produkte angepriesen, die zu wünschen, geschweige denn zu brauchen wir niemals gedacht hätten. Oft werden hinsichtlich eines Inhaltsstoffs, eines Symptoms oder eines Verfahrens Befürchtungen geweckt, die man in der letzten Saison noch gar nicht gehegt hatte.

Auf der Messe werden diese Methoden vehement genutzt und dadurch gut sichtbar. Die Indie-Marken können ihrem Image nur gerecht werden, wenn sie beim Marketing schneller und lockerer vorgehen als der Mainstream. Wenn eine Marke dann aus der Masse hervorsticht, nehmen die Regulierungsbehörden ihr Produktversprechen vermutlich sehr genau unter die Lupe. Doch bis dahin muss man seine Chancen nutzen.

Viele Anbieter bauen auf bestehende Trends auf. Wer das Handgemachte sucht, findet hier garantiert Produkte, die in *noch kleineren* Mengen produziert oder noch weniger und noch *reinere* Inhaltsstoffe verwenden als *jedes* Ladenprodukt. Unter luftigem, glitzerndem Deckendekor schlendern wir von Stand zu Stand. Die Begriffe »rein«, »pur« und »tierversuchsfrei« sind allgegenwärtig. Erstaunlicherweise auch der Inhaltsstoff »Kohle«, den man wohl intuitiv mit allem anderen als Sauberkeit assoziieren würde. Fragen Sie nur einen Bergmann. Der Inhaber der Marke Sumbody bietet mir einen »feuchtigkeitsspendenden Stammzellen-Jungbrunnen« an. (Die Stammzellen stammen von Kürbissen.) Bei Max & Me reicht man mir ein »Sweet Serenity Mask & Wash«-Produkt, das sich »positiv auswirkt« auf sonst »schwer behandelbare Hautprobleme«. (Die Probleme werden auf dem Pröbchen nicht näher genannt, aber auf der Unternehmenswebsite: Akne, Rosazea und Couperose. Das Produkt, bestehend hauptsächlich aus Lehm und Honig, verspricht dort außerdem, mich mit »wunderbaren Vibrations zu erfüllen«.)

Unter dem Neonschriftzug »Own Your Beauty« – Deine Schönheit gehört dir – verteilt ein Anbieter seine Pröbchen im OP-Kittel. Die ganze medizinische Anmutung hier in der Messehalle ist offenbar kein Zufall. Auch die Fotos, Slogans und die Produkte selbst durchweht trotz aller künstlerischen Unbeschwertheit ein Hauch von Leben und Tod.

Das Verhältnis von Hautpflegebranche und Wissenschaft ist kompliziert, aber ich gewinne hier jedenfalls einen ersten Einblick in die Spielregeln. Erlaubt ist, zu sagen, dass Produkte und Inhaltsstoffe »wissenschaftlich geprüft« seien und Studien ihren Nutzen beweisen. Nicht erlaubt ist dagegen, zu fragen, wo die Studie veröffentlicht wurde und wie viele Proband*innen teilnahmen. In der Indie-Wissenschaft macht man sich anders als in der »Mainstream«-Wissenschaft (der hier und anderswo viele misstrauen oder die sie als wirkungslos erlebt haben) wenig Gedanken über Methoden und Statistik. Es geht eher um gelebte Erfahrungen und persönliches Fachwissen. Wenn alle im Unternehmen das Produkt getestet haben und es absolut »fantastisch« fanden, kann das schon eine »Studie« sein.

Über viele Produkte lacht Autumn nur oder rollt mit den Augen. Doch sie ist überzeugt davon, dass Hautpflege wirklich wichtig ist, und beschäftigt sich darum schon ein Leben lang mit dem Thema. Die Produkte sollen Einfluss auf unser größtes Organ nehmen können. »Die Leute experimentieren, als könnte das Zeug nicht schaden, und glauben zugleich fest daran, dass es helfen könnte«, sagt sie. »Doch wenn ein Produkt tatsächlich etwas bewirken kann, kann es genauso gut alles schlimmer machen.«

Nehmen wir etwa die beliebte Lotion P50 des französischen Herstellers Biologique Recherche. Wie der Beauty-Blog *Into the Gloss* erklärt, handelt es sich keineswegs um eine Lotion, sondern »einen französischen Wassergewicht-Peeling-Toner«. Das Modewort Toner – Gesichtswasser – ist eigentlich genauso wenig definiert wie »Wassergewicht«. Im Grunde ist das Produkt ein chemisches Peeling, mit dem abgestorbene Zellen nicht abgeschabt, sondern weggebrannt werden. Meine Produktbeschreibung hört sich wohl weniger verlockend an als der Marketingtext, wie man mir sagt, beschreibt aber doch recht genau, was P50 tut. Fast alle Produkte peelen (entfernen abgestorbene Zellen), reinigen (entfernen Fett) oder spenden Feuchtigkeit (geben Fett hinzu). Von einer Lotion erwarten Verbraucher*innen vermutlich vieles, aber bestimmt kein Peeling, doch gerade diese Notwendigkeit, über Insider-Wissen verfügen zu müssen, macht das Produkt so reizvoll.

Die Lotion P50 riecht furchtbar. Nach brennenden Reifen, sagen die einen, nach widerlichem Körpergeruch, die anderen. Viele, so auch ich, berichten, dass sie sich nicht gut anfühlt. Entsprechend warnt *Into the Gloss* seine Leser*innen, »sie brennt und rötet die Haut«, aber es lohne sich, weil sie »mit einer beherzten Mixtur aus AHA und BHA das gewisse Schimmern auf die Haut zaubert. Was die Lotion P50 aber wirklich einzigartig macht, ist ihre Mischung aus Sauerampfer, Myrrhe-Extrakt, Myrte und Zwiebel. (Daher der Geruch.)«

Die ursprüngliche Rezeptur, die als P50 1970 verkauft wird, ist in Europa verboten, weil sie Phenol enthält. Auch Karbolsäure genannt, wurde Phenol seit Ende des 19. Jahrhunderts in antimikrobiellen Seifen verwendet. Manche Briten dürften sich aus der Zeit, als Kinder sich den Mund zur Strafe mit Karbolseife auswaschen mussten, noch an das Brennen und Taubheitsgefühl erinnern. Schwangeren oder stillenden Käuferinnen wird empfohlen, das Produkt nur nach ärztlicher Rücksprache zu verwenden. Auf der Website eines autorisierten Händlers findet sich zudem die Warnung: »Aufgrund seiner Produkteigenschaften kann P50 beim Versand auslaufen.« (Warum, bleibt unklar.)

250 Milliliter der Lotion P50 kosten 101 US-Dollar, und sie ist heiß begehrt.

Hautpflege ist auch darum so verlockend, weil es gerade nicht um rationale Argumente geht, sondern um Geschick, Autonomie, Freude und individuellen Ausdruck.

Aber sie kann auch anstrengend sein. Durch die gigantische Produktauswahl weiß man nie, ob man wirklich das Richtige tut. Die Kund*innen schwanken, wie sie Autumn berichten, unablässig zwischen dem Gefühl, mit dem neuesten Trend am Puls der Zeit zu sein, und der Befürchtung, alles falsch zu machen und etwas Entscheidendes zu verpassen. So kann Hautpflege, die eigentlich beruhigend wirken soll, zur ständigen Quelle von Zweifel und Unruhe werden. Albert Einstein, der den Seifenboom unmittelbar miterlebte, verwendete zum Rasieren weiterhin Seife und verwehrte sich gegen diese neumodische »Rasiercreme«. »Zwei Seifen? Das ist zu kompliziert!«, hat er angeblich gesagt.

Aber er war natürlich auch kein typischer Mann: Er lehnte materiellen Besitz generell ab und fand Oberflächigkeit so widerlich, dass er sein Leben der Suche nach einer universellen Weltformel widmete. Aber wenn Einstein schon in den Dreißigerjahren von den Hautpflegeangeboten überfordert war, was würde er dann jetzt erst sagen? Der zunehmend übersättigte und kaum regulierte Markt macht es heute noch schwieriger, sich mit den Produktversprechen auseinanderzusetzen und zu entscheiden, worin man Vertrauen, Zeit und Geld am besten investiert.

***

Die Hautpflegebranche dringt immer stärker in den Bereich der Medizin vor, was manche Ärzt*innen ablehnen. Aber auch jene, die dem offen gegenüberstehen, sagen mir, sie kämen bei all den neuen Produkten und Inhaltsstoffen, nach denen die Patient*innen fragen, gar nicht mehr mit. Im Arztberuf lernt man, neue Behandlungsmethoden erst dann anzuwenden, wenn ihre Unbedenklichkeit und Wirksamkeit wissenschaftlich bewiesen sind. Doch wenn man seinen Patient*innen heute sagt, dass es zu einer Anwendung noch keine Studien gebe und man deshalb davon abrate, reicht das vielen nicht mehr.

Leslie Baumann möchte gleichzeitig offen sein und auf wissenschaftliche Beweise setzen. Darum gründete sie an der University of Miami das erste Forschungsinstitut für ästhetische Dermatologie in den USA. Baumann hat mit *Cosmeceuticals and Cosmetic Ingredients* ein dickes Lehrbuch für Hautärzt*innen geschrieben. Diese sollen ja heute weniger Autorität, dafür mehr Zugewandtheit ausstrahlen, es ist quasi ihre Aufgabe, durch den Produktzirkus zu führen. Baumann ist vorsichtig optimistisch.[2]

Die Verwirrung um Retinol sei wohl besonders groß, sagt Baumann. Die Retinoide (die aus Retinolsäure, auch Vitamin A genannt, gewonnen werden oder damit verwandt sind) wurden von der US-Zulassungsbehörde FDA als Arzneimittel anerkannt. Sie finden sich in verschreibungspflichtigen Medikamenten, sind aber auch frei verkäuflich. Als wichtige Signalstoffe regulieren sie das Wachstum und die Vermehrung nicht nur von Hautzellen. Manches deutet darauf hin, dass sie Gene, die die Collagenproduktion der Haut anregen, »aktivieren« und Gene, die den Collagenabbau fördern, »deaktivieren« können. Wenn die Hautalterung hauptsächlich durch Collagenabbau verursacht wird, da Collagene das Strukturprotein für »feste«, »straffe«, nicht »schwammige« Haut sind, ließe sich daraus tatsächlich ein halbwegs plausibles »Anti-Aging«-Versprechen ableiten.[3]

Im Gegensatz dazu ist äußerlich angewandtes Collagen nutzlos. Da die Haut keine großen Moleküle absorbieren kann, so Baumann, kann es gar nicht erst eindringen. Auch Collagen-Drinks haben keine Wirkung auf die Haut. Wie alle anderen Proteine wird Collagen im Verdauungstrakt von Enzymen abgebaut, kann also nicht als Ganzes bis zur Haut transportiert werden. Und selbst wenn es in den Blutkreislauf gelangen sollte, müsste es erst einmal zur Dermis vordringen. Genauso gut könnte man Kautschuk in den Tank füllen, wenn man neue Reifen braucht. Trotzdem ist Collagen auf der Indie Beauty Expo allgegenwärtig, es würde, so sagt man mir, meine Haut straffen, aufpolstern, glätten und »erst richtig zum Leben erwecken«. Auch wenn das einem einen ganz schönen Stich versetzen kann, es ist, da es hier nicht um medizinische Behandlungen geht, alles legal.

Zur Neubildung von Collagen benötigt der Körper Vitamin C (Ascorbinsäure). Nach ein paar Monaten ohne Vitamin-C beginnt der Mensch aus Augen und Zahnfleisch zu bluten, weil das Bindegewebe der Adern abgebaut wird. Diese Erkrankung nennt man Skorbut. »Eine einzige Vitamin-C-Kautablette ist erheblich wirksamer als die teuren Collagen-Drinks«, sagt Baumann darum ihren Patient*innen.

Der beste Weg, dem Körper ausreichend Vitamin C zuzuführen, ist die weniger trendige, aber umso bewährtere Methode, frisches Obst und Gemüse zu essen. Sie enthalten zudem auch Ballaststoffe, die für das Mikrobiom gut sind. Und anders als die Haut verfügt der Magen über starke Säuren, die Nährstoffe wie Vitamin C absorbieren können.

Manches deutet aber auch darauf hin, dass lokal angewandtes Vitamin C die Haut verändern kann. Im Rahmen einer Studie trugen Proband*innen Vitamin C lokal auf, und als man sich die mRNA ihrer Collagengene anschaute, waren die Gene aktiviert, es wurde also vermutlich etwas mehr Collagen als zuvor produziert. Allerdings war die Wirkung nicht nachweislich größer als bei einer herkömmlichen Vitamin-C-Kapsel, und dieselbe Zusammensetzung kann in Hautpflegeprodukten furchtbar teuer werden. So kosten 30 Milliliter des hochbeliebten Produkts C E Ferulic 166 US-Dollar. Es schütze vor Sonne und Umweltverschmutzung, verspricht der Hersteller SkinCeuticals. Die drei Inhaltsstoffe stehen gleich vorn auf dem Etikett: Vitamin C, E und Ferulasäure.

Kauft man die drei Bestandteile einzeln bei Amazon, würden sie insgesamt weniger als einen Dollar kosten. Wenn man sie einzeln erwirbt, hat dies zudem den Vorteil, dass reine Nahrungsergänzungsmittel von unabhängigen Stellen wie der U.S. Pharmacopeia geprüft und zertifiziert werden können, um sicherzustellen, dass die angegebenen Vitamine auch tatsächlich enthalten sind. Wenn solche Stoffe unter Hautpflegemittel gemischt werden, fällt jede Prüfung weg. Trotzdem wollte keiner, der C E Ferulic verwendete, etwas von meinem Vorschlag wissen, das Mittel doch einfach einmal selbst anzurühren.[4]

Obwohl so viele Produkte Vitamin C enthalten, kann es bei C E Ferulic nur mittels der Säure die Haut durchdringen und somit in den Körper gelangen. Wenn der pH-Wert eines Produkts nicht niedrig genug ist, um den Säureschutzmantel der Haut zu überwinden, bleibt es im Grunde auf der Haut. Daran mag einem der ölige (taufrische) Look gefallen, aber jeder Anti-Aging-Effekt geht verloren. Das wird einem allerdings kein Packungsaufdruck verraten.

Viele Inhaltsstoffe und Marken stehen, so Baumann, eigentlich stellvertretend für ein ganz anderes Produkt: den Status. Nicht trotz, sondern wegen ihres Preises verkaufen sich teure Produkte gut. »Es ist wirklich traurig«, sagt Baumann. »Wenn eine Dame mit einer Crème de La Mer oder anderen 600-Dollar-Cremes zu mir kommt, glaubt sie, sie tue das Beste für ihre Haut, dabei verwendet sie keinen Sonnenschutz, keine Retinoide und kein Vitamin C.« Die nächste Patientin fühle sich dagegen schlecht, weil die Kinder ihr keine Zeit für die Hautpflege ließen und sie nur Sonnenschutz auftrage und ein bisschen Vitamin A nehme. »Und ich lache, weil die zweite Patientin mehr für ihre Haut tut als die erste.«

Als ich Baumann frage, in welchem Bereich es am schwierigsten sei, Falschinformationen entgegenzutreten, antwortet sie rundheraus: »Bei den Peptiden.« Dabei handelt es sich um eine nur lose definierte Gruppe sehr teurer chemischer Zusammensetzungen, die einem alles Mögliche versprechen, darunter Revitalisierung, Verjüngung und Anti-Aging. Nüchtern betrachtet sind es schlicht Proteinfragmente. Proteine oder Eiweiße sind lange Aminosäurenketten, ein Peptid ist eine kurze Aminosäurenkette. Wenn man Eiweiß zu sich nimmt, werden bei der Verdauung die langen Ketten zu kurzen abgebaut, den Peptiden (von griechisch *peptos*, »verdaut«). Da es geradezu endlos viele Aminosäuren unterschiedlicher Länge und Zusammensetzung gibt, kann niemand behaupten, kein Peptid hätte je irgendeine Wirkung. Doch der Begriff ist so schwammig, dass er nichts aussagt. Produktlinien mit Peptiden sind trotzdem extrem rentabel, auch wenn ihre Versprechungen und Slogans kaum nachprüfbar sind und sie unter Umständen mit anderen Bestandteilen der Hautcremes oder Hautseren reagieren. »Noch dazu dringen sie nur schwer in die Haut ein«, sagt Baumann. »Das Ganze ist ein einziger Schwindel.«

»Auch um die Wachstumsfaktoren wird momentan ein großer Hype gemacht«, fährt Baumann konsterniert fort. Zu den Wachstumsfaktoren gehören zahlreiche kleine Moleküle, mit deren Hilfe Zellen untereinander kommunizieren. Sie übernehmen wichtige, komplexe Aufgaben und einige werden neuerdings Gesichtscremes und -seren beigemischt. Und das verkauft man nun als etwas Gutes, so Baumann, als ließe sich von mehr Wachstumsfaktoren auf mehr Schönheit schließen. Für das menschliche Gewebe spiele diese Molekülklasse eine wichtige Rolle, doch jede Molekülart arbeite mit ausgefeilten Signalabfolgen und Rückkopplungsschleifen und in perfekter Abstimmung mit Hunderten oder Tausenden anderer

Signalmoleküle. Ein einzelnes Wachstumshormon auf die Haut zu geben, sagt Baumann, ist, als wollte man die Fußballmannschaft auflösen und allein mit dem Stürmer spielen.

»Ach, und außerdem«, fährt sie fort, obwohl ich sie nur um ein Beispiel gebeten hatte, »hasse ich diese Stammzellencremes.« Überall in unserer Haut finden sich Stammzellen, so Baumann, die durch Vermehrung dafür sorgen, dass neue Hautzellen gebildet werden. Darum können wir laufend abgestorbene Haut verlieren und haben trotzdem noch genug. Wir stehen nie ohne da. Hinter der Idee, zusätzliche Stammzellen aufzutragen, steckt offensichtlich die Annahme, dadurch werde die Haut lebendiger oder so etwas in der Art. Auch wenn Stammzellen häufig mit Embryos assoziiert werden und Babys seit den Anfängen der Seife im Mittelpunkt der Werbebotschaften standen: Mehr Stammzellen bedeuten nicht bessere Haut.

Weder würden fremde Stammzellen, die man auf die Haut gibt, irgendwie den Weg in die Basalzellschicht finden und sich in eigene Stammzellen einfügen, noch ist es ethisch vertretbar, menschliche Stammzellen zu verkaufen. Und selbst wenn es das wäre, würden sie in keiner Creme überleben, die monatelang im Regal steht.

Die Slogans, die so etwas oder anderes über die Inhaltsstoffe propagieren, sind wohl absichtlich so übertrieben. Häufig klingen sie vertraut und irgendwie logisch, doch zugleich gerade so unverständlich, dass man annimmt, es fehle einem eben das nötige Wissen, um sie wirklich zu verstehen. In Wahrheit kann man sie gar nicht verstehen. Verbraucher*innen sollen zwar heute selbst die Expert*innen sein, aber das ist durch den asymmetrischen Informationsstand und die mangelnde Regulierung von Werbeaussagen unmöglich. Es ist, als wäre von vorneherein vorgesehen, dass die Verbraucher*innen sich geschlagen geben und das Produkt einfach ausprobieren. Denn keine wissenschaftliche Erhebung oder Erklärung kann so aussagekräftig sein wie die eigene Erfahrung. Wenn Verbraucher*innen Fragen zur Physiologie oder Pharmakologie haben oder wissen wollen, welches Produkt in einer bestimmten Situation am besten wirkt, finden sie kaum unabhängige Stellen, die ihre Fragen objektiv beantworten können. Stattdessen jede Menge Unternehmen, die gern Fragen beantworten, die uns nie eingefallen wären.

***

Im Januar 2018, als ich schon an diesem Buch arbeitete, veröffentlichte *The Outline* einen umstrittenen Artikel: »Die Hautpflege-Lüge«. »In bestimmten Kreisen«, schrieb die Autorin Krithika Varagur, »brüstet man sich heute gern damit, sein Gehalt vor allem für Seren auszugeben. Die Protagonisten der neuesten Hautpflegetrends haben beruhigend wissenschaftliche Namen, Peptide, Säuren, Lösungen und vieles andere mit klinischen Endungen, und werden zumeist in winzigen Mengen zu horrenden Preisen verkauft.«

Und dann heißt es: »Aber das alles ist Betrug.« Es gebe kaum Beweise, dafür umso mehr manipulatives Marketing, das die Verbraucher*innen glauben macht, sie müssten an sich arbeiten. Schönheitsstandards seien jedoch kulturell bedingt. Das Unternehmen Glossier, das auf taufrische Haut setzt, verkauft nun, wie Varagur feststellt, ein Puder gegen glänzende Haut. »So verläuft der typische Lebenszyklus in der kapitalistischen Gesellschaft.«

Ihr Fazit ist allerdings nicht, dass Hautpflege generell schlecht oder zu vermeiden sei, sondern: »Ehe Sie mit einer rigorosen Hautpflegeroutine beginnen, sollten Sie darüber nachdenken, warum Sie das überhaupt wollen und warum das an sich etwas Gutes sein soll.«

Im Internet wurde der Artikel sofort in Bausch und Bogen verdammt. Hier ein kleiner Querschnitt nur aus den Twitter-Kommentaren: »Lol. Geben Sie das mal jemandem zu lesen, der seit zehn Jahren gegen Akne kämpft, und sagen Sie dem, Hautpflege sei unwichtig« (1400 Likes). »VERSUCHEN SIE DOCH, DIE SEREN MEINEN UNFASSBAR WEICHEN HÄNDEN ZU ENTREISSEN« (1100 Likes). »Ich werde nie vergessen, wie ich dieses eine Mal Geld dafür ausgab, um Beschaffenheit und Aussehen meiner Haut zu verbessern, und so mehr Selbstvertrauen bekam und glücklich war. Aber was für eine Verschwendung, man hat mich ja betrogen. Eine furchtbare Entscheidung. Ich bin gar nicht in der Lage, meine Bedürfnisse zu erkennen und zu befriedigen« (2900 Likes).

Leah, die zuständige Redakteurin, war vollkommen überrascht, dass die Leute eine aus ihrer Sicht »eindeutig ausbeuterische« Branche in Schutz nahmen. Warum durfte man sie nicht öffentlich anprangern? »Das eigentliche Problem ist, dass den Leuten eingeredet wird, sie müssten ständig Hautpflege betreiben und so oder so aussehen, dass Jugend vergöttert wird und hauptsächlich Frauen angesprochen werden«, sagt sie. Es wäre nicht ganz so schlimm, würden die Normen gleichermaßen für Männer und Frauen gelten. Idealerweise sollten sie ja für keinen gelten.

Weil ich neugierig war, wie der Artikel offline ankam, wo nicht wie auf Twitter die negativen Kommentare durch Dominoeffekte noch verstärkt wurden, verteilte ich ihn in meiner Klasse für Medienkunde im Gesundheitswesen. Die Reaktion war dieselbe: Der Artikel unterstelle, so sagte jemand, dass die eigenen Erfahrungen mit den Produkten eine Wahrnehmungsverzerrung seien, im Grunde so, als hätte man keinen blassen Schimmer von sich selbst, als könnte man seinen eigenen Sinnen nicht trauen. Die Klasse nickte zustimmend.

Wenn man wie in dem Artikel so pauschal kritisiert, dass viele sehr viel Geld für Hautpflege ausgeben, wirft man gezwungenermaßen zahlreiche gute, beliebte Produkte mit betrügerischen Mittelchen in einen Topf. Zudem schiebt man mit der Behauptung, Verbraucher*innen seien leichtgläubig und ihre Eitelkeit mache sie zu gedankenlosen Konsument*innen, die Verantwortung für Versäumnisse des Systems den Einzelnen zu. Dass Anhänger*innen der Hautpflege auf hervorragende, unbedenkliche und leicht zugängliche Anwendungen und wissenschaftlich streng geprüfte Behandlungen verzichten und stattdessen undurchsichtige Seren aus einer Instagram-Werbung kaufen, sollte für Ärzt*innen ein Anlass zur Sorge sein.

Doch viele Menschen geraten erst an dubiose Hautpflegeprodukte, weil die Ärzt*innen sich nicht um ihre Sorgen kümmern und Marketing und Werbung so wenig gesetzlich reguliert sind, dass niemand weiß, was er oder sie glauben soll. Die Hautpflegeindustrie verspricht Hoffnung und ein Gefühl von Kontrolle. Wie die Menschheitsgeschichte zeigt, legen wir jede Skepsis schnell ab, wenn ein Produkt, ein Glaube oder ein Verfahren uns das auch nur ansatzweise verspricht.

So erging es auch der Journalistin Maya Dusenbery, die lange an schwerer Akne litt. Auf Anraten ihrer Hautärzt*innen probierte sie alles aus, ob Adstringenzien für trockenere Haut, orale und lokale Antibiotika oder auch härtere Mittel wie Spironolacton und Accutane. Accutane gilt oft als »letzter Ausweg«, es wird mit ernsten Nebenwirkungen wie Suizidgefährdung und chronisch-entzündlichen Darmerkrankungen in Verbindung gebracht. Dusenbery versuchte es sogar mit hormoneller Empfängnisverhütung, da Akne durch ein hormonelles Ungleichgewicht begünstigt werden könne. »Ich nahm alles, was mir die Schulmedizin verschrieb«, sagte sie mir.

Aber nichts half. Als sie sechsundzwanzig Jahre alt war und seit zwei Wochen wieder einmal Antibiotika nahm, hatte sie plötzlich so starke Gelenkschmerzen, dass sie sich kaum rühren konnte. Rheumatoide Arthritis, lautete die Diagnose. Bei dieser häufigen Autoimmunkrankheit greift der Körper die Gelenke an.

Noch immer glaubte Dusenbery, Ärzt*innen würden die beste Behandlung für sie finden. Die Rheumatolog*innen, die sie aufsuchte, verschrieben ihr Medikamente zur Immununterdrückung wie Methotrexat, das bei der Chemotherapie verwendet wird. Es half, aber sie verlor ihre Haare. Und jeden Monat musste sie sich untersuchen lassen, weil das Medikament die Leber zerstören kann.

Akne ist einer der häufigsten Gründe, aus denen Antibiotika verschrieben werden. Manche nehmen sie über Monate oder gar Jahre ein, obwohl ihr Nutzen kaum belegt, dafür ein Risiko bei übermäßiger Anwendung eindeutig nachgewiesen ist. Die dauerhafte, unnötige Einnahme führt dazu, dass Antibiotika nicht mehr wirken, wenn sie tatsächlich gebraucht werden. Zudem kommt es durch ihre Einnahme zu Störungen der Darm- und Hautflora. Der Zusammenhang zwischen diesen Störungen und einer gestörten Funktionsfähigkeit des Immunsystems ist eindeutig belegt. Autoimmunerkrankungen können dadurch verursacht oder verschlimmert werden. Langsam kam in Maya der Verdacht auf, die eingenommenen Antibiotika könnten etwas mit dem Auftreten der rheumatoiden Arthritis zu tun haben.

Also durchforstete sie auf der Suche nach anderen Mitteln das Internet. Sie versuchte es mit Trockenbürstenmassage, ein angesagter Trend, bei dem, offenbar um das Immunsystem anzuregen,die Haut gebürstet wird wie das Haar. Sie bezahlte für »eine winzige Menge pflanzlicher Mittel« 90 US-Dollar, probierte es mit Fettreinigung, oralen und äußerlich anzuwendenden Ergänzungsmitteln und zig anderen trendigen Anwendungen.

»Die meisten lehnen ja nicht grundsätzlich bewährte Behandlungsmethoden ab, aber sie sind verzweifelt. Wenn man wirklich krank ist, würde man alles tun, damit es einem besser geht«, sagte Dusenbery. »Ich hatte eigentlich gar keine Vorliebe für die Alternativmedizin, aber als ich krank war, dachte ich, was soll's, ich probier den ganzen Quatsch einfach aus. Man denkt eben um.«

Manchmal nutzte etwas ein wenig, und ihre Haut reagierte mal leicht gereizt, mal unentschieden. Doch am Ende fand sie es am verlockendsten, einfach weniger zu tun, deutlich weniger.

Auf ihrem Weg zur Selbstermächtigung stieß sie auf einen der Lieblingsbegriffe der Hautpflege im Internet: den »Säureschutzmantel«. Der Begriff ist umstritten, weil nicht alle seine Bedeutung gleich einschätzen, aber immerhin basiert er auf klaren Fakten. Die chemischen Stoffe auf unserer Haut sind fettig und damit sauer. Auf der pH-Skala ist 7 der neutrale Wert, und unsere Haut liegt ungefähr bei 5. Der Begriff Säureschutzmantel geht auf einen Artikel des deutschen Dermatologen Alfred Marchionini und seiner Kollegen zurück, der schon vor hundert Jahren erschien. In »Säuremantel der Haut und Bakterienabwehr« beschreibt er, wie uns eine Säureschicht auf der Hautoberfläche vor eindringenden Mikroben schützt.

In der Säureschicht kann eine große Vielfalt harmloser Mikroben leben. Das Ökosystem unserer Haut, das von Natur aus sauer ist, beherbergt die Mikroben, die uns im Leben unterstützen. Doch wenn sich der pH-Wert des Umfelds ändert, ändern sich auch die Mikrobenpopulationen. Viel öfter gehen Erkrankungen mit solchen Ungleichgewichten einher als mit der Invasion durch bestimmte Eindringlinge.

Nimmt man das pH-Modell als Grundlage der Hautgesundheit, bedeutet das für die Seife nichts Gutes. Seife hat per definitionem einen hohen basischen pH-Wert von 10,3. Das ist Absicht, denn je weniger basisch eine Seife ist, desto schlechter bindet sie die Fette, die wir abwaschen wollen. Dove hat durch Emolliens-Zugabe einen pH-Wert von 7, die Haut trocknet dadurch weniger aus. Mit anderen Worten, die Seife bindet und entfernt weniger Fette, kurzum, sie erledigt ihre Aufgabe weniger gut. Dove ist das alkoholfreie Bier unter den Seifen.

Als Dusenbery diese Zusammenhänge begriff, kam sie zu dem Schluss, dass ihre Haut durch die Produkte, die ihr das Fett entziehen sollten, eigentlich beschädigt wurde. Außerdem schien sie umso mehr zu fetten, je vehementer sie sie reinigte. Brav hatte sie ihre Akne bekämpft, aber genau diesen Kampf erkannte sie jetzt als das Problem. Irgendwann gab sie es auf und tat gar nichts mehr. In Internetforen las sie von Leuten, die jahrelang nicht einmal mehr Wasser ans Gesicht ließen. Weil sie das als extrem und vielleicht sogar pathologisch empfand, duschte sie zwar noch, aber ohne Seife und Shampoo. An ihr Gesicht ließ sie nur ein Mikrofasertuch und so wenig Wasser wie möglich.

»Ehe es besser wurde, wurde es erst noch viel schlimmer«, sagte sie und verzog das Gesicht. Doch nach zwei beschwerlichen Monaten mit fettiger Haut hellte sich die Lage langsam auf. Die Haut schwankte nicht mehr zwischen extremer Fettigkeit und Trockenheit, sondern erreichte einen stabilen Zustand. Viele, die dazu übergehen, weniger Seife zu benutzen, machen diese Beobachtung. Es gibt zwar keine überzeugenden Belege dafür, dass die Talgdrüsen mehr Fett absondern, wenn die Haut durch Seife und Adstringenzien ausgetrocknet wird, aber die Mikrobenpopulationen verändern sich dadurch auf jeden Fall. Wenn man die fettliebenden Bakterien unentwegt abwäscht, sieht die Haut höchstwahrscheinlich fettiger aus.

Geschichten wie die von Dusenbery lehren uns, dass es durch das Verschreiben von Antibiotika und Steroiden häufig in bester Absicht zu unerwünschten Nebenwirkungen kommt. Die Medikamente schädigen die Mikroben, die wir brauchen. Dieser Ansatz mit der Schrotflinte, der die Hautfunktionen ausschaltet, könnte schon bald wie die Pesthauch-Theorie zu den Relikten der Medizingeschichte gehören.

»Natürlich habe ich auch jetzt keine tolle Haut«, sagte Dusenbery. »Aber im Moment bekomme ich nur ab und zu ein paar kleine Pickel.«

Das ist doch mal ein glaubwürdiger Werbeslogan.

V. ENTGIFTEN

»Du solltest dich wirklich von einem Anwalt beraten lassen«, sagte meine Freundin immer wieder.

»Aber es ist keine Straftat«, antwortete ich zum hundertsten Mal. »Da bin ich mir ganz sicher.«

Tatsächlich ist es juristisch gesehen überraschend einfach, ein Hautpflegeunternehmen zu gründen. Nachdem ich zig Seifen- und Hautpflegeanbieter*innen kennengelernt hatte, die sich ohne besondere Kenntnisse oder Erfahrungen ins Geschäft gestürzt hatten und von denen es manch eine*r noch zur Millionär*in oder Milliardär*in bringen würde, wollte ich herausfinden, ob es wirklich so leicht war, ein Hautpflegeprodukt auf den Markt zu bringen. Verkaufen wollte ich nichts, nur selbst ausprobieren, wie das Ganze so abläuft.

Mein Plan war, ein Hautpflegeprodukt zu entwickeln, um dann zu sehen, ob und wie ich es auf den Markt bringen konnte. Ich hatte nichts Illegales vor, aber würde jemand etwas dagegen haben, wenn ich den Ermessensspielraum sehr großzügig auslegte? Würde mir der Staat Einhalt gebieten?

Wie ich bei meinem Ausflug in die Branche gelernt hatte, brauchte ich eine griffige Marke und eine Zielgruppe. Also dachte ich mir einen Slogan aus: Brunson + Sterling – Männerpflege für verdammt geile Haut. Die Namen bedeuteten nichts weiter, klangen aber gut.

Dann brauchte ich noch ein Logo. Ich kontaktierte meine Kollegin Katie, die Illustratorin und Designerin ist. Wir trafen uns zum Mittagessen in einer lässigen Salatbar in DC, und in zwei Stunden entwickelten wir eine super Strategie. Am Ende hatten wir eine Excel-Tabelle, die auch die Kosten für Großverpackungen bezifferte, eine personalisierte Website und ein Instagram-Werbebudget. Insgesamt wollten wir eine Kombination aus minimalistischer Ästhetik, Super-Machogehabe und möglichst vielen Reizwörtern und »geilen« Inhaltsstoffen.

Was konnten wir also in dieses »Produkt« packen? Sollte es »natürlich« sein? »Biologisch«? »Heilend«? »Anti-Aging«? »Verjüngend«? »Ein ewiger Jungbrunnen?«

Genau, alles zusammen. Auch wenn ich mit meinem Produkt nicht versprechen darf, bestimmte Krankheiten zu heilen, ist alles Übrige fairer Wettbewerb. Ich teilte der zuständigen Behörde, der Food and Drug Administration, einfach mit, dass ich plante, ein Produkt zu verkaufen, und gab meine Adresse an. Mehr wollte man nicht von mir. Keine Angaben zu den Inhaltsstoffen, keinen Nachweis über die Unbedenklichkeit oder Wirksamkeit überhaupt.[5]

Dann wendete ich mich der Rezeptur zu. Viele, wenn nicht sogar die meisten Hautpflegeprodukte bestehen aus Inhaltsstoffen, die man im Drogerie- oder Supermarkt erstehen kann. Also nichts wie hin.

Ich ging zu Whole Foods, kaufte ein paar hippe Zutaten wie Jojobaöl, Vitamin C, Collagen, Akazienfasern (ein Präbiotikum), Kurkuma, Sheabutter, Honig und Kokosnussöl, mischte alles in meiner Küche zusammen, füllte die Mixtur in 50-Milliliter-Glastiegel ab, die ich bei Amazon bestellt hatte, druckte Aufkleber aus und stellte mein Produkt auf einer Squarespace-Website ein. Das Ganze kostete mich einen Nachmittag und ungefähr 150 Dollar. Die Gentleman's Cream, Brunson + Sterlings einziges und Hauptprodukt, war geboren.

Am Ende entschied ich mich gegen jedes Produktversprechen, listete nur die Inhaltsstoffe auf und wählte eine irgendwie maskuline Farbgebung. Lässige Eleganz, achtsamer Minimalismus.

Ebenso entschied ich mich dagegen, das Produkt an mir oder jemand anderem auszuprobieren. Sollten wir wirklich etwas verkaufen, könnte eine glaubhafte Abstreitbarkeit unter Umständen nützlich werden. Es gab für mich keinen Grund anzunehmen, dass ich etwas Gesundheitsschädliches verkaufte. Die FDA bewertete alle einzelnen Inhaltsstoffe als »im Allgemeinen unbedenklich«. Wenn ich das Produkt aber ausprobierte und irgendetwas würde darauf hindeuten, dass Brunson + Sterling Gentleman's Cream null Wirkung hatte oder gar gesundheitsschädlich war, dann müsste ich mein Projekt aus ethischen Gründen aufgeben. Und sollte ich feststellen, dass es tatsächlich wirkte, beispielsweise die Collagenproduktion ankurbelte und einen echten Anti-Aging-Effekt erzeugte, hätte ich noch dazu wissentlich damit an menschlichen Genen herumgepfuscht. Und würde ich die Sache mit den Genen auf die Packung schreiben, müsste ich die Creme als Arzneimittel registrieren lassen und ihre Unbedenklichkeit mit zahllosen klinischen Tests nachweisen. Die Verbraucher bräuchten ein Rezept dafür.

Für die 50 Milliliter Gentleman's Cream verlangte ich 200 US-Dollar.

***

Hautpflegeprodukte gehören, juristisch betrachtet, zu einer (oder mehrerer) von drei Kategorien: Seife, Kosmetik oder Arzneimittel. Die Einteilung ist mehr als bürokratische Ordnungsliebe; Zulassungskriterien, Vertriebswege und Anwendung hängen von der Zuordnung ab.

Zum einen sind da die Seifen. Nicht alle Produkte, die als Seife verkauft werden, entsprechen allerdings der FDA-Definition. Laut FDA ist »Seife« ein Produkt, das anders als synthetische Reinigungsmittel (Syndets) durch eine Kombination aus Fett und einer Base reinigend wirkt und ausschließlich als Seife gekennzeichnet, verkauft und präsentiert wird. Seife unterliegt genauso wie andere Haushaltsgüter, etwa Spielsachen und Werkzeuge, der Aufsicht durch die Consumer Product Safety Commission (Kommission für Konsumgütersicherheit). Die Hersteller müssen bestimmte Sicherheitsstandards einhalten, aber da die Kommission die Millionen von Konsumgütern nicht vor Markteinführung prüfen kann, geschieht das erst im Nachhinein. Nachdem ein gefährliches Problem aufgetreten ist. So wurde etwa Walmart im Oktober 2018 von der Kommission aufgefordert, die Campingaxt Ozark Trail zurückzurufen, da sich der Axtkopf, wie Verbraucher*innen gemeldet hatten, »vom Griff lösen und zur Verletzungsgefahr werden kann«.[6]

Erklärte Aufgabe der Kommission ist es, »die Öffentlichkeit vor unangemessenen Verletzungs- und Todesgefahren im Zusammenhang mit dem Gebrauch Tausender verschiedener Konsumgüter zu schützen«. Doch viele konservative Politiker beschimpfen ausgerechnet diese Regulierungsbehörde als wirtschaftsschädigend. Dabei kosten Verletzungen, Todesfälle und Sachschäden den US-amerikanischen Staat jedes Jahr etwa eine Billion US-Dollar. Doch wenn eine Axt kein Zulassungsverfahren braucht, warum sollte das für Seife gelten?

Seifen machen allerdings nur einen zunehmend kleineren Teil des Hautpflegemarkts aus. Körperpflegeprodukte, die Syndets enthalten, gelten, auch wenn sie oft als Seife verkauft werden, als Kosmetika und unterliegen wie Nahrungs- und Arzneimittel der Aufsicht durch die FDA.

Im US-Gesetz zu Nahrungs-, Arzneimitteln und Kosmetika werden Kosmetika als Produkte definiert, »die zur Reinigung, Verschönerung, Attraktivitätssteigerung oder äußerlichen Veränderung des menschlichen Körpers bestimmt sind und dazu auf den Körper gerieben, gegossen, geträufelt, gesprüht oder anderweitig aufgetragen werden«. Zu den Kosmetika zählen etwa Feuchtigkeitslotionen, Parfüms, Nagellacke, Make-up, Shampoos, Dauerwellen, Haarfärbemittel oder Deos.[7]

Arzneimittel sind dagegen laut Gesetz »Produkte, die zur Diagnose, Heilung, Linderung, Behandlung oder Verhütung von Krankheiten bestimmt sind«, sowie »Produkte (außer Nahrungsmitteln), die dazu bestimmt sind, auf menschliche und tierische Körperstrukturen und Körperfunktionen einzuwirken«. Darum sollen etwa Produkte zur »Wiederherstellung der Haargesundheit«, »Verringerung von Cellulite«, »Behandlung von Krampfadern« oder »Zellregeneration« eine Zulassung als Arzneimittel durchlaufen.[8]

Die »Bestimmung« eines Produkts kann natürlich sehr vielfältig sein. Doch Bestimmung ist, was Etikett und Werbeslogans den Kund*innen vermitteln. Wenn ich ein krankes Bein mit Hypnose-Videos auf YouTube, eine Warze mit Klebeband oder Magenschmerzen mit Rattengift heilen will, macht die von mir gewählte befremdliche Bestimmung das Produkt noch nicht zum Arzneimittel.[9]

Aber auch die »wahrgenommene Bestimmung durch die Verbraucher« kann ein Produkt zum Arzneimittel oder zur Droge machen. So gilt Cannabis auch dann als Droge, wenn es als Keks mit einem Marihuanabildchen oder Ähnlichem darauf verkauft wird und gar nicht verspricht, man werde davon »high« oder »zugedröhnt«. Es wird eben allgemein so wahrgenommen.

Die meisten Hautpflegeunternehmen bekommen nur dann Ärger, wenn sie ihr Produkt als Arzneimittel anpreisen, aber keine Arzneimittelzulassung dafür besitzen. Doch der Anbieter bestimmt, als was er sein Produkt verkauft. Und bei den neuen Hautpflegeprodukten bewegen sich die Slogans immer stärker in Richtung Arzneimittel. Da heutige Schönheitsstandards zunehmend zu einem »natürlichen« Look statt zu einer Menge Make-up tendieren, versprechen immer mehr Produkte, die Hautstruktur oder Hautfunktion selbst zu verbessern oder zumindest zu verändern.

So entstehen zunehmend Produkte, die sowohl Kosmetik als auch Arzneimittel sein könnten. Als Beispiele nennt die FDA Anti-Schuppen-Shampoos oder Feuchtigkeitslotionen mit UV-Schutz. Oder auch »ätherische Öle«. Wenn sie als Parfüm vermarktet werden, gelten sie als Kosmetika, werden sie aber mit Aromatherapie-Slogans angepriesen und sollen helfen, besser zu schlafen oder sich das Rauchen abzugewöhnen, dann sind sie Arzneimittel.[10]

Die Grenze zwischen Kosmetik und Arzneimittel verschwimmt

also langsam, obwohl die gesetzlichen Vorschriften für beide erheblich voneinander abweichen. Ein Arzneimittel kommt erst nach jahrelangen und Millionen US-Dollar teuren klinischen Tests auf den Markt, die die Wirksamkeit und die gesundheitliche Unbedenklichkeit bestätigen. Für Kosmetika hingegen braucht man in den USA keinerlei Zulassung oder Unbedenklichkeitsprüfung.

Manchmal gerät dieser Unterschied auch ins öffentliche Blickfeld. Große Nachrichtenkanäle berichteten 2017 über die kleine Eliana Lawrence, der durch die Verwendung der beliebten »reinigenden Pflegespülung« WEN des Hairstylisten Chaz Dean, die als besonders mild und »frei von scharfen chemischen Stoffen« beworben wurde, die Haare ausgefallen waren. Die Fotos des Mädchens verbreiteten sich in den sozialen Medien, wo auch die Senatorinnen Dianne Feinstein und Susan Collins auf sie aufmerksam wurden. Nachdem sie das Mädchen besucht hatten, berichteten sie, dass es sehr verängstigt gewesen sei, als ihm plötzlich die Haare ausfielen, und in der Schule wegen verbliebener kahler Stellen immer noch gehänselt werde.

Die FDA begann mit der Untersuchung von WEN schon 2014, allerdings erst, als ihr schon 127 Verbrauchermeldungen über Nebenwirkungen vorlagen. 2016 waren es dann schon 1386. Bei dem Hersteller selbst waren, wie die Behörde feststellte, sogar 21.000 Beschwerden über Haarausfall oder Kopfhautreizungen eingegangen, die er aber nicht an die FDA weitergegeben hatte. Er war dazu nicht verpflichtet.

Als Elianas Geschichte schließlich durch die Medien ging, stritt das Unternehmen trotz allem immer noch rundheraus ab, dass sein Produkt gesundheitsschädlich sein könne. Ein Pressesprecher verkündete: »Es gibt keine glaubwürdigen Beweise für die falsche und irreführende Aussage, WEN-Produkte würden Haarausfall verursachen.« Die Pflegespülung ist nach wie vor auf dem Markt.

Nachzuweisen, dass ein bestimmtes Produkt gesundheitsschädlich ist, kann sehr schwierig sein. Solange es nicht bei vielen Verbrauchern umgehend und bei jeder Anwendung erneut zu Erkrankungen oder unerwünschten Nebenwirkungen kommt, kann dies stets als Zufall hingestellt werden. Bedenkt man zudem die laxe Gesetzgebung und die dürftige Personalausstattung der FDA, wird klar, warum nur sehr selten Sanktionen gegen Unternehmen verhängt werden. So selten, dass Nachrichten über die nachgewiesene Gesundheitsschädlichkeit eines Produkts es häufig in die überregionalen Medien schaffen.

Die Seltenheit solcher Berichte gibt vielen Verbraucher*innen das Gefühl, Körperpflegeprodukte könnten nur selten gesundheitsschädlich sein und das gelegentliche faule Ei würde immer schnell aus dem Verkehr gezogen. Doch bis die Gesundheitsschädlichkeit eines Produkts nachgewiesen ist oder ein Unternehmen einen Fehler zugibt und das Produkt vom Markt nimmt, können Jahre vergehen. So rief das Unternehmen Claire's, das Accessoires für Jugendliche anbietet, 2017 einige Make-up-Produkte für junge Mädchen zurück (unter anderem ein »zauberhaftes Regenbogen-Herz-Make-up-Set« und ein »Metallic-Pink-Glitzer-Make-up«), nachdem über Asbest in seinen Produkten berichtet worden war. Die scharfen Asbestfasern können, wenn man sie einatmet, Krebs auslösen. Der Produktrückruf war allerdings nur das Ergebnis schlechter Presse, gesetzlich wäre das Unternehmen dazu nicht verpflichtet gewesen. Die FDA kann niemanden zum Produktrückruf zwingen. So verkommt Produktsicherheit zu reiner Ehrensache.

Erst im März 2019 gab FDA-Chef Scott Gottlieb schließlich bekannt, dass die FDA das Make-up geprüft habe und es tatsächlich Asbest enthalte. Gleichzeitig wies er darauf hin, dass die Kosmetikindustrie sich in einem »raschen Expansions- und Innovationsprozess« befinde und die Umsätze innerhalb von fünf Jahren von 73,3 Milliarden US-Dollar auf 88,2 Milliarden im Jahr 2018 gestiegen seien, aber »die Bundesgesetze zu Nahrungs-, Arzneimittel und Kosmetika seit Inkrafttreten 1938 nicht mehr aktualisiert wurden«.

Bis Anfang des 20. Jahrhunderts wurden die Arzneimittel noch mit Kosmetika, Seifen und Sonstigem, was der Gemischtwarenladen hergab, in einen Topf geworfen. Körperpflegeprodukte gehörten aus staatlicher Sicht zu den »patentrechtlich geschützten Arzneimitteln«, und verschreibungspflichtige Medikamente gab es noch nicht. Tonika und Elixiere, die starke Rauschmittel enthielten, waren oft überhaupt nicht gekennzeichnet. Und wenn, dann war die Liste der Inhaltsstoffe nicht unbedingt verlässlich.

Erst mit dem »Pure Food and Drug«-Gesetz von 1906 machte Theodore Roosevelt dem Wildwest-Gebaren ein Ende. Herstellung, Verkauf und Transport von »giftigen oder gesundheitsschädlichen Nahrungsmitteln, Arzneimitteln und Spirituosen« wurden durch das neue Gesetz zur Nahrungs- und Arzneimittelreinheit verboten. Auch »falsche Kennzeichnungen« oder »gepanschte« Produkte waren nun gesetzeswidrig.

Aber vor allem wurden durch das Gesetz zum ersten Mal Drogen definiert. Hersteller*innen patentrechtlich geschützter Arzneimittel mussten die Verbraucher*innen nun darüber informieren, wenn sie in ihren Produkten zehn bestimmte Wirkstoffe wie Kokain, Cannabis, Opium oder Heroin verwendeten. Als Inhaltsstoffe waren sie noch immer legal, aber sie mussten auf dem Etikett aufgeführt werden. Offenbar war Roosevelt der Ansicht, man solle sich zumindest dessen bewusst sein, wenn man Heroin kaufte und nahm.

Natürlich ergab sich jetzt auch die Frage, ob der Verkauf eines Produkts, das die Gesundheit gefährden oder abhängig machen konnte, überhaupt erlaubt sein sollte. Das »Pure Food and Drug«-Gesetz sollte der Transparenz dienen, aber es ebnete auch den Weg für Bemühungen, gesundheitsgefährdende und später auch unbedenkliche, aber wirkungslose Arzneimittel zu verbieten.

Für die Erarbeitung entsprechender Normen war zunächst das forschungsorientierte »Bureau of Chemistry« im Landwirtschaftsministerium zuständig. Allerdings waren ihre Normen im Allgemeinen wenig eindeutig. Denn die Unbedenklichkeit der meisten Arznei- und Rauschmittel hängt allein von der Dosierung ab. Als der

Behörde immer mehr Aufgaben zukamen, wurde 1927 aus dem Bureau of Chemistry eine reine Aufsichtsbehörde mit dem Namen »Food, Drug, and Insecticide Administration« (die Insektizide wurden drei Jahre später aus dem Namen gestrichen). Im Jahr 1938 wurde das »Pure Food and Drug«-Gesetz schließlich durch das umfassendere Bundesgesetz für Nahrungs-, Arzneimittel und Kosmetika (Federal Food, Drug, and Cosmetic Act) ersetzt, unterzeichnet von Roosevelts Cousin Franklin.

Dann war Schluss. Bis heute bildet dieses Gesetz die Grundlage für die Überwachung von Lebensmitteln, Arzneimitteln, »biologischen Produkten«, Kosmetika und medizinischen Geräten in den USA. Das Gesetz wurde vom amerikanischen Kongress nie aktualisiert.

In der pharmazeutischen Industrie können Produkte dagegen nur auf den Markt gebracht werden, wenn ihre gesundheitliche Unbedenklichkeit und zumindest eine gewisse Wirkung durch klinische Tests nachgewiesen wurden. Das kann Jahre dauern und Millionen Dollar kosten. Und endlich auf dem Markt, darf das Produkt nur beworben werden, wenn man zugleich eine lange Liste möglicher Nebenwirkungen aufführt, im Fernsehen ist das praktisch die gesamte zweite Hälfte des Spots. Die Werbung bleibt ethisch zweifelhaft, und die klinischen Tests sind nicht unbedingt vollkommen, aber es gibt wenigstens eine gewisse Regulierung und Qualitätskontrolle. Trotzdem misstraut die Öffentlichkeit den Angeboten der Pharmaindustrie wesentlich mehr als den Körperpflegeprodukten, die wir tagtäglich auf unser größtes, noch dazu extrem durchlässiges Organ, die Haut, auftragen.

»Für die gesundheitliche Unbedenklichkeit und die Kennzeichnung von Kosmetika sind in den USA allein die Unternehmen zuständig, die sie auf den Markt bringen«, sagte der FDA-Leiter Gottlieb in einer Presseerklärung, die er über Twitter (eine Neuerung nach 1938!) verbreitete. »Letztendlich entscheidet also der Kosmetikhersteller, ob er seine Produkte auf ihre gesundheitliche Unbedenklichkeit testen lässt und sie bei der FDA listet. Sie haben richtig gelesen: Beim Verkauf auf dem amerikanischen Markt ist aktuell kein Kosmetikhersteller gesetzlich verpflichtet, seine Produkte auf ihre Unbedenklichkeit testen zu lassen.«

Gottlieb schloss mit einigen sehr vorsichtig formulierten Vorschlägen, wie man mit »allen Beteiligten« zusammenarbeiten und »einen Paradigmenwechsel herbeiführen« könne. »Denkbar wären etwa: eine verpflichtende Registrierung und Aufstellung, Good-Practice-Richtlinien für die Herstellung, die verpflichtende Meldung von Nebenwirkungen, Zugang zu entsprechenden Berichten, ein verpflichtender Rückruf, eine Kennzeichnungspflicht für bekannte kosmetische Allergene und eine Inhaltsstoffprüfung.«

Ich fragte ihn (öffentlich über Twitter), ob man das als Empfehlung verstehen könne. Gottlieb war damals noch Monate von seinem Rücktritt entfernt, hatte ihn aber bereits angekündigt. »Ich frage das«, schrieb ich, »weil die meisten glauben, dass es das alles schon gibt und die FDA Unternehmen zwingen könnte, nachweislich gesundheitsgefährdende Produkte zurückzurufen. Dass Sie Arzt und Leiter einer Regulierungsbehörde sind, ist ja die beste Voraussetzung für so eine Empfehlung.«

Eine Antwort oder Erklärung blieb aus. Wenn nicht einmal der Leiter der zuständigen Aufsichtsbehörde öffentlich sagt, dass sie eigentlich das Recht haben müsste, zu wissen, welche Inhaltsstoffe ein verkauftes Produkt enthält, dann sind wir von einer echten Aufsicht, die gesundheitlich unbedenkliche Produkte garantieren könnte, noch meilenweit entfernt. Die FDA kann weder Produktrückrufe durchsetzen noch Unbedenklichkeitsprüfungen der Inhaltsstoffe (außer bei Farbzusätzen) von Körperpflegeprodukten vornehmen. In den USA, wo das Wirtschaftswachstum schon lange wichtiger als der Verbraucherschutz ist, gibt es nur elf Stoffe, die in Körperpflegeprodukten verboten oder nur begrenzt zulässig sind. In der Europäischen Union und Kanada werden die Inhaltsstoffe von Körperpflegeprodukten dagegen schon seit Jahrzehnten geprüft. In der EU sind mittlerweile 1500 und in Kanada achthundert chemische Stoffe verboten oder nur begrenzt zulässig. Im Jahr 2019 wurde in Kalifornien ein Gesetz eingebracht, das Blei, Formaldehyd, Quecksilber, Asbest und viele andere potenziell gesundheitsgefährdende Stoffe aus Körperpflegeprodukten verbannen soll. Es wäre das erste derartige Gesetz in den USA, aber zumindest bis zu dem Zeitpunkt, zu dem ich das hier schreibe, waren diese Bemühungen noch erfolglos.

Nachdem ich mich in die Geschichte und Gegenwart der Regulierungsvorschriften für Hautpflegeprodukte eingelesen hatte, machte ich mir eigentlich keine Sorgen mehr darüber, ob ich mit Brunson + Sterling Ärger bekommen könnte.

Man kann mein Produkt noch immer im Internet kaufen, aber bisher wollte noch keiner meine 200-Dollar-Töpfchen haben, weil ich nicht genug in die Werbung investiert habe. Letztendlich hat es sich einfach zu böse angefühlt. Aber wer weiß, vielleicht bringe ich mich eines Tages doch noch dazu.

Bis dahin wäre ich bereit, sämtliche Markenrechte für 100 Millionen US-Dollar abzutreten.

***

Ich gehe durch ein altes Fabrikgebäude in Brooklyns zunehmend gentrifiziertem Gowanus-Viertel. Als ich um eine Ecke biege, riecht es plötzlich nach Lavendel. Der Geruch kommt aus einem langen Flur, an dessen Ende sich eine verschlossene Tür befindet. Ich läute, und Rachel Winard öffnet mir in einer Kochschürze. Ich bin hier, um Deo herzustellen.

Winard ist Eigentümerin von Soapwalla, einer kleinen Marke mit geschlechtergerechten, sehr bewusst vermarkteten minimalistischen Hautpflegeprodukten. Es ist erst neun Uhr morgens, aber sie arbeitet schon eine Weile in dem Raum, der so groß ist wie ein geräumiges Einzimmerappartement und als Testküche, Produktionsstätte und Vertriebszentrum dient. Vier Mitarbeitende wuseln geschäftig herum, als Winard und ich an einem Boxsack vorbei (sie boxt) in die Industrieküche gehen. Auf einer Arbeitsplatte steht eine große Rührschüssel mit grauweißem Pulver, wie eine Kuchenmischung, die noch verquirlt werden muss. Auch wenn sie zugibt, dass es ein kitschiges Ritual ist, segnet Winard das Puder, dankbar, es mit der Welt teilen zu können. Während wir uns unterhalten, gibt sie Wasser hinzu, rührt und füllt die Masse mit einem Schöpflöffel in 50-Milliliter-Töpfchen ab. Ich darf die Deckel draufschrauben und die Töpfchen in den Kühlschrank stellen, wo die Masse fest wird.

Die Rezeptur für das Deodorant Soapwalla sei streng geheim. Winard lächelt, aber es ist ihr todernst. Die Zutaten hat sie darum schon gemischt, ehe ich kam. Das Deo ging um 2011 viral, nachdem die Schauspielerin Olivia Wilde, so Winard, es einige Male positiv erwähnt hatte. Es waren noch die finsteren Zeiten vor den Influencer*innen, und Winard hatte sicher nicht dafür bezahlt oder überhaupt in Werbung investiert. Damals stellte sie das Deodorant noch zu Hause in ihrer Küche her.

Dann wurde das Deo immer beliebter, wurde von Blog zu Blog, von Mensch zu Mensch weiterempfohlen. Aus dem ehrlichsten aller Gründe: weil es gut sei. Soapwalla ist eine Deocreme zum Auftragen und außerdem ein »natürliches Deodorant«. Dieser Begriff ist zwar nicht genau definiert, doch tendenziell sind diese milder und enthalten keine Inhaltsstoffe mit molekularen Bezeichnungen. Außerdem verzichten sie oft auf die in Deostiften lange üblichen Antibiotika und verwenden stattdessen ätherische Öle, die gut riechen und unerwünschtem Geruch mit natürlichen antimikrobiellen Eigenschaften entgegenwirken. Anders als herkömmliche Deos setzen sie zudem kein Aluminium ein, um unsere Drüsenfunktion zu hemmen, sondern lehmige oder pudrige Stoffe, die Hauttalg absorbieren.

Trotz der simplen Wirkweise und der grundsätzlichen Ähnlichkeit mit anderen natürlichen Deos hat Winard offensichtlich ein außergewöhnliches Produkt geschaffen. Viele Menschen, die sich nach schrecklichen Experimenten mit natürlichen Deos verloren fühlten, haben mit Soapwalla den lang ersehnten Leuchtturm im Hafen der Frische gefunden. Ich habe es als Übergang ausprobiert, als ich mir Deostifte abgewöhnte, und es wirkte genauso gut. Der Hauptunterschied liegt für mich eigentlich in der Art, wie es verkauft wird. Die Verpackung ist unscheinbar, das Marketing quasi nicht existent. Soapwalla hat einen Instagram-Account, aber mit der Influencer-Kultur nichts am Hut. Menschen sieht man dort überhaupt nicht, weil das Unternehmen befürchtet, es könnte in den Köpfen das Bild von eine*r idealen Anwender*in und seinem oder ihrem Körper entstehen.

Winard ist auf ungewöhnlichem Wege zur Hautpflegebranche gekommen. Schon mit zwölf Jahren reiste sie als Konzertviolinistin durchs Land. Mit sechzehn schloss sie die Highschool ab, verließ ihr Zuhause an der Westküste und ging an das Juilliard-Konservatorium in New York. Sie liebte die Auftritte, ertrug aber die kommerzielle Seite des Musikbusiness nicht, die für den Gelderwerb unerlässlich ist. So wie sie sich vorher für die Musik entschieden hatte, entschied sie sich jetzt dagegen. Sie bestand die Aufnahmeprüfung für Jura und wechselte zur Rechtsfakultät der Columbia University in Manhattan.

Ihr zweiter Tag an der Fakultät war der 11. September 2001.

In den Wochen und Monaten danach arbeitete sie als freiwillige Helferin am Ground Zero. Wie bei vielen, die die Reste dessen, was dort zu Staub geworden war, einatmeten, verschlechterte sich ihr Gesundheitszustand zusehends. Ungefähr zu diesem Zeitpunkt, so Winard, »griff mein Körper erstmals sich selbst an«. Ob es an bestimmten Schadstoffen, den aufgewühlten Gefühlen oder einfach am Zufall lag, kann sie nicht sagen. Doch innerhalb weniger Wochen verwandelte sich ein vor Kraft sprühender Mensch in jemanden, der kaum noch aus dem Bett kam. Sie sei völlig ausgelaugt und energielos gewesen. Wie eine Depression habe es sich nicht angefühlt, sagt sie, eher als hätte ihr jemand den Stecker gezogen.

Mit der Haut fing es an.

»Ich hatte als Teenagerin keine Akne und auch nie Probleme mit trockener oder fettiger Haut. Aber dann bekam ich erst einen roten, fleckigen Ausschlag an Gesicht und Armen, und später Gelenkschmerzen und Fieber.« Nach einer einjährigen Ärzte-Odyssee lautete die Diagnose Lupus, eine Autoimmunkrankheit mit vielfältigen Symptomen.

»Ich glaube, die Haut ist wie der Kanarienvogel im Bergwerk«, sagte Winard. »Sie zeigt systemische Störungen an, noch ehe man sie spürt oder begriffen hat, dass das, was man spürt, ernst genommen werden sollte.«

Vorsichtig korrigiert sie meine Methode, die Deckel zuzuschrauben.

Winard versuchte es mit allen bei Lupus üblichen Immunsuppressiva. Manchmal wurden die Symptome ein wenig besser, aber die Haut verschlechterte sich weiter, wurde immer röter, juckte, brannte und schmerzte noch mehr. »Manchmal ertrug ich nicht mal mehr Wasser auf der Haut«, erinnert sie sich. »Ich gehörte zu den Verzweifelten, die die Regale nach allem durchforsteten, auf dem auch nur irgendetwas von ›hypoallergen‹, ›für empfindliche Haut‹, ›natürlich‹ oder ›biologisch‹ stand. Damals, 2003, war diese Terminologie noch ganz am Anfang.«

Sie versuchte alles, damit ihre Haut noch sauberer wurde, um den Krankheitsauslöser, was immer es war, irgendwie loszuwerden, doch es wurde nur noch schlimmer. Eines Nachts dachte sie »aus purer Verzweiflung, weil ich nicht schlafen konnte und mir am liebsten die Haut vom Körper gerissen hätte: Okay, ich muss etwas tun, so kann es nicht weitergehen!«

In der Hoffnung, eine milde Anwendung zu finden, die sie nicht übel riechen ließ und zugleich ihrer Haut endlich Frieden verschaffte, mischte sie immer wieder alles Mögliche zusammen. Irgendwann entdeckte sie so die Rezeptur ihres heute beliebten Deos und probierte sie an sich aus. Es war eine Zeit der Selbsterforschung. Sie nahm eine Auszeit vom Jurastudium und ging für ein Jahr nach Indien, um »herunterzukommen«. Dort machte sie Yoga und ernährte sich immer bewusster.

Und irgendwann, so Winard, wurde ihre Haut besser, und sie wurde wieder gesünder. Als wäre ihre Immunreaktion auf ein normales Maß zurückgegangen. Sie erklärt sich das nicht mit einer einzelnen veränderten Gewohnheit, dass sie etwa die Haut nicht mehr allzu aggressiv reinigte, ihre minimalistische Kreation benutzte oder sich ihr Leben durch den Wegzug aus New York entschleunigte. Eher vermutet sie ein Zusammenwirken von all dem oder noch mehr. Störungen des Immunsystems hängen meist auch mit Stress, Schlafmangel, Bewegungsmangel und den Stoffen zusammen, die wir in und auf unseren Körper geben.

Viele, die an chronischen Krankheiten leiden und immer wieder Phasen der Besserung und Gesundung erleben, machen diese Erfahrung. Die guten Zeiten werden zu einer Art Kompass. Wenn man sich ein wenig besser fühlt, nachdem man schwer gelitten hat, scheint alles, was man in der guten Phase tut, die richtige Lösung zu sein. Kein ärztlicher Rat kann so überzeugend wirken wie der eigene Instinkt, mit dem weiterzumachen, was einem offenbar guttut. Als Winard nach Amerika zurückkehrte, behielt sie ihren neuen Lebensstil weitestmöglich bei. Und das hat ganz gut funktioniert.

Nachdem sie die passende Deodorant-Rezeptur für sich gefunden hatte, entschloss sie sich 2009, das Deo auch anderen anzubieten, die vielleicht in einer ähnlichen Situation waren. Sie benötigte kein Venture-Capital und noch nicht einmal Werbung. Das Produkt sprach sich unter Freund*innen und Bekannten herum und in den zahlreichen Internet-Blogs der 2010er-Jahre. Zunächst füllte Winard die gelegentlichen Bestellungen in ihrer Freizeit ab, doch nach zwei Jahren verließ sie die Anwaltskanzlei und gründete ihr eigenes Unternehmen.

Wie und warum das Deo bei vielen gut wirkt, bei anderen, mit denen ich gesprochen habe, aber nicht, weiß keiner genau. Wie seit Jahrhunderten weltweit üblich, gibt Winard ihrem Produkt Lehm bei, um Feuchtigkeit zu absorbieren. Es könne sein, so erklärten mir Mikrobiolog*innen, dass die Kombination aus Pulver und ätherischen Ölen dazu führt, dass geruchsbildende Arten im mikrobiellen Ökosystem zurückgedrängt, andere aber gefördert werden. Unter Umständen würde eine Wirkung dann erst nach einiger Zeit eintreten.

Als ich schon sicher wusste, dass es kein Problem war, Deo überhaupt wegzulassen, ging ich dazu über, alle paar Tage Soapwalla aufzutragen. Es gibt mir die Sicherheit, einwandfrei zu riechen, die ohne Deo nicht immer hundertprozentig gegeben ist. Dieser Selbstversuch war meine Einführung in die experimentelle Seite der Hautpflege. Wenn ein Produkt wirkt, gibt es wirklich kein Zurück mehr.

Doch Winard hat die Hautpflegelandschaft nicht nur durch die Entwicklung einer beliebten Achselcreme bereichert, sondern mehr noch vielleicht durch ihre Art, sich in einer Branche, in der das Scheitern viele Namen kennt, durchzusetzen. Sie scheint der lebende Beweis dafür, dass man in der Beauty- und Wellness-Branche auch bestehen kann, wenn man den Leuten keine Idealbilder verkauft, an denen sich Erscheinungsbild, Geruch und Gefühl orientieren sollen.

Doch auch andere Unternehmen wollen die Menschen nicht davon überzeugen, immer mehr Produkte zu verwenden, so oder so auszusehen oder einem unerreichbaren Ideal nachzueifern. Der minimalistische Ansatz in der Hautpflege gewinnt gerade immer mehr an Schwung.

Adina Grigore aus der New Yorker Indie-Szene hat ebenfalls den Durchbruch geschafft. Der besondere Clou: Sie duscht nicht mehr und verkauft trotzdem Hautpflegeprodukte. Die Philosophie ihres Unternehmens S. W. Basics: Man sollte viel weniger für seine Haut tun.

»Mit meiner Produktlinie möchte ich den Leuten eigentlich sagen: ›Lasst eure Haut verdammt noch mal in Ruhe‹«, sagt sie. »So weit das eben möglich ist.«

Grigore, in ihren Dreißigern, hat kürzlich New York verlassen und ist nach Denver gezogen, wo ihr kleines Unternehmen jetzt seinen Sitz hat. Näher als S. W. Basics kann ein Unternehmen, das den Massenmarkt bedienen will, dem Trugbild von Hautprodukten, die eigentlich fast nichts mit unserer Haut machen, wohl kaum kommen.

Die Bestseller sind ein Rosenwasser-Spray (das schlicht »Rosewater« heißt) und eine Creme für trockene Haut (»Cream«). In einem langen leidenschaftlichen Monolog erzählte mir Grigore, wie sie durch ihre eigenen Gesundheitsprobleme zu dem Unternehmen inspiriert wurde. Ein Akneproblem hatte an ihrem Selbstbewusstsein genagt und ihr einen übertriebenen Drang zur Kontrolle beschert.

»Im Grunde war ich ein einziger Ausschlag«, sagt sie. Die Diagnose lautete Follikulitis, und so rieb sie ihren ganzen Körper zwei Jahre lang mit Steroidcreme ein. Normalerweise soll man Steroide höchstens zwei Wochen lang ununterbrochen anwenden, da sie das Immunsystem lahmlegen, was nicht ohne Folgen bleibt. Langfristig angewendet schadet es der Haut. Wie Grigore sagt, wurde ihre Haut sichtbar dünner.

Darum nahm Grigore, so wie Maya Dusenbery, die Dinge irgendwann selbst in die Hand. »Ich hielt es nicht mehr aus, morgens auf einem blutigen Laken aufzuwachen, weil ich mir im Schlaf wieder einmal die Haut aufgekratzt hatte. Es war ein Akt der Verzweiflung. Ich hatte so viel Geld ausgegeben und tat, was man mir sagte. Dann ließ ich einfach alles sein und nichts mehr an meine Haut.«

Und schon nach wenigen Tagen, erinnert sie sich, »wurde alles besser«.

Heute verfolgt sie einen minimalistischen Ansatz, weil viele Menschen zwar die Düfte und das Gefühl und das Ritual der Körperpflege lieben, aber ihre Haut möglichst in Ruhe lassen wollen. Wie Grigore unumwunden zugibt, könnte man fast alle ihre Produkte in der eigenen Küche herstellen.

Doch trotz oder gerade wegen ihrer Aufrichtigkeit ist Grigores Konzept überaus erfolgreich. Beim Aufbau des Unternehmens halfen ihr großzügige Investor*innen, und jüngst konnte sie Vertriebsverträge mit Target und Whole Foods unterzeichnen. Dort stehen zwar massenhaft Produkte in den Regalen, doch dazuzugehören ist eine Ehre und ein heiß ersehnter Triumph. Grigores Produkte werden außerdem bei Dermatolog*innen verkauft, die dafür einen bestimmten Umsatzanteil erhalten, eigentlich also eine Provision. (Beim Verschreiben von Medikamenten gelten Provisionen als unredlich, weil die ärztliche Entscheidung durch den Verkaufsanreiz beeinflusst sein könnte. Bei Hautpflegeprodukten erhebt jedoch niemand Einwände.)

Die optimale Produktplatzierung macht auch eine ausgefeilte Marketingstrategie überflüssig, wie man sie etwa bei Unternehmen beobachten kann, die unbedingt auf Instagram wahrgenommen werden wollen. Grigore kann einfach weiter ihre Überzeugung verkünden: Weniger ist mehr. »Viele denken«, erklärt sie mir, »wenn alle etwas gut finden, muss es auch für sie gut sein, aber vielleicht ist es das gar nicht. Die Leute haben nicht genug Geduld mit sich und ihrem Körper, von allen Seiten wird ihnen gesagt: ›Nein, da braucht man keine Geduld. Mit mir kommt das über Nacht wieder in Ordnung.‹«

Als Grigore ihre Hautpflegegewohnheiten aufgab, wurde sie plötzlich auch sensibler für andere Faktoren im Leben, die sich auf die Haut auswirken können: Nahrungsmittel, Schlaf und Stress. Man bemerkt das besser, wenn weniger Variablen zusammenspielen. Der Verzicht auf die üblichen Produkte, so Grigore, habe sie die Aspekte der Hautpflege spüren lassen, von denen sonst selten die Rede ist: die Pflege all dessen, was sich unter unserer Haut befindet. Man könnte es Selbstfürsorge oder einfach Gesundheit nennen.

***

Man kann es überflüssig oder seltsam finden, dass momentan so viele Menschen eigene Hautpflegeprodukte entwickeln, doch zweifellos zeigt sich darin ein tiefes Misstrauen gegenüber dem aktuellen

Marktangebot. Manchmal kann es noch so viele ehrliche Unternehmen mit besten Absichten geben, trotzdem reichen schon wenige skrupellose Akteur*innen, um das Vertrauen der Verbraucher*innen zu zerstören. Um es wiederzugewinnen, brachten die Senatorinnen Susan Collins und Dianne Feinstein 2017 ein überparteiliches Gesetz in den Kongress ein, das die Unbedenklichkeit von Körperpflegeprodukten gewährleisten sollte, den »Personal Care Products Saftey Act«. Ihrer Meinung nach »wäre es kaum sinnvoll, wenn in einer Multi-Milliarden-Branche jeder seine eigenen Mindeststandards festlegt«.

In der medizinischen Fachzeitschrift *JAMA Internal Medicine* stellten die Senatorinnen fest: »Keine andere Produktklasse in den USA wird so wenig reguliert.« Und sie kamen zu dem eindeutigen Schluss: »Die fehlende Produktaufsicht kann die Gesundheit der Amerikaner*innen erheblich gefährden.«

Das Gesetz sollte die Unternehmen nur dazu verpflichten, die Inhaltsstoffe der vielen Millionen Produkte offenzulegen, die wir täglich auf unsere Körper schmieren. Ein Unbedenklichkeitsnachweis musste nicht erbracht werden. Es ging allein um ein Produktregister und eine Auflistung der Inhaltsstoffe. Sollten die Unternehmen von Verbraucher*innen über ernste Nebenwirkungen informiert werden, sollten sie das der FDA von nun an melden müssen. Und sähe die Behörde einen Grund einzugreifen, sollte sie eine warnende Kennzeichnung oder gegebenenfalls einen Produktrückruf anordnen können.[11]

Das Gesetz sollte auch ein unabhängiges Prüfverfahren für Inhaltsstoffe von Körperpflegeprodukten einführen und die FDA dazu berechtigen, deren Unbedenklichkeit auf Grundlage sämtlicher verfügbaren Informationen zu beurteilen. Die FDA sollte verpflichtend jährlich mindestens fünf (fünf!) chemische Stoffe oder Stoffkategorien prüfen. Die Auswahl sollte anhand der Meldungen von Verbraucher*innen, Ärzt*innen, Wissenschaftler*innen und Unternehmen erfolgen.

Die meisten Leute, mit denen ich mich unterhalte, sind überrascht, dass die Regelungen nicht längst in Kraft getreten sind, wo die Branche doch sonst so demonstrativ auf Makellosigkeit bedacht ist. Wie sollen Verbraucher*innen wirklich autonom entscheiden, wenn der Informationszugang derart eingeschränkt und die Unternehmen auf dem Spielfeld so bevorteilt sind?

Die Industrie bringt seit Jahrzehnten erfolgreich das Argument vor, mehr Regulierung würde zu höheren Preisen und Arbeitsplatzabbau führen. Weil die Kosten für die notwendigen Produkttests an die Verbraucher*innen weitergegeben würden, würden die Preise dieser wichtigen Produkte in die Höhe getrieben. Im Endeffekt wäre dies eine Rückkehr zur altmodischen Seifensteuer, was aufgrund der großen gesellschaftlichen Bedeutung der Seife für die allgemeine Gesundheit sogar gefährlich sei.

Andere befürchten, eine Regulierung könne den Markteintritt erschweren und Wettbewerber fernhalten. Viele schätzen an der Hautpflege besonders, dass sich dank niedriger Einstiegshürden das Beste durchsetze. Kleine Unternehmen produzierten kleine Produkte, und was gut sei, sollte es auf natürlichem Wege nach oben schaffen, durch Mundpropaganda, weil es eben wirkt. Die Hautpflege ist quasi die Vorhut einer Demokratisierungsbewegung im Gesundheitswesen, weg von der zentralistischen ärztlichen Autorität. Juristisch gesehen, kann jeder einfach mitmischen. Es gibt hie und da noch Markteintrittsbarrieren, aber sie sind sehr niedrig. Niemand braucht für die Produkte eine Krankenversicherung oder ein Rezept. Die Verkäufer*innen müssen keine Ausbildung vorweisen oder exorbitante Studentenkredite aufnehmen. Sie haben auch kaum Unkosten. Die eigene Küche zu Hause genügt. Und das Marketing kann über Instagram laufen.

Viele Verbraucher*innen haben auf diese Machtverschiebung geradezu gewartet. Bei Dermatolog*innen kann man im Gegensatz zu anderen medizinischen Bereichen sehen, ob die Behandlung erfolgreich ist. Wenn ein Kardiologe oder eine Kardiologin ein blutdrucksenkendes Mittel oder eines gegen erhöhten Cholesterinspiegel verschreibt, kann der Patient oder die Patientin unter Umständen Jahrzehnte länger leben, aber fühlt sich trotzdem nicht anders oder sieht anders aus. Und nur Onkolog*innen können beurteilen, wie gut eine Chemotherapie wirkt. Aber bei Dermatolog*innen kann jede in den Spiegel schauen und hat im Handumdrehen eine aussagekräftige Datensammlung zu ihrem Hautzustand.

Maya Dusenbery, die eine ganz ähnliche Krankheitsgeschichte wie Winard hinter sich hat, ist der Meinung, Ärzt*innen und Wissenschaftler*innen sollten ihre Rolle als oberste Hüter von Wissen und Wahrheit endlich aufgeben. Es sei an der Zeit, den alten Gegensatz zwischen »Schulmedizin« und »Alternativmedizin« aufzulösen. Ich selbst war der gängigen Ansicht, es gäbe das, was die Wissenschaft bewiesen hat. Und den Rest. Aber die Sache sei komplexer. Fachleute und Regulierungsbehörden könnten helfen, alle Produkte in vier Kategorien einzuteilen: was eindeutig wirkt, was wirken könnte, aber nicht erforscht ist, was überhaupt nicht nachvollziehbar ist und was nachweislich nutzlos oder gesundheitsgefährdend ist.

Dusenbery fühlte sich für einen radikalen Minimalismus und Versuche mit neuartigen Produkten gut gerüstet, weil sie als Journalistin schon seit Jahren über Wissenschaft und Medizin schrieb. Sie verfasste eine ethnografische Geschichte der systematischen Vorurteile der Medizin gegenüber Frauen und verfügt über ein ausgeprägtes Bewusstsein für die Probleme der Bevormundung, aber auch der Anarchie.

»Bestimmte Aspekte der Communitys, die rund um Gesundheit und Schönheit entstanden sind, führen zweifellos dazu, dass sich dort vor allem Frauen zusammentun, um die Kontrolle über einen Bereich zurückzuerlangen, der lange von Männern dominiert wurde«, sagt sie.

Tatsächlich wimmelt es im Internet vor Foren und Seiten von Haut-Gurus, die die Debatte befeuern und vor allem Anhängerinnen um sich scharen. So gehört zu dem beliebten Podcast »Forever35«

(»Für immer 35«) eine private Facebook-Seite, auf der Kommentare zu »Selbstfürsorge und Wellness« gepostet werden. Als ich die Seite zuletzt besuchte, hatte sie 17.000 Mitglieder und einer der beliebtesten Tags war »Hautpflege«. Diskutiert wird über Vitamin C, Akne und andere wohlbekannte Themen. Der Ton bleibt immer freundlich und wohlwollend. Auf solchen Seiten dringen Alltagsgewohnheiten ans Licht der Öffentlichkeit, die lange Zeit nur in den Privatbereich gehörten und höchstens mit der*m besten Freund*in besprochen wurden. Nicht mehr nur das Endergebnis, also wie man sich präsentiert, ist nunmehr die soziale Währung, sondern auch der Weg dahin.

Es gehe darum, so Dusenbery, Kosten und Nutzen insgesamt im Blick zu behalten und, sofern das möglich ist, andere nicht über das eigene Wertesystem bestimmen zu lassen. Seit Dusenbery vor mehreren Jahren ihre persönliche Produktbereinigung betrieben hat, verwendet sie Pflegeprodukte nur noch, wenn sie das Gefühl hat, dass sie ihr Leben bereichern, und mehr aus Neugier und Spaß als aus Pflichtgefühl. Sie besprüht sich mit Rosenwasser und hat mit Schneckenserum experimentiert. Im Winter hat sie es mit feuchtigkeitsspendendem Rindertalg und einem Bärentalg-Lippenbalsam aus Ost-Oregon versucht, hergestellt von einer Kräuterkennerin mit Dreadlocks, die den Bären selbst geschossen hat. »Wenn mir danach ist, lege ich manchmal Make-up auf, aber nicht, weil ich das Gefühl habe, ich müsste. Ich brauche das nicht tagtäglich«, sagt sie. (Als sie früher noch so schlimm an Akne gelitten habe, meint sie, hätte sie das nicht machen können. Da Akne mit Hygiene in Zusammenhang gebracht werde, wäre der soziale und berufliche Druck zu groß gewesen. »In unserer Gesellschaft ist das eigentlich nicht machbar.«)

Viele wollen heute weniger tun, minimalistischer und »natürlicher« sein, aber auf das Ritual nicht verzichten: auf die Zeit für sich, die soziale Botschaft und die Verbundenheit, die durch die täglichen Reinigungsrituale spürbar wird. Historisch betrachtet, kommen die Gemeinschaften, die rund um die Produkte, Routinen und

Glaubenssätze der Körperpflege entstehen, der eigentlichen Bedeutung von »rein« wesentlich näher als jedes Produkt.

Solidarität und Begeisterung können sich rund um Produktlinien und Marken entwickeln, und manchmal erst recht ohne sie. Abstinenzler*innen fühlen sich verbunden, weil sie ein oder mehrere Dinge aufgegeben haben. Umweltaktivist*innen und »No-poo«-Anhänger*innen (kein Shampoo) identifizieren sich über den Verzicht. Meiner Erfahrung nach muss man das Thema eigentlich nur aufbringen, und schon drängt es viele geradezu dazu, über ihre persönlichen Hygienevorstellungen und Körperpflege zu reden. Man kommt sich schnell darüber näher. So, als spräche man über ein Geheimnis, das sonst keiner kennt, dabei erzählt man nur, wie oft man duscht. Um ein Gespräch unter Fremden zu eröffnen, empfehle ich das allerdings nicht. Doch Gesprächstabus zu durchbrechen, ist ein wichtiger Schritt, wenn man Normen infrage stellen will, die eigentlich längst brüchig geworden sind. Wer einmal gehört hat, was die Leute tun oder nicht tun, was sie verwenden oder nicht, was sie unbedingt oder keinesfalls brauchen, wird jede Vorstellung von Normalität schnell vergessen. Und kann sich dann auf das konzentrieren, was ihr oder ihm wirklich wichtig ist.

VI. MINIMIEREN

Die Menschen, die auf den sanften, maisbestandenden Hügeln von Pennsylvania und inmitten der endlosen Maisfelder von Indiana wohnen, leiden fast nie unter Asthma und kaum an Allergien. Sie haben, glaubwürdigen Berichten zufolge, zudem eine ungewöhnlich gesunde Haut.

Ein sonniger Sonntagnachmittag, der Verkehr rauscht über die zweispurige Indiana Interstate, doch plötzlich geht es nur noch im Schritttempo voran. Weiter vorn trottet ein Pferdegespann, ganz in Schwarz, an der Rückseite ein meterhohes Warndreieck. Hier, wo die Amischen wohnen, kommt das häufiger vor. Wenn man mit 110 Stundenkilometern unterwegs ist und der Pferdewagen nur mit 15, schnurrt man verdammt schnell heran. Nach einer Welle von Unfällen haben manche Wagen jetzt Rücklichter. Das verstößt zwar gegen die traditionelle Ablehnung moderner Technologie in der Gemeinschaft, beugt aber immerhin tödlichen Katastrophen vor.

Bei dem langsamen Tempo kann ich in aller Ruhe die Verkaufsstände am Straßenrand betrachten, Möbel, Quilts, Süßigkeiten, und auch die Leute im Gewand des 19. Jahrhunderts auf den Feldern dahinter. Einige der weißen Holzhäuser, an denen ich vorbeifahre, haben im Vorgarten ein Telefon, ein Kompromiss. Man hat eine Verbindung zur Außenwelt, aber sie ist unbequem.

Mark Holbreich, seit dreißig Jahren Allergologe und Immunologe in Indiana, fiel irgendwann auf, dass sich die Amischen nicht nur durch den technologiefreien Lebensstil von ihren Landsleuten unterscheiden. Holbreich betreibt seine Forschungen gemeinsam mit der Indiana University, an deren medizinischen Fakultät ich studiert habe. Da die Krankenhäuser und Praxen relativ nah an den amischen Gemeinden im Norden des Bundesstaats lagen, kamen viele als Patient*innen zu uns.

»Als Erstes fiel mir auf, dass ihre Haut besonders glatt und gesund aussieht«, sagt Holbreich. Außerdem gebe es in den Gemeinden der Amischen, für die er zuständig sei, nur wenige Asthma- und Allergiefälle. Patient*innen, die wegen einer Allergie zu ihm kämen, hätten meist gar keine. »Neurodermitis oder Hautprobleme sind ganz selten.«

Holbreich fragte sich, ob dafür genetische Faktoren verantwortlich sind, denn bekanntlich sind die Amischen vor zweihundert Jahren aus der Schweiz ausgewandert und haben bis heute einen kleinen Genpool, oder ob ihr Lebensstil die größere Rolle spielt. Als er sich durch die Forschung kämpfte, stieß er auf europäische Studien, die vermuten ließen, dass Bauernkinder im Vergleich zu Stadtkindern seltener an Asthma und Allergien leiden.

So hatte Erika von Mutius vom Dr. von Haunerschen Kinderspital der Universität München 2007 fünfzehn Studien zum Immunsystem zusammengeführt, die in den zehn Jahren zuvor in ländlichen Regionen Europas durchgeführt worden waren (Schweiz, Deutschland, Österreich, Frankreich, Schweden, Dänemark, Finnland und Großbritannien). Fast alle zeigten, dass Heuschnupfen und andere Allergien in bäuerlichen Gemeinschaften nur sehr selten vorkommen. Mehrere stellten zudem bei »Bauernkindern« seltener Asthma und eine geringere Sensibilität gegenüber Allergenen fest als bei »Nichtbauernkindern«. (Die Anführungszeichen sind nicht kritisch gemeint, ich mag einfach die Begriffe.) In der Zeitschrift *Proceedings of the American Thoracic Society* sprach von Mutius von einem »Bauernhofeffekt« auf das Immunsystem.

Als Holbreich hundert amische Kinder in seiner Praxis in Indiana testete, hatten sie nicht nur seltener Asthma und Allergien als der Durchschnitt der USA, sondern mit fünf Prozent auch seltener als in der Schweiz, wo sieben Prozent der Bauernkinder und elf Prozent der anderen Kinder daran leiden. Warum, konnte er nicht genau sagen, nahm aber wie die europäische Forschung an, »dass es einen gewissen Einfluss hat, ob Kinder im jungen Alter Mikroben ausgesetzt sind, sie einatmen, schlucken und auf der Haut tragen«.

Zur Überprüfung seiner These untersuchte er gemeinsam mit anderen Wissenschaftler*innen, darunter auch von Mutius, die Allergiehäufigkeit bei zwei genetisch ähnlichen bäuerlichen Gemeinschaften, den Amischen in Indiana und den Hutterern in South Dakota. Beide Gemeinschaften waren in der Reformationszeit in derselben europäischen Region entstanden und im 18. und 19. Jahrhundert in die USA ausgewandert. Beide sind bis heute relativ unter sich geblieben und leben in vielerlei Hinsicht ähnlich, vor allem in Bezug auf Aspekte, die Einfluss auf das Immunsystem haben können. (Sie halten selten Haustiere, leben in großen Familienverbänden, ernähren sich ähnlich, sind selten Zigarettenrauch und Umweltverschmutzung ausgesetzt und stillen vergleichsweise häufig.)

Als die Forschungsgruppe ihre Ergebnisse im August 2016 im angesehenen *New England Journal of Medicine* veröffentlichte, versetzte sie die Welt der Immunologie in Aufruhr. Trotz aller Ähnlichkeiten zwischen Hutterern und Amischen traten bei den Kindern der Hutterer Asthma prozentual viermal häufiger und Allergieerkrankungen sechsmal häufiger auf als bei den Kindern der Amischen.

Als entscheidenden Unterschied machte die Forschungsgruppe die Nähe ihrer Wohnhäuser zum Bauernhof aus. Die Kinder der Amischen haben direkten Kontakt zur Bauernhofumgebung mit ihren Tieren, der Erde, den typischen Partikeln und Mikroben in der Luft. Bereits im Babyalter sind sie ihr ausgesetzt, wenn die Eltern mit ihnen eine Runde über den Hof drehen.

Die Kinder der Hutterer dagegen haben keinen direkten Kontakt zum Hofleben. Die Hutterer wohnen auf einem großzügigen Gelände, und ihre Häuser sind rund um den zentralen Bauernhof angeordnet. Wenn die Männer morgens zur Arbeit fahren, dürfen die

Kinder nicht mit. Außerdem nutzen die Hutterer moderne Landwirtschaftstechnologien. Die Arbeiten, bei denen die Amischen in der Erde wühlen, werden dort großteils von Maschinen erledigt.

»Amische und Hutterer haben hohe Hygienestandards«, erzählt Holbreich und betont, dass bei beiden vermeidbare Infektionskrankheiten selten sind. Und zwar nicht trotz, sondern weil sie vielen Mikroben ausgesetzt seien. So werde etwa das Immunsystem durch Endotoxin, das Eiweiß mancher Bakterien, angeregt. Und der Staub in den Häusern der Amischen sei siebenmal so stark mit Endotoxin angereichert wie in den Häusern der Hutterer. Die Forschungsgruppe untersuchte auch das Immunsystem der Kinder und entdeckte hinsichtlich Anzahl und Art der Immunzellen »große Unterschiede«.

Aber damit gab sie sich noch nicht zufrieden. Die Forschenden sammelten mit »elektrostatischen Staubfängern« Staub aus beiden Bevölkerungsgruppen und bliesen ihn Mäusen in die Nase. Die Mäuse, die Amischen-Staub ausgesetzt waren, entwickelten unempfindlichere Atemwege und weniger allergie-assoziierte Zellen als die Mäuse mit Placebo-Staub.

Seine Großmutter, so Holbreich, habe immer gesagt, »Dreck reinigt den Magen« oder »wer jeden Tag ein bisschen Dreck isst, bleibt gesund«. Daran hat sich Holbreich nicht gehalten, und er meint auch nicht, Kinder sollten die Wildnis in wilden Rudeln durchstreifen oder man solle, wie ich vorschlug, den amischen Staub als Allergie-Wunderkur einsetzen. »So weit ist die Wissenschaft noch nicht«, sagt er.

Aber sie geht davon aus, dass das Verhältnis zwischen unserem Körper und Mikroben wesentlich komplizierter ist als bislang angenommen.

* * *

Wenn es irgendwo im Körper eine Entzündung gibt, weiß der ganze Körper davon. Die Nachricht wandert durch komplexe, mit weißer

Flüssigkeit gefüllte Kanäle, die Herz und Haut verbinden. Wie der Blutkreislauf das Blut befördert, befördert das lymphatische System die Lymphe, die Trägerflüssigkeit der Immunzellen. Dieses lebenswichtige System wurde erst vor Kurzem entdeckt.

Als der italienische Wissenschaftler Gaspare Aselli 1622 einen Hund sezierte, entdeckte er »milchige Adern«, die aussahen, als enthielten sie weißes Blut. Auf was er da gestoßen war, wusste er nicht. War das der Hund des Teufels? War es ein zweiter Blutkreislauf? Besaßen alle Tiere weißes und rotes Blut? Oder auch noch andersfarbiges? Ein Zeitgenosse, der Arzt William Harvey, nahm an, auch Menschen besäßen ein Adersystem mit weißer Flüssigkeit, das parallel zum Blutkreislauf verlaufe und »lymphatisches System« heiße. Doch eine Erklärung dafür hatte er nicht.

Erst 1962 konnte der Oxforder Pathologe James Gowans vor der New York Academy of Sciences neue Erkenntnisse präsentieren und erläutern, dass dieses System einen langfristigen Schutz vor Krankheiten aufbaute. Das lymphatische System sei vom Blutkreislauf getrennt, so Gowans, aber die Immunzellen könnten zwischen beiden hin- und herfließen. Bei Versuchen habe man die Lymphzellen einer Ratte in die Adern einer anderen injiziert. Bei der Nachverfolgung der Zellen anhand von Adenosin-Markern habe er beobachten können, wie sie über Kanäle rasch austraten und in Sammelbecken flossen, die er als Lymphknoten bezeichnete.

Die erbsengroßen Organe sind die Knotenpunkte der Lymphbahnen, von denen unser Körper durchzogen ist. Wenn wir an einer Infektion erkranken, füllen sich die Lymphknoten in dem Bereich mit weißen Blutkörperchen und schwellen um ein Vielfaches an. Wenn ein Arzt oder eine Ärztin den Patienten oder die Patientin bei der Untersuchung unterhalb des Kiefers abtastet, sucht er oder sie nach geschwollenen Lymphknoten. Doch auch wenn diese nicht vergrößert sind, strömen tagtäglich Millionen weißer Blutkörperchen durch sie hindurch, die Lymphozyten. Gowans konnte zeigen, dass Ratten, bei denen die Lymphozyten entfernt wurden, entzündliche

Angriffe nicht mehr abwehren konnten. Injizierte man ihnen die Lymphozyten jedoch wieder, war ihr Immunsystem erneut vollständig funktionsfähig.

Die Lymphozyten können sich im Blut oder den Lymphknoten aufhalten, schwärmen aber meistens ins Gewebe aus und passen auf. Sie halten Ausschau nach Antigenen, häufig auch »Fremdkörper« genannt (Mikroben oder andere), die in den Körper eingedrungen sind. Wenn sie etwas finden, trampen sie mit der Lymphe zurück zu einem Knoten, um den jüngsten Klatsch loszuwerden. Ist alles in Ordnung, bleiben sie ruhig und wandern in die Bahn zurück. Haben sie aber etwas Gefährliches entdeckt, sammeln sie eine wütende Lymphozyten-Meute um sich, machen sich erneut auf und greifen die Antigenquelle an. Das nennt man dann Entzündung.

Entzündungen können uns umbringen oder aber unser Leben retten. Ob das eine oder das andere eintritt, hängt davon ab, ob das System gut kalibriert ist und die Lymphozyten richtig einschätzen können, wann und wie aggressiv sie reagieren müssen. Das erfordert allerdings regelmäßiges Training. Einem Kind, das Dinosaurier-Fan ist, würde es ein Kinderarzt oder eine Kinderärztin vielleicht so erklären: Genauso wie der Velociraptor, vor dessen Nase Chris Pratt in *Jurassic World* einen Fleischbrocken baumeln lässt, lernt auch das Immunsystem, nur bestimmte Feinde anzugreifen. Die Immunzellen werden durch einen begrenzten Kontakt, auf dem übrigens auch das Konzept der Impfung beruht, darauf trainiert, feindliche Eindringlinge zu erkennen und zu bekämpfen. Gut geschulte Immunzellen arbeiten dann wie die dressierten Raptoren, durchstreifen den Jurassic Park (den Körper), jagen unermüdlich und erbarmungslos jeden Feind, den sie entdecken, aber bringen nicht einfach mutwillig alles um, was sich bewegt.

Allerdings kann das auch gewaltig schiefgehen, wie jeder weiß, der schon mal mit Raptoren gearbeitet hat. Unser Immunsystem ist nämlich ähnlich kraftvoll und entschlossen. Wenn es nicht richtig trainiert, also den zu bekämpfenden Antigenen und den nicht zu bekämpfenden harmlosen Stoffen gleichermaßen ausgesetzt wird, steigt die Wahrscheinlichkeit, dass es harmlose Eindringlinge oder sogar körpereigene Zellen angreift. Zerfleischen sich die Raubtiere im Dinosaurierpark, hat man einen Blockbuster. Greift das Immunsystem den Körper an, hat man eine Autoimmunkrankheit.

Ob man eine Autoimmunkrankheit entwickelt, hängt sowohl von der genetischen Prädisposition als auch von den Umweltreizen ab, denen man im Lauf seines Lebens begegnet. Manche Menschen werden unabhängig von ihrem Verhalten höchstwahrscheinlich eine Autoimmunkrankheit entwickeln, aber diese Wahrscheinlichkeit wird auch oder sogar überwiegend davon beeinflusst, ob sich das Immunsystem mit Umweltreizen auseinandersetzen muss und so trainiert wird. Und hier kommt es vor allem auf die Umweltreize in der frühen Kindheit an. Schon im Alter von drei oder vier Jahren ist das Mikrobiom abschließend aufgebaut und das Immunsystem weitgehend trainiert. Das Fundament für die entzündlichen Prozesse, aus denen vielleicht erst viel später eine Autoimmunkrankheit entsteht, wird wohl schon in den ersten Lebensjahren gelegt.

In den wohlhabenden Ländern der Welt verbringen die Menschen heute 90 Prozent ihres Lebens in Innenräumen. Freund*innen oder Familie dürfen Babys nur anfassen, wenn sie sich vorher die Hände geschrubbt oder sogar desinfiziert haben. Doch der Innenraumluft fehlen die vielfältigen bakteriellen Partikel, die früher unser Immunsystem forderten. Auch unsere Nahrung ist stark verarbeitet, gereinigt und arm an frischem Obst und Gemüse, auf dem es von Natur aus von Bakterien wimmelt. Ein Apfel enthält durchschnittlich 100 Millionen Mikroben.

In ihrer Gesamtheit haben die vielen Vorsichtsmaßnahmen, mit denen wir uns und unsere Lieben in bester Absicht vor Krankheiten schützen und die uns ständig penibel »sauber« aussehen lassen sollen, zumindest einen gewissen Einfluss darauf, wie sich unser Immunsystem heute entwickelt.

Obwohl der Keim zu dieser Erkenntnis schon vor Jahrzehnten

gelegt wurde, konnte sie sich nur langsam durchsetzen. In den Achtzigerjahren untersuchte der Epidemiologe David Strachan, damals an der Londoner School of Hygiene and Tropical Medicine, inwiefern Asthma durch Schimmel ausgelöst wird. Er kam schnell zu dem Ergebnis, dass ein einzelner Wohnungsbefall als Ursache wohl zu simpel gedacht war. So wie manche Krankheiten durch Mikroben ausgelöst wurden, konnten andere vielleicht durch einen Mangel an Mikroben entstehen.

Bei einer landesweiten Untersuchung britischer Kinder stellte Strachan fest, dass Babys mit vielen Geschwistern später weniger anfällig für Neurodermitis und Heuschnupfen waren als solche, die wenige Geschwister hatten. Ungefähr zehn Prozent der Erstgeborenen, aber nur halb so viele der Kinder mit zwei älteren Geschwistern entwickelten Allergien. Und bei vier oder mehr älteren Geschwistern waren es noch einmal nur halb so viele. Erstgeborene hatten also ein vier Mal höheres Risiko, an Allergien zu erkranken, als Fünftgeborene.

Kinder sind, wie jeder weiß, der mit ihnen zu tun hat, wandelnde Viren- und Bakterienschleudern. Strachan nahm an, dass mehr Kinder im Haus auch mehr Krankheitserreger bedeuteten, und stellte die These auf, dass Infektionen in früher Kindheit vor Allergien schützen.

Seine sogenannte »Hygiene-Hypothese« fand die Zustimmung vieler Wissenschaftler, da sie auch erklären konnte, wieso allergische Erkrankungen in den Industrieländern immer mehr zunahmen. Die Familien wurden kleiner und lebten isolierter, viele Kinderkrankheiten verschwanden, und die Menschen betrieben mehr Hygiene und Körperpflege als je zuvor in der Geschichte der Menschheit.

Für die allgemeine Gesundheit waren Antibiotika revolutionär. Wir überleben heute Krankheiten, die früher ein sicheres Todesurteil waren. Auch darum entwickelten sich im vergangenen Jahrhundert Krebs, Herz-Kreislauf-Erkrankungen, Diabetes und andere Stoffwechselkrankheiten, die mit Fettleibigkeit und einer sitzenden

Lebensweise assoziiert werden, zu den häufigsten Ursachen für Tod und Behinderung. Doch andere chronische Erkrankungen werden offensichtlich dadurch gefördert, dass viele Menschen nicht mehr *genügend* Umweltreizen ausgesetzt sind.

Man nimmt an, dass sich unser Immunsystem heute mit weniger harmlosen Krankheitserregern auseinandersetzen muss, also weniger trainiert wird und den eigenen Körper darum häufiger als früher angreift. Dies gilt auch als Mitursache für die Zunahme von Erdnussallergien und Gluten-Unverträglichkeit. An manchen Orten leidet eins von vier Kindern an Neurodermitis. Heuschnupfen war einmal so selten, dass er beinahe schick war, ein Zeichen von Status und Wohlstand. Nur die naturfern lebenden Eliten litten daran, die bäuerliche Bevölkerung, die mehr Pollen ausgesetzt war, so gut wie nie. Im Vergleich zu den Fünfzigerjahren hat sich der Prozentsatz der Menschen, die an Heuschnupfen oder an Multipler Sklerose, Morbus Crohn, Lebensmittelallergien, Typ-1-Diabetes und Asthma leiden, ungefähr verdreifacht.

Autoimmunkrankheiten und Allergien haben zweifellos gleichzeitig mit der Industrialisierung zugenommen. Heute leiden in westlichen Ländern zehn Prozent aller Vorschulkinder an Nahrungsmittelallergien; in aufstrebenden Ökonomien, wie etwa China, steigen die Zahlen. In Europa und Nordamerika ist Typ-1-Diabetes wesentlich weiter verbreitet als in der übrigen Welt; in Europa steigt die Zahl der betroffenen Kinder jährlich um drei Prozent. Colitis ulcerosa und Morbus Crohn treten in Westeuropa doppelt so häufig auf wie in Osteuropa.

Eine 2008 begonnene, bahnbrechende Langzeitstudie an Kindern hat näher untersucht, welchen Einfluss eine naturferne Lebensweise und Industrialisierungsprozesse auf diese Erkrankungen haben. Die beobachteten Kinder lebten in drei verschiedenen Ländern, in denen der genetische Hintergrund ähnlich, Typ-1-Diabetes und Allergien aber sehr unterschiedlich verbreitet waren: im industrialisierten Finnland (wo beide Krankheiten häufig sind), dem sich rasch modernisierenden Estland (wo die Häufigkeit von beidem steigt) und Russland (wo beide Krankheiten vergleichsweise selten sind). Für die Studie wurden bei mehr als zweihundert Kindern in den ersten drei Lebensjahren monatlich Stuhlproben untersucht. Wie sich herausstellte, unterschieden sich die Darmmikroben der finnischen und estländischen Kinder deutlich von denen der russischen. Das könnte die Erklärung für die unterschiedliche Krankheitsverbreitung sein, also nicht andere Gene, sondern andere Umweltreize.

Die Belege dafür, dass man es mit der Hygiene auch übertreiben kann, nehmen zu, und doch sind manche Fachleute besorgt darüber, welche Konsequenzen eine solche Erkenntnis haben könnte. So wie Sally Bloomfield, die sich selbst als Hygieneverfechterin bezeichnet. Sie ist Honorarprofessorin an derselben Londoner School of Hygiene and Tropical Medicine, an der David Strachan seine Theorie entwickelte. Als ich am Telefon die »Hygiene-Hypothese« erwähne, schaudert sie hörbar. Den Begriff könne man leicht so verstehen, als sei Hygiene grundsätzlich schlecht, sagt sie, und das könne uns ins vorindustrielle Zeitalter der Infektionskrankheiten zurückkatapultieren, was noch immer, wenn auch seltener, zu katastrophalen Pandemien führen könne.

Wie viele, die im Bereich der Hygiene forschen, hat Bloomfield für die Seifenindustrie gearbeitet, sieben Jahre für Unilever in Port Sunlight. Auch die umfangreiche Forschung der in Kapitel II bereits erwähnten »Ekelogin« Val Curtis wurde teils von der Industrie gesponsert, sie arbeitete zudem an Kampagnen zur Förderung des Händewaschens von Procter and Gamble, Colgate-Palmolive und Unilever. Ich erwähne das aus Transparenzgründen, unterstelle aber damit nicht, dass es keine aufrichtige wissenschaftliche Zusammenarbeit gibt. Bloomfield vertritt einen gemäßigten Ansatz, eine »gezielte Hygiene«, die vor allem der Verbreitung von Krankheiten entgegenwirken soll. Dazu gehören regelmäßiges Händewaschen und das tägliche Wechseln der Handtücher für die Hände, aber nicht unbedingt Baden oder Duschen. Wie sie einräumt, fangen wir gerade erst an zu verstehen, welche Umweltreize gut für uns sind und welche nicht: von welchen wir unsere Umgebung säubern und welchen wir uns freudig aussetzen sollten. Es komme auf ein gesundes Gleichgewicht an und dafür könne man nicht einfach nur weniger tun.

Auf meine Frage, ob wir es mit der Reinlichkeit nicht übertreiben, gibt Bloomfield zu bedenken, dass wir doch Generation für Generation länger leben und uns immer länger einer guten Gesundheit erfreuen. Möglicherweise, räumt sie ein, tun wir tatsächlich ein bisschen zu viel des Guten und schaffen damit einige neue Probleme, aber letzten Endes gehe es doch darum, länger zu leben.

***

Als ich das Land der Amischen verlasse, mache ich mich zu einem geheimnisumwobenen, hoch gesicherten Gelände gleich außerhalb von Chicago auf: dem Argonne National Laboratory. Argonne, ein gigantischer Komplex aus Gebäuden, die Area 400 oder Area 500 heißen, wurde von der US-Regierung 1942 als Teil des »Manhattan Project« gegründet.

Am Eingangstor begrüßt mich eine bewaffnete Sicherheitsfrau und fragt mich nach dem Zweck meines Besuchs. Ich sei ein neugieriger Steuerzahler, antworte ich, aber sie lacht nicht, sondern fordert mich auf, zu wenden und zum Sicherheitsbüro zurückzufahren, wo man mich überprüfen werde. Mein Mietwagen wird durchsucht, aber schließlich öffnet sich das Tor, und ich darf auf das labyrinthische Gelände. Ich schaue mich um, ob ich irgendwo Hinweise auf geheime staatliche Aktivitäten entdecke, die solche Sicherheitsmaßnahmen notwendig machen würden: eine verirrte Tasche am Straßenrand mit humanoiden Organen, ein auf einem Feld vergessenes militärisches Hoverboard, das entfernte Gackern eines verrückten Wissenschaftlers.

Wie ich später erfahre, wurde in Argonne nicht nur lange an geheimen Atomprojekten gearbeitet, hier wurden auch die Elemente

99 und 100 entdeckt und das erste Neutrino sichtbar gemacht. Hier befanden sich der Protonenbeschleuniger Zero Gradient Synchrotron, an dem Physiker*innen subatomare Teilchen beobachten konnten, und der erste Atomreaktor, der Brennstoffe wiederaufbereiten konnte, also Atommüll verringern und ähnliche Katastrophen wie in Tschernobyl und Three Mile Island verhindern. In Argonne wird bis heute im Bereich der nationalen Sicherheit geforscht, etwa an der Abwehr von Bioterrorismus und Cyberattacken.

Und genau dort studiert Jack Gilbert die Mikroben, die unsere Haut und unseren Darm bevölkern. Schließlich finde ich das Gebäude, wo seine Labore und das Büro sind, von außen sieht es aus wie eine Lagerhalle. Als ich die Eingangstür öffne, höre ich, wie jemand am Ende eines langen Gangs mit wissenschaftlichen Abbildungen von Doppelhelix und Viren an den Wänden meinen Namen ruft. Gilbert kommt winkend und großen Schrittes auf mich zu. Dann ein kurzes peinliches Schweigen, wie immer, wenn man jemanden zu früh begrüßt und nicht weiß, was man sagen, ob man Blickkontakt suchen soll.

Gilbert trägt Jeans, Sneakers und ein braunes T-Shirt, er ist unrasiert, das Haar zerzaust. Er riecht nicht schlecht, sieht auch nicht ungesund aus, eher als sei es ihm komplett egal, was ich von ihm halte, weil er, sobald er morgens aufwacht, Wichtigeres zu tun hat. Anders gesagt, er ist Wissenschaftler.

Gilbert ist eine Art Wunderkind auf dem Gebiet der Mikrobiome. Bei unserem Treffen ist er einundvierzig Jahre alt, ordentlicher Professor an der University of Chicago und leitet fünf angeschlossene mikrobiologische Labore, darunter das in Argonne. Er arbeitete gemeinsam mit Mark Holbreich und Erika von Mutius an der Allergiestudie der Amischen.

»Also, ich dusche«, kommt er gleich zum Punkt. »Ich dusche, auch wenn ich weiß, was das für Folgen haben kann. Nicht jeden Tag, und ich nehme nicht viel Seife. Ab und zu wasche ich mir die Haare mit Shampoo, aber nur mit einem sehr, sehr milden.«

Wir seien immer, so Gilbert, mit Mikroben übersät, auch beim Duschen. Jedes Mal, wenn wir Mikroben von unserer Haut abwaschen, schaffen wir Platz für neue, auch pathogene Mikroben. Man könne sich die Haut wie eine Hausparty vorstellen (manche tun das). Wenn man Platz für zwanzig Gäste hat, möchte man mindestens zwanzig Leute einladen, die man irgendwie mag, damit kein Platz für die anderen bleibt, die man eher nicht mag, mit denen man vielleicht hinterher endlos in der Küche rumhängen muss, die am nächsten Morgen Frühstück wollen, das Badezimmer in ein Chaos verwandeln und vielleicht noch das ganze Haus abfackeln.

Und sogar wenn wir allein leben und nichts anfassen, so Gilbert, werden wir von Bakterien besiedelt. »Wir alle atmen Mikroben ein«, sagt er. »Und bei Smog atmen wir ganz andere Bakterien und Pilze ein, jene, die besonders gut auf den Aerosolen gedeihen. Normalerweise bekommen wir dadurch zwar keine Krankheiten wie die Grippe, aber sie können unser Immunsystem reizen.«

Wenn man etwa in Peking an einem versmogten Tag das Fenster öffnet, so Gilbert, können die Bakterien und Pilze in der Luft höchst pathogen oder krankheitserregend sein. Und wenn man eine Menge neuer Mikroben einatmet, die der Körper nicht kennt, könne das auch eine Autoimmunreaktion auslösen. So wie das Immunsystem bei Nahrungsmittelallergien aus dem Ruder läuft. Pilze und Bakterien, so Gilbert, gedeihen auch auf Partikeln in der Luft, die beim Verbrennen fossiler Brennstoffe entstehen, prächtig. »Und wir atmen damit ganz andere Mikroben ein als die, an die sich unsere Vorfahren bereits gewöhnt haben.«

Kurz vor unserem Treffen hatte Gilbert noch mit Procter and Gamble telefoniert. Gemeinsam mit dem Unternehmen arbeitet er daran, die Raumluft in Wohnungen zu verbessern. Natürlich möchte niemand Smog einatmen, aber eine supergefilterte Luft ohne jede Mikrobe ist wohl auch nicht ideal.

Im Grunde ist Gilbert für den goldenen Mittelweg: »Ich lasse meine Kinder impfen, weil ich nicht will, dass sie sterben. Ich bringe ihnen bei, sich nach dem Klo die Hände zu waschen, für den Fall, dass gerade ein Virus oder eine bakterielle Krankheit umgeht. Aber muss ich meine Küche nach jedem Kochen desinfizieren? Wenn man dort ein Huhn zerlegt hat, kann man die Fläche mit warmem Seifenwasser reinigen, aber muss ich sie desinfizieren? Nein.«

Würde man alle Bakterien auf der Arbeitsplatte abtöten wollen, so Gilbert, müsste man ein Desinfektionsmittel wie Clorox ungefähr zehn Minuten einwirken lassen. Wenn wir, wie üblicherweise, nur einmal schnell drüberwischen, kann das Produkt nicht »99,9 Prozent aller Keime abtöten«.

Sowohl die Idee dahinter als auch die Umsetzung sind unsinnig, so Gilbert. Und langsam bekommen wir das ganze Ausmaß der Folgen zu spüren.

***

»Kennen Sie Lifebuoy?«, fragt mich Luis Spitz mehr rhetorisch, denn er geht davon aus, dass ich es kenne.

Als ich verneine, blickt er mir tief in die Augen und wedelt mit dem Finger vor meiner Nase herum.

»Lifebuoy müssen Sie doch kennen! Sie sind Arzt, schreiben ein Buch über Seife und kennen Lifebuoy nicht?«, schimpft er. »Das sollten Sie aber.«

Eilig führt er mich durch sein weitläufiges Untergeschoss voller Seifen-Memorabilien und bleibt in einem Gang mit Straßenbahnwerbungen stehen. Ende des 19. Jahrhunderts hatten die Wagen oberhalb der Fenster Metallschlitze, in die Werbeschilder gesteckt wurden (so ähnlich wie heute in der New Yorker U-Bahn für Perfectil und anderes geworben wird). Die Schilder für »Lifebuoy Health Soap« unterscheiden sich von anderen durch ihre Gesundheitsversprechen. Auf einem sieht man eine lächelnde Familie, daneben der Slogan: »Familien, die Lifebuoy verwenden, haben seltener Erkältungen und Fieber.« Damals gab es noch keine Antibiotika, und Fieber konnte tödlich sein, darum lachte man nicht über solche Slogans. Auf einem anderen Schild sagt eine Frau zu einem Kind: »Kinder müssen sich vor dem Essen die Hände *reinigen*.«

Mehr als jede andere Marke, so Spitz, verkaufte Lifebuoy seine Seifen als Medizin. Mit den Lifebuoy-Werbetexten und der Rettungsring-Symbolik* wurde zwischen der Seife und der Welt der Gesundheit eine ganz bestimmte Verbindung hergestellt. Die Keimtheorie war damals noch sehr jung, aber Lifebuoy und andere Seifenhersteller, die dem Beispiel folgten, taten mehr für ihre Verbreitung als jede wissenschaftliche Meldung.

Lifebuoy wurde 1894 von den Lever Brothers in Großbritannien auf den Markt gebracht. Als aktiven Wirkstoff enthielt die Seife Karbol, das heutige Phenol, das aus Steinkohlenteer gewonnen wurde und das der englische Arzt Joseph Lister (der Namensvetter von Listerine) eigentlich als nützliches Antiseptikum für den Operationssaal entdeckt hatte. Das Karbol verlieh Lifebuoy auch die charakteristische rote Farbe. Bald wurde die Seife in den USA hergestellt und dort als »Freund der Gesundheit« und »Lebensretter« vermarktet. Im Jahr 1915 wurde sie schließlich in »Lifebuoy Health Soap« umgetauft. Auch der heute allgegenwärtige Begriff der »Hautgesundheit« tauchte meines Wissens erstmals in einer Lifebuoy-Werbung auf.

Die Seife verkaufte sich besonders gut, da sie zur Zeit der Spanischen Grippe auf den Markt kam, an der 1918 über 50 Millionen Menschen starben. Noch heute gehört sie dank ihrer starken Assoziation mit Gesundheit zu den meistverkauften Seifen der Welt, obwohl sie kein Karbol mehr enthält und in den USA nicht mehr vertrieben wird. In Indien etwa ist Lifebuoy eine der stärksten Unilever-Marken. Dort wird sie als Schutz vor Magen-, Augen- und Atemwegsinfekten vermarktet.

* Anm. der Übersetzerin: Lifebuoy bedeutet Rettungsring, und ein solcher war in den Werbungen auch abgebildet.

Bis heute ist die Marke vor allem für ihr Werbeversprechen bekannt, die Gesundheit zu fördern und Krankheitserreger zu bekämpfen, aber die größte Schwungkraft entwickelte eigentlich ein Ereignis in einer Umkleide. Angeblich betrat der Bruder des damaligen Präsidenten von Lever Brothers nach einer Golfpartie an einem heißen Sommertag die Umkleide und sei, so Spitz, »von dem Gestank angewidert gewesen«. Ein typischer »Aha-Moment«, seine Sinne waren von Furchtbarem überwältigt, es musste sofort eine Lösung her.

Schon bald erschienen die ersten Lifebuoy-Anzeigen, die Abhilfe gegen »Schweißgeruch« versprachen. Wenig später wurde daraus die allgemeinere Bezeichnung »Körpergeruch« – Body Odors – und schließlich die Abkürzung »B.O.«. Lifebuoy habe, so Spitz, die Vorstellung von Körpergeruch, der bis heute ein Werbebegriff sei, erst populär gemacht. Und stieg damit in die oberste Seifenliga auf. Von 1926 bis 1930 vervierfachte sich der Absatz.

Der Begriff war so überzeugend und die subtile Werbebotschaft so machtvoll, dass die Seife vorsichtshalber auch von Leuten gekauft wurde, die mit ihrem Körpergeruch gar kein Problem hatten. Das Marketing setzte auf Angst und Unsicherheit, eine Strategie, die in der Branche später die Oberhand gewinnen sollte.

Aus dem Begriff »deodorancy« von Lifebuoy wurde später »deodorant«, woraus ein gesondertes Produkt entstand, das heute von den meisten, neben Seife, bei der täglichen Körperpflege benutzt wird. Körpergeruch, so das Konzept, entstehe durch Bakterien und könne nur durch Seife mit antibakterieller Wirkung beseitigt werden.

Auf das Marketingkonzept, das keineswegs wissenschaftlich fundiert war, wurden auch andere aufmerksam. Angesichts des kometenhaften Aufstiegs von Lifebuoy entschied sich etwa das Fleischverarbeitungsunternehmen Armour aus Chicago, ins Deo-Business einzusteigen. Armour stellte schon seit einigen Jahren aus seinen überschüssigen Tierfetten Seifen her. Nun mischte es Hexachlorophen darunter und behauptete, sein Produkt könne Körpergeruch nachweislich vermindern. Dial kam 1948 auf den Markt. Der Name gemahnte an ein Zifferblatt und das Produkt versprach »Frische rund um die Uhr«. In der ersten Werbung hieß es: »Stoppt den Körpergeruch, ehe er entsteht.«

Schon drei Jahre nach der Markteinführung, so Spitz, schaffte es Dial, Lifebuoy als beliebteste antibakterielle Seife zu überholen. Armour investierte viel in Werbung, in den ersten beiden Jahren machte das Unternehmen drei Millionen US-Dollar Verlust, doch 1953 betrug der Gewinn schon vier Millionen US-Dollar. Die Amerikaner*innen begeisterten sich für die Idee, Keime abzutöten, und machten Dial zur meistverkauften Seife im Land.

Dial wurde auch die erste »Seife des Raumzeitalters«. Beim ersten bemannten Raumflug der USA 1961 hatte Alan Shepard ein Stück Dial-Seife dabei. Von da an gab es natürlich kein Zurück mehr. Wir waren im Weltraum, und wir desinfizierten uns unter der Dusche.

Kurze Zeit später entdeckten auch Procter and Gamble das Deo-Seifen-Feld für sich. Im Jahr 1963 brachten sie Safeguard, die »Neue desodorierende und antibakterielle Seife«, auf den Markt. Sie enthielt das Antibiotikum Triclocarban. Damals fragte sich kaum jemand, ob man wirklich täglich Antibiotika auf die Haut reiben sollte, selbst dann nicht, als Studien zeigten, dass bei Menschen, die Hexachlorophen-Seifen und -Deos benutzten, sich der Stoff auf der Haut anreicherte. In den Siebzigerjahren stellten Studien schließlich fest, dass Hexachlorophen durch die Haut bis in den Körper gelangen und das Nervensystem angreifen konnte.

Die FDA rief 1972 alle Konsumgüter zurück, die mehr als 0,75 Prozent Hexachlorophen enthielten. Sie verfügte allerdings über kein Register, das Auskunft über Produktzusammensetzungen oder Inhaltsstoffmengen gab. Die Unternehmen meldeten der FDA nur freiwillig, welche Inhaltsstoffe sie verwenden, so wie heute auch. Zum Zeitpunkt des FDA-Aufrufs wurden, so ein Historiker, jedes Jahr 2000 Tonnen Hexachlorophen in medizinischen und kosmetischen Produkten verarbeitet.

Nach diesem Desaster wurde Hexachlorophen durch ein anderes antimikrobielles Mittel ersetzt, Triclosan. Es habe, so versprach man den Konsument*innen, dieselbe Wirkung und sei zudem hexachlorophenfrei. Business as usual. Triclosan wurde zum üblichen Inhaltsstoff in »antibakteriellen« Flüssigseifen, fand aber auch Verwendung in vielen anderen Konsumgütern wie Kleidung, Küchenutensilien, Möbeln oder Spielzeug. Jahrzehntelang gossen wir den Stoff auf unsere Hände, spülten ihn in die Kanalisation, reicherten sich Grundwasser und Böden damit an.

Tierstudien haben gezeigt, dass Triclosan die Funktionsweise mancher Hormone verändern kann, was die Frage aufwarf, ob vergleichbare Wirkungen auch beim Menschen auftreten. Laut einer Studie, die 2014 in dem angesehenen Wissenschaftsjournal *Proceedings of the National Academy of Sciences* veröffentlicht wurde, könnte der Gebrauch mancher antibakteriellen Seifen sogar die Entwicklung von Lebertumoren fördern. Als Übeltäter machte die Studie Triclosan aus. Schon länger wurde der Stoff mit Allergien bei Kindern und Störungen hormoneller Botenstoffe in Zusammenhang gebracht, die bei Brustkrebs, Schilddrüsenfehlfunktionen und Gewichtszunahme eine Rolle spielen.

Doch 2014 konnte man längst nicht mehr verhindern, dass Menschen Triclosan ausgesetzt wurden, selbst wenn man darauf geachtet und versucht hätte, es zu vermeiden. Und die meisten wussten auch gar nichts davon. Sie dachten, sie täten sich mit einer etwas teureren antibakteriellen Seife etwas Gutes.

»Was uns daran damals interessiert hat, war die Allgegenwärtigkeit von Triclosan«, erklärte mir Forschungsleiter Robert Tukey, Professor an der University of California in San Diego. »Triclosan ist wirklich überall.«

Da Triclosan jahrelang in so vielen Produkten verwendet wurde, gehört es heute zu den häufigsten chemischen Stoffen in unseren Flüssen. Im Rahmen einer landesweiten Gesundheitsstudie durch die amerikanische Gesundheitsbehörde Centers for Disease Control and Prevention von 2009 wurde im Urin von fast drei Vierteln aller Proband*innen Triclosan nachgewiesen. Und bei einer Studie von 2014 entdeckte man Spuren von Triclosan sogar im Urin aller in Brooklyn getesteten Schwangeren.

»Wir behaupten nicht, dass Triclosan Krebs verursacht«, betonte Tukey. »Wir sagen nur, dass der ständige Kontakt mit diesem in unserer Umwelt allgegenwärtigen Stoff die Tumorentwicklung fördern kann.«

Die Hersteller antimikrobieller Seifen wurden von der FDA erst im Jahr 2013 aufgefordert, ihr Produktversprechen zu untermauern und zu belegen, dass die antimikrobiellen Stoffe überhaupt etwas nützten. In einer Mitteilung der Behörde hieß es: »Obwohl Konsument*innen diese Produkte im Allgemeinen für ein wirksames Mittel gegen die Verbreitung von Krankheitserregern halten, gibt es aktuell keine Belege dafür, dass sie wirksamer sind als einfaches Waschen mit Wasser und Seife.«

Die Hersteller konnten so gut wie keine Belege liefern. Nach einem langen Beratungsprozess verbannte die FDA schließlich Triclosan, Hexachlorophen und siebzehn weitere »antimikrobielle« Inhaltsstoffe aus regulären Seifen, da ihre Unbedenklichkeit nicht ausreichend belegt sei, wohl aber ihre Schädlichkeit. Seit 2017 sind die Inhaltsstoffe nicht mehr zulässig.[12]

Doch bei dem Problem geht es nicht nur um Produkte, die Bakterien abtöten sollen. Wir setzen uns und unsere Umwelt darüber hinaus regelmäßig Konservierungsstoffen mit antimikrobieller Wirkung aus. Seit den Fünfzigerjahren werden in zahlreichen Pflege- und Beautyprodukten wie Deos, Make-up, Zahnpasta und Shampoo, aber auch in abgepackten Lebensmitteln Parabene als synthetische Konservierungsstoffe eingesetzt. Auf dem Etikett sind sie als Methylparaben, Ethylparaben, Propylparaben oder Butylparaben aufgeführt. Lebensmittel und Körperpflegeprodukte sollen damit haltbar und somit für jeden erschwinglich und verfügbar sein.

Eine lobenswerte Absicht, aber dadurch haben wir heute alle Parabene im Blut. Die einzelnen Produkte enthalten zwar normalerweise nur winzige Mengen unterhalb der von der FDA festgelegten »Unbedenklichkeitsgrenze« und stellen keine erkennbare Gefahr da. Doch dass wir den Parabenen unzähliger Produkte über Jahre und Jahrzehnte hinweg ausgesetzt ist, bereitet vielen Sorgen. Viele Fachleute für Umweltgesundheit befürchten, dass die Parabene unsere Körper überlasten und so zur Entwicklung zahlreicher gesundheitlicher Probleme beitragen können. Wie schädlich Parabene genau sind, lässt sich kaum bestimmen, aber da sie die Wirkung von Östrogen nachahmen, sehen zahlreiche Studien einen Zusammenhang mit dem Brustkrebsrisiko und einer Reproduktionstoxizität, also einer Beeinträchtigung der Fortpflanzungsfähigkeit durch einen gestörten Hormonhaushalt.

Parabene werden gezielt als antimikrobielle Stoffe entwickelt und töten zahlreiche Bakterien und Pilze ab. Die Frage ist also nicht, ob solche Stoffe und Verfahren unser Mikrobiom und Immunsystem beeinflussen, sondern was genau das für uns bedeutet. Wie das Amerikanische Institut für Allergie und Infektionskrankheiten festgestellt hat, können parabenhaltige Produkte auf gesunder Haut das Wachstum von *Roseomonas mucosa* blockieren. Das Bakterium trägt zu einer verbesserten Schutzfunktion der Haut bei und kann das bei Neurodermitis gut gedeihende *Staph. aureus* abtöten. Im Jahr 2018 äußerten die Forschenden den Verdacht, dass es durch diese Wechselwirkung zu einer größeren Anfälligkeit für Neurodermitis-Schübe kommen könne.

Wie genau sich unser Mikrobiom durch Parabene verändert hat, lässt sich allerdings nicht sagen. Dazu sind unsere individuellen Mikrobiome zu unterschiedlich und komplex. Zudem kann niemand behaupten, wirklich frei von Parabenen zu sein. Viele Gesundheitsaktivist*innen fordern von der FDA, den Verkauf parabenhaltiger Produkte in den USA zu verbieten. In der Europäischen Union ist dies schon seit 2012 der Fall. Doch aufgrund des wirtschaftlichen

Einflusses der Industrie auf die amerikanische Politik ist eine solche Vorschrift in den USA eher unwahrscheinlich.

Andererseits haben antimikrobielle Konservierungsstoffe mit Sicherheit zahlreiche Nahrungsmittelvergiftungen und viel Abfall verhindert. Die Nettobilanz der Stoffe muss also nicht unbedingt negativ ausfallen. Doch die möglichen Langzeitfolgen sollten uns eine Warnung sein. Wenn wir antimikrobielle Produkte auf unsere Haut auftragen, geschweige denn jeden Winkel unserer Umwelt damit tränken, kann das beträchtliche Folgen haben.

***

Graham Rook, emeritierter Professor für medizinische Mikrobiologie am University College London, ist der führende Kopf einer Initiative, die die Menschen dazu bewegen will, sich der biologischen Diversität auf und in ihrem Körper besser bewusst zu werden und sich ihr wieder vermehrt auszusetzen.

Es sei an der Zeit, erklärte er 2016 gemeinsam mit fünf anderen renommierten Immunolog*innen und Fachleuten für Infektionskrankheiten, den Begriff der »Hygiene-Hypothese« aufzugeben und durch die »Alte Freunde«- oder »Biodiversitäts«-Hypothese zu ersetzen. Der Name solle betonen, dass viele Mikroben eigentlich nicht unsere Feinde, sondern einfach nur in und an uns sind, vermutlich, weil sie andere Mikroben unterstützen sollen. Die Mikroben haben sich, so Rook, mit uns entwickelt, und auch die, die nicht unsere Freunde sind, können Freunde von Freunden oder Freundesfreunde von Freunden sein.

Die Biodiversitäts-Hypothese besagt nicht, dass Hygiene per se schlecht sei, sondern dass es schlecht sei, wenn die Vielfalt der Mikrobenwelt schwindet. Denn es bestehe ein Zusammenhang zwischen den heutigen Entzündungs- und Autoimmunkrankheiten und der Tatsache, dass wir den pathogenen, gutartigen oder neutralen Mikroben, mit denen wir uns ursprünglich entwickelt haben, nicht mehr ausgesetzt sind. Und dazu trage nicht nur das Waschen und die Verwendung antibakterieller Produkte bei, sondern ebenso die naturferne, sterile, also gewissenermaßen zu saubere Welt, in der wir heute leben.

Wie mir Rook bei einem Kaffee über Skype erklärt, lernt das Immunsystem durch den frühen, regelmäßigen Kontakt mit Mikroorganismen, angemessen auf Gefahren zu reagieren: »Das heißt nicht, dass kleine Kinder in den Industrieländern nicht mehr genügend Infektionskrankheiten durchmachen, aber sie sind der Mikrobenwelt eben nur noch sehr eingeschränkt ausgesetzt.«

Schon bei der Geburt wird der Darm des Babys von mütterlichen Mikroben besiedelt, und beim Stillen werden Immunzellen weitergegeben. Wenn kleine Kinder engen Kontakt mit Familienmitgliedern haben, im Dreck spielen, von einem Hund abgeleckt werden oder Spielzeug mit Freund*innen teilen, nehmen sie jedes Mal neue Mikroben auf. Und dadurch wird das Immunsystem, das in den ersten fünf Lebensjahren so formbar ist wie ein noch heißes stranggepresstes Seifenstück, erst aufgebaut.

Zudem besteht ein Zusammenhang zwischen einem Kaiserschnitt und einem erhöhten Risiko für Allergien und Asthma, während Haustiere eher davor schützen. Auch der Gebrauch von Antibiotika in der Jugend, die ja nicht nur die Krankheitserreger abtöten, wird mit Asthma, Kuhmilchallergie, chronisch-entzündlichen Darmerkrankungen (CED) und Neurodermitis in Zusammenhang gebracht. Natürlich sei die Sauberkeit Teil des Problems, so Rook, aber ebenso würden die Mikroben im Darm durch unsere ballaststoffarme Nahrung verändert und sämtliche Mikroben in und auf unserem Körper durch Antibiotika.

Unsere alten Freunde aufzusuchen, heißt aber nicht, man solle sich gefährlichen Infektionskrankheiten aussetzen. Seit einigen Jahren propagieren kleinere Gruppen, man solle sich zur Stärkung des Immunsystems und im Idealfall zur Behandlung von Autoimmunkrankheiten bewusst mit Parasiten und Ähnlichem anstecken. Eine interessante Idee, die aber von keiner Gesundheitsbehörde oder -institution unterstützt wird: Der Nutzen ist ungewiss, die Gefahren aber sind sehr real. Genauso wenig sollte man wohl absichtlich jemandem ins Gesicht niesen. Und das wissen die Leute ja auch, normalerweise fängt man sich keine Infekte ein, weil man angeniest wurde. Andererseits sterben weltweit jährlich Millionen von Menschen an Grippe und anderen Viruserkrankungen, und dabei ließen sich viele Infektionsketten durch einfaches Händewaschen unterbrechen und so zahlreiche Krankheitsfälle verhindern.

Doch zu viel Abschottung und Rückzug, zu viel Seife und Antibiotika können genauso schädlich sein. Der beste Rat ist wohl, in puncto Hygiene so ähnlich zu denken wie in der Medizin: Manchmal ist sie extrem wichtig, man kann es aber auch übertreiben. Das gilt auch für den Kontakt mit Mikroben. Historisch gesehen waren die Gefahren, die von ihnen ausgingen, viel größer als die einer übertriebenen Reinlichkeit. Heute ist es in vielen Teilen der Welt umgekehrt. Wie viele Mikroben sind also gesund, und wie können wir uns ihnen aussetzen, ohne uns in Gefahr zu begeben?

Jenni Lehtimäki ist ein aufstrebender Stern der Hautbiom-Forschung. In ihren Arbeiten geht sie vor allem der Frage nach, welche vermittelnde Rolle Mikroben für unsere Beziehung zur Umwelt spielen.

Ihre Forschungsgruppe an der Universität Helsinki konnte als eine der ersten zeigen, dass die Mikrobenpopulationen auf unserer Haut Einfluss auf unseren gesamten Körper haben. Als Lehtimäki Mäuse dem Bakterium *Actinobacteria* aussetzte, konnte sie geringe, aber messbare Auswirkungen auf die Immunreaktion nachweisen.

Von Haus aus ist Lehtimäki Ökologin und Evolutionsbiologin. Ihr Interesse für Hautmikroben wurde geweckt, als ihr klar wurde, dass es einen Zusammenhang zwischen Mikroben, Allergien und unserer Lebensumwelt gibt. Ihr Forschungsteam untersuchte kürzlich Hunde in städtischen und ländlichen Gegenden Finnlands. Wie sich zeigte, hatten die Hunde auf dem Land ein geringeres Allergierisiko. Doch offenbar kam es nicht nur auf den Ort an. Auch die Lebensweise, etwa wie viel Zeit die Hunde draußen oder mit anderen Tieren verbrachten, hatte Einfluss auf das Allergierisiko.

Die Biodiversitäts-Hypothese heißt für Lehtimäki vor allem, dass die Mikroben die Hauptakteure beim Aufbau unseres Immunsystems sind. Erste Studien zeigen, dass unser Mikrobiom nur sehr schwer dauerhaft verändert werden kann, aber bereits ein kurzzeitiger Kontakt eine deutliche Wirkung hat. Selbst wenn die Mikroben nicht dauerhaft an uns haften bleiben, stimuliert ihr Kontakt mit unserer Haut und der Darmschleimhaut unser Immunsystem.

Für die Praxis bedeuten diese Ergebnisse, dass wir uns wohl in einem anhaltenden, aktiven Prozess um einen gesunden Kontakt mit Mikroben – und damit ein gesundes Immunsystem – bemühen müssen. Wenn jemand sehr isoliert lebt und sein klimatisiertes Hochhaus kaum verlässt, ist es höchst unwahrscheinlich, dass er sich ein vielfältiges Mikrobiom bewahren kann. Lehtimäkis Forschungen konnten zudem erklären, warum manches, was schon immer als gesundheitsfördernd galt, es tatsächlich auch ist. Wenn wir den Kontakt zur Natur pflegen, Haustiere halten, gemeinschaftlich wohnen oder ins Grüne gehen, wirkt sich das auf unser Mikrobiom aus. Im Grunde ist es eine Erweiterung der Natur.

Und auch mit den Menschen, mit denen wir zusammenleben, teilen wir das gleiche Mikrobiom. Als Forschende der University of Waterloo 2017 im Rahmen einer Studie Hautabstriche von zusammen und getrennt lebenden Paaren nahmen, stellten sie fest, dass zusammenwohnende Paare ähnliche Biome besaßen. Ob ein Paar zusammenlebte oder nicht, konnte der Forschungsleiter Josh Neufeld dank maschinellen Lernens mit 86-prozentiger Genauigkeit allein anhand ihres Mikrobiomprofils erkennen. Die Mikrobiome am Fuß seien am ähnlichsten, sagte er, vermutlich weil Zusammenlebende über denselben Fußboden mit denselben Mikroben gehen. Menschen, die mit mehreren anderen zusammenwohnen, haben generell ein vielfältigeres Mikrobiom, aber auch, wer Haustiere hat, weniger Alkohol trinkt und mehr Sport treibt.

So wie mir Mark Holbreich, der Co-Autor der Amischen-Studie, sagte: »Wenn man sich die Aborigines anschaut, unterscheidet sich ihr Mikrobiom sehr stark von dem der Städter*innen. Doch wenn sie in die Stadt ziehen, verändert sich ihr Mikrobiom in nur wenigen Tagen. Das gilt für die ganze Familie und die ganze Wohnung. Das Mikrobiom ist ein sehr lebendiges Organ.«

Lehtimäki beschäftigt sich auch damit, wie wir die Mikrobenflora in unseren Wohnungen und Büros so beeinflussen können, dass wir dort mehr Mikroben ausgesetzt sind. Dabei bleibt sie pragmatisch: »Der Mensch ist bequem und will nicht zu viel tun, darum sollte man die Mikroben am besten irgendwie ins Haus bringen.« So haben einige Forschende versucht, Teppiche mit »guten Mikroben« in Häusern und Wohnungen auszulegen.

Dann wären da noch die Teppiche, die laufen und lieben können, Hunde genannt. Wie Lehtimäki bei ihrer Hundestudie in Finnland herausfand, haben Hundebesitzer*innen ein höheres Allergierisiko als der Durchschnitt, wenn auch ihr Hund an einer Allergie leidet. Vermutlich, weil sie in derselben mikrobiotischen Umgebung leben.

Ein engerer Kontakt zur Natur hat offenbar sehr weitreichende Auswirkungen auf unsere Gesundheit. Mehrere Studien zeigen, dass es einen Zusammenhang gibt zwischen dem Kontakt zur Natur und dem subjektiven Gesundheitsgefühl, der Geburtenrate und einer niedrigeren Sterblichkeit. Eine Metaanalyse von 2018 entdeckte zudem einen statistisch signifikanten Zusammenhang zwischen dem Kontakt zur Natur und niedrigerem Blutdruck, Puls und Cortisolspiegel, sowie dem selteren Auftreten von Typ-2-Diabetes und Tod durch Herz-Kreislauf-Erkrankungen.

Sport im Freien könnte also einen gesundheitlichen Nutzen haben, der sich im Fitnessstudio nicht erzielen lässt. In Großbritannien hat Diana Bowler gemeinsam mit anderen viel auf diesem Gebiet geforscht. Bei einem Vergleich von Sport in einer »natürlichen« und einer »künstlichen« Umgebung kam die Gruppe zu dem Schluss, dass Spazierengehen oder Joggen im Freien »einen höheren gesundheitlichen Nutzen haben kann als dieselbe Aktivität im Innenraum«. Bei einer anderen Metaanalyse von Walking-Gruppen schnitten die Outdoor-Gruppen hinsichtlich Blutdruck- und Körperfettwerten signifikant besser ab als die Indoor-Gruppen. Demnach bietet »das Gehen in der Natur oder im Park mehr gesundheitliche Vorteile als in einer städtischen Umgebung oder auf dem Laufband«.

Es gibt für die Ergebnisse verschiedene Erklärungen, etwa dass der Aufenthalt in der Natur die Stimmung hebt. Doch Lehtimäki interessiert sich vor allem dafür, welche vermittelnde Rolle die Mikroben dabei spielen könnten. Noch weiß man nicht allzu viel darüber. Sie selbst halte sich möglichst oft draußen auf und verwende möglichst wenig antibakterielle Produkte. Nur selten greife sie zu Deodorant, auch Händedesinfektionsmittel vermeide sie. Und sie dusche, so wie die meisten Mikrobiolog*innen, eher zurückhaltend.

VII. FLÜCHTIGES

Die Heckklappe öffnete sich, aber anders als sonst sprang Daisy, Claire Guests Hündin, nicht sofort aus dem Wagen. Der Golden Retriever legte den Kopf schräg und blickte die junge Wissenschaftlerin an.

»Sie wirkte ein bisschen skeptisch«, erinnert sich Guest, »als würde sie irgendetwas stören.«

Es war ein sonniger Nachmittag im Jahr 2009. Wie so oft, waren sie zu einem nahe gelegenen Londoner Park gefahren. »Sie schaute mir in die Augen, und ich fragte: ›Was ist los?‹«

Guest, damals dreiunddreißig, arbeitete in einem etwas undurchsichtigen medizinischen Forschungsgebiet. Sie beschäftigte sich mit der langlebigen, aber kaum erforschten Annahme, Hunde könnten Krebserkrankungen riechen. Sie zeigten angeblich, wie Guest Berichten aus unterschiedlichen Zeiten entnommen hatte, ein verändertes Verhalten, wenn ihr Herrchen oder Frauchen erkrankt war. Als Biologin wollte sie genauer wissen, was die Hunde tatsächlich wahrnahmen.

Daisy gehörte zum Forschungsprogramm. Die Versuchshunde sollten nicht im Zwinger gehalten werden und kamen darum zu Freiwilligen und Familien. Daisy lebte schon seit einem Jahr bei Guest.

Bei Daisys Reaktion zuckte sie nun sofort zusammen. Ein paar Tage zuvor hatte sie einen kleinen Knoten in der Brust gespürt, aber sie war jung und hatte ihn ignoriert. Doch plötzlich machte es klick. Als das Ergebnis der Biopsie kam, lautete die Diagnose Brustkrebs.

Natürlich hätte Guest niemals gedacht, dass Daisy bei ihr einen Tumor aufspüren würde. Doch nun wurde aus ihrem ungewöhnlichen wissenschaftlichen Interesse eine echte Mission: Sie wollte eine entscheidende Lücke in der modernen Medizin schließen.

Guest, deren Krebserkrankung mittlerweile in Remission ist, arbeitet Tag für Tag mit Hunden, die Krebs und andere Krankheiten aufspüren. Sie gründete eine Forschungsorganisation namens Medical Detection Dogs – Medizinische Spürhunde –, die neben einer Bio-Spürabteilung, in der anhand von Abstrichen oder Gewebeproben eines Menschen bestimmte menschliche Krankheiten erkannt werden, auch über eine Assistenz-Abteilung verfügt, die Hunde darauf schult, mit Menschen zu leben, zu arbeiten und medizinische Notfälle anzuzeigen.

»Ich musste kämpfen, bis das als echte Wissenschaft anerkannt wurde«, sagt Guest, »und man den Biosensor mit flauschigem Fell und wedelndem Schwanz akzeptierte.« Hunde besitzen wesentlich mehr Sinnesrezeptoren als Menschen, und ihr Hirnareal für Gerüche ist erheblich größer. Wäre unser Gehirn ähnlich gebaut, könnten auch wir die flüchtigen chemischen Stoffe, die jeder von uns kontinuierlich aussendet, zuverlässig riechen. Genau diese spüren die Hunde nämlich auf.

Wissenschaftlich spricht man von »flüchtigen organischen Verbindungen« (VOC – Volatile Organic Compound). Es handelt sich dabei um kohlenstoffhaltige Stoffe, die komplexer sind als CO_2 und in der Luft schweben. Sie begleiten alles, was aus unserem Körper kommt, vom Atem über Schleim bis zum Urin, und werden auch von unserer Haut produziert. Gemeinsam bilden sie den unverwechselbaren chemischen Fingerabdruck eines Menschen, sein »Volatolom« (wie Genom oder Mikrobiom; die Endung »-om« bezeichnet allgemein immer häufiger einen großen Satz zusammengehöriger Einzelteile).

Ein Hund kann einen vertrauten Menschen an geringfügigen Unterschieden im Volatolom unter unzähligen anderen erkennen.

Und wenn sich das Volatolom nur ein wenig verändert, spürt er, dass etwas nicht stimmt. Mittlerweile wissen wir, dass unser Körper chemische Signale absondert, die etwas über unseren Gesundheitszustand verraten. Da manche Krankheiten das Volatolom auf ganz bestimmte Weise beeinflussen, kann man Hunde darauf trainieren, solche Veränderungen auch bei Personen zu erschnüffeln, deren normalen Geruch sie nicht kennen.

So hat man Hunde erfolgreich dazu eingesetzt, einen hohen Blutzuckerspiegel bei Diabetikern zu erkennen. Ebenso konnten sie Morbus Addison aufspüren, eine Autoimmunkrankheit, bei der der Körper die Nebennieren angreift, wodurch der Cortisolspiegel rapide sinkt und lebenswichtige Stoffwechselprozesse aus dem Gleichgewicht geraten. Viele Krankheiten sind eher durch einen erhöhten Cortisolspiegel charakterisiert. Wenn Hunde, wie Guest hofft, das aufspüren könnten, könnten sie auch ein hohes Stressniveau erkennen, ein Anzeichen drohender Panikattacken, Herzinfarkte oder Schlaganfälle.

»In Großbritannien stehen Ärzt*innen dem sehr skeptisch gegenüber«, sagt Guest, »aber sobald sie herkommen und den Hunden zusehen, sind sie auf der Stelle beeindruckt.«

Auch Parkinson scheint am Geruch erkennbar zu sein – und offenbar nicht nur für Hunde. Guest trainiert die Hunde schon so lange darauf, dass sie die Krankheit, wie sie sagt, schon selbst riechen könne. Und auch manche Krankenpfleger*innen berichten, dass sie Krebs im späten Stadium am Geruch erkennen können. Dass man solchen Aussagen mit Skepsis begegnet, rührt auch daher, dass die Wissenschaft bis vor Kurzem nicht wusste, was die Leute da überhaupt genau riechen. Und hier könnte das neue Forschungsgebiet des Hautmikrobioms ins Spiel kommen.

Schon vor hundert Jahren gab es Berichte darüber, dass Parkinson den Hauttalg verändere. Das könnte das Mikrobiom beeinflussen und theoretisch auch die vom Ökosystem produzierten, flüchtigen Stoffe. Als ich Guest frage, was sie davon halte, hellt sich ihre

Miene auf: »Das Hautbiom fasziniert mich!« Es werde bestimmt im Zentrum der künftigen Forschung stehen.

Auf welche Weise genau die Haut- und Mundmikroben zu unserem Volatolom beitragen, ist schwer zu sagen, aber mit ziemlicher Sicherheit entsteht es durch eine Mischung aus Nebenprodukten, die der menschliche Stoffwechsel absondert, und der Verstoffwechslung dieser Produkte durch die Mikroben. Sowohl die Mikroben als auch unsere eigenen Körperfunktionen tragen zu den chemischen Stoffen bei, die unser Körper verströmt.

»Ich wäre nicht überrascht, wenn der Geruch eigentlich nicht durch Parkinson selbst entsteht, sondern durch eine Veränderung der Botenstoffe, die wiederum das Mikrobiom verändern«, sagt Guest. »Genauso wenig würde es mich wundern, wenn die Hunde eigentlich die veränderten Bakterien aufspüren, die mit der Krankheit einhergehen.«

Da es dafür zunehmend Belege gibt, erhält Guest immer häufiger interessierte Nachfragen von Forschenden, die es wenigstens auf einen Versuch ankommen lassen wollen. Besonders bei Krankheiten, die behandelbar wären, wenn man sie nur früh genug erkennen würde. So hat eine Forschungsgruppe in Mexiko 2018 benutzte Menstruationsbinden analysiert und festgestellt, dass sich bei Gebärmutterhalskrebs das Volatolom des weiblichen Urogenitaltrakts auf bestimmte Weise verändert. Ursache dafür ist vermutlich eine Veränderung des Vaginalmikrobioms, was wiederum Folge oder sogar Ursache der Krankheit sein könnte.

Auch wenn der Mensch Veränderungen im Volatolom vielleicht nicht riechen kann, Geräte können es. Und auch die Hunde reagieren mit ziemlicher Sicherheit genau darauf.

»Lange hat man solche Vorstellungen als Volksglauben abgetan«, sagt Steve Lindsay, der im Bereich Entomologie und öffentliche Gesundheit an der britischen Durham University forscht. »Hunde können aber weit mehr erkennen als unsere Körpersprache oder Stimmung. Anhand von chemischen Stoffen, die wir absondern, merken sie, ob wir gesund oder krank sind. Manchmal sogar besser als der beste wissenschaftliche Test.«

Lindsay erforscht, wie Insekten unsere Gesundheit beeinflussen. Als er die chemischen Signale untersuchte, anhand derer Mücken kommunizieren, Menschen auswählen und infizieren, wurde er auf den Geruch aufmerksam, der durch die menschlichen Hautbakterien entsteht. Sein Forschungsbereich steht nach Jahren rückläufiger Malariazahlen vor der Herausforderung, dass seit einigen Jahren wieder etwas mehr Menschen an Malaria erkranken.

Malaria verbreitet sich durch einen komplexen Zyklus, bei dem die krankheitserregenden Parasiten von der Stechmücke auf den Menschen und vom Menschen wieder zurück auf die Stechmücke übertragen werden. Jede Mutation der Parasiten versetzt der Entwicklung von Malariatests einen Rückschlag. Neue Malariatypen produzieren dann nicht mehr das Eiweiß, das die Tests erkennen sollen. Man kann die Malariaausbrüche also nur eindämmen, wenn man auch die asymptomatischen Verläufe scheinbar völlig gesunder Träger erkennt, die die Parasiten trotzdem an die Mückenpopulationen weitergeben.

Bei einer Konferenz der Amerikanischen Gesellschaft für Tropenmedizin und Hygiene 2018 in New Orleans stellte eine internationale Forschungsgruppe Erkenntnisse vor, die man früher noch als absurd abgetan hätte. Ein britisches Forschungsteam hatte in Gambia Hunderte Schulkinder auf Malaria getestet und ihnen Socken gegeben, die sie über Nacht tragen sollten. Anschließend wurden die Socken wieder eingesammelt, nach denen infizierter und nicht infizierter Kinder sortiert, nach London geschickt und mehrere Monate eingefroren.

Dann mischten die Forschenden die Socken der kranken mit denen der gesunden Kinder und ließen die Hunde der Organisation Medical Detection Dogs daran schnüffeln. Wenn ein Hund meinte, Malaria erkannt zu haben, hielt er bei dem Socken inne, sonst schnüffelte er weiter. Die Hunde konnten 70 Prozent der Socken infizierter Kinder korrekt ermitteln, und zwar sogar dann, wenn die Parasitenmenge unter der von der Weltgesundheitsorganisation für Schnelltests festgelegten Mindestgrenze lag.

Hunde werden wohl nicht die Blutschnelltests ersetzen, aber der Nachweis, dass wir bei einer Malariainfektion und vermutlich auch anderen Infektionen ein erkennbares chemisches Signal abgeben, war ein wissenschaftlicher Durchbruch. Die charakteristischen Stoffe, so Lindsay, entstehen aller Wahrscheinlichkeit nach durch Veränderungen des Hautbioms. Und er weist auch darauf hin, dass sogar das Blut in den Laborschalen nach der Infizierung mit dem Parasiten andere chemische Signale abgibt.

Mit Hunden, so Lindsay, könnte man Malaria bei Menschen feststellen, die symptomlos erkrankt, aber trotzdem infektiös seien. Allerdings stieße die Methode bei Menschen mit einer Abneigung gegen Hunde an ihre Grenzen. Auch gäbe es in vielen muslimischen Ländern kulturelle Vorbehalte, da Hundespeichel als »schmutzig« gelte, was historisch vermutlich daher rührt, dass er Tollwut überträgt. Tatsächlich ist der Speichel von Hunden, wie der von Menschen und anderen Tieren, voller verdauungsfördernder und zahnschützender Mikroben, die aber bei einem Biss leicht in den fremden Blutkreislauf gelangen können. Ein Biss ist darum ein gefährlicher Angriff. Ohne Antibiotika kann ein Mensch selbst an einer kleinen Bisswunde innerhalb weniger Tage sterben. In den Notfallambulanzen werden Tierbisse darum weltweit sehr ernst genommen. Und man wolle, so Lindsay, schließlich nicht der weiße Typ sein, der in einem afrikanischen Dorf mit einem Hund antanzt und auch noch Dankbarkeit erwartet.

Vielversprechender könnte darum der Ansatz sein, Hunde an den Grenzübergängen zu Ländern einzusetzen, in denen Malaria so gut wie ausgerottet ist. An Flughäfen, Schiffsanlegern oder Bahnhöfen könnten die Hunde Menschen mit Malariaparasiten aufspüren, etwa auf dem Sansibar-Archipel, wo die Malariabekämpfung durch den ständigen Besucherstrom vom Festland verkompliziert wird.

Längerfristig will die geruchsbasierte Diagnosetechnik Hunde allerdings Hunde sein lassen und mit »elektronischen Spürnasen« auskommen, kurz »eNasen«. Die bisherigen Prototypen sehen kein bisschen aus wie Nasen, eher wie Kreditkarten, was den Namen noch seltsamer macht, denn schon die Idee, dass man mit einer »Nase« Krebs oder Malaria erkennen kann, ist nicht gerade selbst erklärend. Doch mein Gehirn ist etwas vorschnell und schon im Marketing-Modus. Ehe die Produkte an Ärzt*innen oder direkt an Patient*innen vermarktet oder verkauft werden können, muss die Wissenschaft noch herausfinden, was genau die Hunde erschnüffeln.

Bei Malaria ändert sich nicht nur unsere Hautchemie, sondern auch unser Atem, dessen Geruch hauptsächlich von den Mikroben in Mund und Kehle abhängt. Wenn Malariaparasiten in uns eindringen, verändern sie auf bisher noch unbekannte Art die Stoffe, die wir normalerweise ausatmen (oder sonst wie abgeben). Wie Biotechnolog*innen der Washington University in St. Louis auf der Tropenmedizin- und Hygiene-Konferenz von 2017 berichteten, besitzen Malariainfizierte einen bestimmten »Atem-Abdruck«. In Malawi gelang es in einem Vorversuch, 83 Prozent aller infizierten Kinder auszumachen.

Im Fall einer Malariainfektion, so die Forschenden, wiesen sechs verschiedene Stoffe, die auch sonst im Atem vorkommen, ein ungewöhnliches Niveau auf. Der Parasit verändere offenbar nicht nur einen wichtigen Stoffwechselprozess, sondern bringe das ganze System aus dem Gleichgewicht.

Außerdem fand sich im Atem der mit dem Parasiten infizierten Kinder etwas Überraschendes, nämlich zwei Arten von Terpen, ein Stoff, der normalerweise in stark duftenden Pflanzen wie Pinien und anderen Nadelbäumen vorkommt. Die eine Terpen-Art ist dafür bekannt, Mücken anzuziehen, die sich vom Nektar der Bäume ernähren. In einem genialen Schachzug, so die Forschenden, »kapern« die Parasiten die Geruchsvorliebe der Mücken, damit diese die infizierten Menschen stechen, so die Parasiten aufnehmen und die Erreger weiterverbreiten.

»Das Terpen gehört vermutlich zur Überlebensstrategie des Parasiten«, sagte Audrey Odom John, Professorin für Medizin an der Washington University, auf der Konferenz. Vielleicht könne man mit dem Stoff, so meinte sie, »die Effektivität von Mückenfallen verbessern«.

Wenn wir abhängig von den Mikroben auf und in unserem Körper Stoffe absondern, die Mücken anziehen können, könnte das nicht nur bei Malaria eine Rolle spielen. Es könnte auch erklären, warum am Lagerfeuer die einen von Mücken zerfressen und andere kaum belästigt werden. Unsere aktuelle Strategie, uns und unsere Wiesen mit giftigen Chemikalien zu besprühen, schreit geradezu nach Verbesserung. Die Lösung, so manche Forschende, könnten unsere Haut- und Mundmikroben sein. Wir sollten sie nicht abtöten, sondern bestimmte bei Mücken besonders beliebte Stoffe überdecken.

So entdeckte etwa die Texas A&M University, dass man durch die Veränderung von *Staphylococcus epidermidis* auf unserer Haut eine Art Tarnkappe erzeugen kann, die verhindert, dass Mücken uns finden. Dazu modifizierte man in einem komplexen Verfahren die chemischen Signale des Bakteriums. Dass das machbar ist, könnte bereits die Insektenschutzbranche verändern. Wie der Entomologe Jeffery Tomberlin sagte: »Vielleicht verändern wir lieber die Botschaften unserer Haut so, dass die Mücke uns nicht mehr für einen guten Wirt hält, als Chemikalien zu entwickeln, die unseren Hautbakterien oder unserer Haut schaden.«

***

Bei der Erforschung unserer Evolutionsgeschichte sehen wir immer wieder, dass wir eine soziale Spezies sind. Wir sind zum Überleben auf andere angewiesen, und selbst unsere persönlichen Mängel lassen sich oft durch ihren Nutzen für die Gemeinschaft erklären. Gesellschaftlich betrachtet ist es immerhin besser, wenn es ein breites

Spektrum an Fähigkeiten und Stärken gibt, als wenn jeder einen 1,0er-Abschluss hätte und keiner mehr eine Toilette reparieren könnte. Doch warum hat die Evolution dann gewollt, dass wir schlecht riechen, sich andere vor uns ekeln und wir sie vertreiben? Selbst wenn wir gar nicht krank sind?

Einem dauerhaft geruchslosen Zustand stehen die wichtigen Rollen entgegen, die die geruchsproduzierenden Bakterien in unserem Leben spielen. Die Evolution wollte nicht, dass wir riechen, aber wir haben uns zusammen mit nützlichen Mikroben entwickelt, die unglücklicherweise manchmal schlechte Gerüche produzieren.

Betrachten wir etwa die Erklärung für den Fußgeruch, die Rob Dunn, Professor für angewandte Ökologie an der North Carolina State University und Co-Autor einer Studie über Hautmilben darlegte. Als riechender Mensch stimme er natürlich der Ansicht zu, so Dunn, dass Fußgeruch besonders abstoßend sein kann. Evolutionär würde sich der Gestank nicht vertreten lassen, wenn er nicht einen verborgenen Überlebensvorteil böte, etwa, dass wir unsere stinkenden Füße früher als Waffe einsetzten. Dafür konnte ich allerdings keinen historischen Beleg entdecken. Doch Dunn bestand darauf, dass ich mich mit der Frage, warum Füße riechen, auseinandersetzte.

Bei anderen Tieren scheint der Fußgeruch einen unmittelbaren Zweck zu verfolgen. So besitzt jede Hummel einen individuellen Fußgeruch, mit dem sie ihren Weg markiert. Artgenossen können dem Fußgeruch folgen, um Nahrung oder zueinander zu finden.

Wenn menschlicher Fußgeruch, so Dunn, weder appetitanregend noch gesellschaftsfördernd sei, dann könnten die geruchsbildenden Bakterien deshalb so verbreitet sein, weil sie für uns einen anderweitigen Nutzen haben. Schließlich sei der Mensch bis vor Kurzem noch überwiegend barfuß gelaufen und konnte Schnitte oder Kratzer davontragen, die sich leicht entzündeten. Als es noch keine Antibiotika gab, waren selbst kleine Enzündungen oft tödlich. Obwohl Pilzinfektionen wie Fußpilz an sich eher ungefährliche Unannehmlichkeiten sind, können bei einem Hautschnitt Pilze in die

Blutbahn gelangen und Schaden anrichten. Harmlose Fußmikroben, die Infektionen vorbeugen, könnten evolutionär daher sinnvoll gewesen sein.

Manche Bakterien produzieren sogar Stoffe mit antifungaler Wirkung. *Bacillus subtilis*, der unsere Füße mitbesiedelt, erzeugt etwa Substanzen, die Fuß- und Nagelpilze abtöten.

Doch leider riecht *B. subtilis* grauenhaft. Ein Großteil des Käsefußgeruchs, so Dunn, rührt von der sogenannten Isovaleriansäure her, die *B. subtilis* durch Verstoffwechslung der Aminosäure Leucin in unserem Schweiß erzeugt. Der Schweiß unserer Füße ist nämlich besonders leucinhaltig. Und das, so Dunn, könnte ein Ergebnis der Co-Evolution zwischen uns und unseren Hautbakterien sein.

Bislang ist das allerdings nur eine Hypothese, doch dahinter steckt die Grundidee, dass unsere Füße nicht grundlos Stoffe wie Leucin absondern und *B. subtilis* nicht dazu da ist, uns zu ärgern und in peinliche Situationen zu bringen.

Vielmehr könnten unsere Füße so viel leucinhaltigen Schweiß produzieren, um spezielle pilzabtötenden Bakterien, die uns vor Infektionen schützen, zu ernähren. Abstoßender Fußgeruch mag bei der Suche nach einem Sexualpartner hinderlich sein, könnte aber gegenüber jenen, die wegen Fußpilz an einem septischen Schock sterben, ein Fortpflanzungsvorteil sein.

Wenn wir uns unsere Haut, die abgesonderten Stoffe und die Mikroben als ein symbiotisches Ökosystem vorstellen, ergibt sich allerdings die Frage, wie viel davon wir überhaupt abwaschen sollten. Denn wenn wir Bakterien mit so nützlichen Stoffwechseleigenschaften wie *B. subtilis* durch Waschen zurückdrängen, steigt, laut Dunns Theorie, unser Risiko für Pilzinfektionen. Anormale Fußmikrobiome könnten also auch erklären, warum solche Pilzinfektionen heute so häufig sind. Andererseits möchte natürlich niemand schlecht riechen. Die Frage ist also, wie man hier eine gute Balance findet.

Wie bei allen Körperfunktionen geht es auch bei Geruch nicht darum, ob wir Körpergeruch haben oder nicht. Vielmehr haben wir alle ein typisches Geruchsmilieu, das je nach Situation verschiedene Ausprägungen kennt und ein ebenso komplexer Ausdruck unseres Selbst ist wie der Tonfall unserer Stimme oder minimale Veränderungen der Mimik. Von vielen höre ich, dass sie ihren Partner, ihre Partnerin »gut riechen« können. Gemeint ist damit der andauernde Körpergeruch des Gegenübers, wie wir ihn aufgrund unserer gesellschaftlichen Normen meist nur bei unserem Partner, unserer Partnerin und nicht bei anderen Personen erleben.

Als ich all das über den Körpergeruch erfuhr, wurde ich neugierig und wollte wissen, was es mit diesen flüchtigen Verbindungen (und Gerüchen) wirklich auf sich hat. Was gewinnen wir durch den menschlichen Geruch und was verlieren wir, wenn wir ihn abwaschen? Könnte es sein, dass wir mit all den noch so »natürlichen« Seifen, Düften und Parfüms, die wir täglich verwenden, durchaus wichtige Signale verändern und überdecken? Bislang verstehen wir erst in Ansätzen, was für eine Rolle die von uns zu Hunderten abgegebenen subtilen flüchtigen chemischen Signale in der Kommunikation mit anderen Menschen (und Arten) spielen.

***

Die Chemie, die sich zwischen Menschen abspielt, hat nicht nur mit Romantik oder dem Anzeigen von Gesundheit oder Krankheit zu tun. Die körperliche Anwesenheit einer Person gibt uns etwas, was Bildschirme und Textnachrichten nicht vermitteln können.

Das Gefühl der Isolation und Unverbundenheit ist, so sagen uns unzählige Zeitschriften, Bücher und Wissenschaftsartikel, ein typisches Merkmal unserer Zeit. Wir werden von den Coffeeshops magisch angezogen, obwohl wir dort nur vor unseren Laptops sitzen, schlechte Musik ertragen und niemandem um uns herum Beachtung schenken, außer wir bitten jemanden, unseren Laptop zu bewachen, während wir auf die Toilette gehen. Doch selbst der oberflächliche Kontakt und die physische Anwesenheit von anderen geben uns scheinbar etwas. Und das liegt vermutlich auch an den chemischen Stoffen, die wir alle absondern.

Ben de Lacy Costello hat die flüchtigen Stoffe untersucht, die sich in menschlichem Kot, Urin und Speichel finden, und Ihnen das also erspart. Stress und Angst spiegeln sich, so Costello, eindeutig in diesen Stoffen wider. (Bei einem eventuellen Krankheitserkennungsgerät könnte das übrigens ein wichtiger Störfaktor sein. *Warnhinweis: Bitte nicht bei Ängstlichkeit verwenden. Es könnte zu falsch-positiven Ergebnissen führen, die Sie noch ängstlicher werden lassen, und einen Teufelskreis in Gang setzen, der zum Tod führen kann. Oh, super. Jetzt machen Sie sich bestimmt Sorgen, weil Sie gestresst sind, oder? Vergessen Sie einfach, was ich gesagt habe.*)

Das erste Mal traf ich Costello 2016. Damals führte ich mit ihm ein Interview für eine Story über ansteckende Emotionen. Auf das Thema war ich durch eine neue Studie zur Klimaforschung gestoßen, die untersuchte, ob der menschliche Atem, der ja auch mit CO_2 angereichert ist, einen Einfluss auf den Klimawandel hat. Der Forschungsleiter Jonathan Williams arbeitet als Atmosphärenchemiker am Max-Planck-Institut. Um die Auswirkungen der Emissionen von Pflanzen und Tieren auf das Klima zu untersuchen, nutzt er feinjustierte Apparate, die kleinste Veränderungen aufspüren können. Er und sein Team stellten die Geräte dort auf, wo es die wohl meisten flüchtigen Verbindungen auf der Welt gibt: in einem europäischen Fußballstadion.

Die CO_2-Menge im Stadion stellte sich als überraschend unbedeutend heraus, aber die Sensoren brachten, wie so oft in der Wissenschaft, etwas viel Interessanteres ans Tageslicht. Als mir Williams in dem Interview davon erzählte, wollte ich sofort wissen, ob er etwa außerirdisches Leben entdeckt habe. Nein, sagte er, aber die Menschen gäben offenbar seltsame chemische Signale ab, und diese kämen und gingen im Laufe eines Fußballspiels. Als sich Williams die schwankenden Aufzeichnungen der Luftsensoren näher anschaute, kam er auf die Idee, dass das etwas mit Emotionen zu tun haben könnte.

Bei einem Fußballspiel erleben die Fans ein Wechselspiel aus Euphorie, Wut, Freude und Trauer. Und Williams, so erklärte er mir, fragte sich: Sondert der Mensch »bei Emotionen Gase ab«? Um vielleicht mit den anderen zu kommunizieren? Oder mit anderen Arten? Wenn, dann wäre das jedenfalls nichts völlig Neues. Pflanzen geben ständig flüchtige Stoffe ab, und nicht nur der duftende Rosenstrauß. Die Signale können wesentlich subtiler sein. Schon lange weiß man, dass Pflanzen nach einem »Angriff«, wie beispielsweise einem Tierbiss, chemische Stoffe absondern. Die Wissenschaft ging davon aus, dass diese »herbivoreninduzierten flüchtigen Pflanzenstoffe« dazu dienen, Nachbarpflanzen vor Feinden zu warnen.

Doch seit Kurzem wissen wir, dass sich Pflanzen nicht nur über Bedrohungen, sondern ebenso über Ressourcen mittels unzähliger Signale austauschen, mittels eines »infochemischen Kommunikationsnetzwerks«. Die Aufgabe des Netzwerks geht weit über die Lehrbuchbeispiele von Blumen, die Bienen anziehen, hinaus. Selbst Bäume sondern chemische Stoffe ab, die andere über ihre Identität informieren sollen. Reißt man ein Blatt vom Baum, gibt er ein chemisches Signal ab.

Es könnte darum auch an der Luft liegen, mit der unsere Haut und unsere Atemwege in Berührung kommen, dass uns ein Waldspaziergang erdet. Die viel gerühmte »frische« Luft ist wohl nicht nur frei von Schadstoffen, an denen jedes Jahr sieben Millionen Menschen vorzeitig sterben, sondern noch dazu mit unendlich vielen chemischen Signalen von Tieren und Pflanzen gesättigt. Es geht nicht nur um die Abwesenheit des Schlechten, nein, auch um die Anwesenheit des Guten. Und das erklärt wohl teilweise die positiven Auswirkungen auf die Gesundheit, die die Forschung dem Aufenthalt im Freien zuschreibt.

Die Vorstellung von chemischen »Pheromonen« in der Luft, die das Paarungsverhalten beeinflussen, wird schnell als pseudowissenschaftlich abgetan. Allerdings werden sie auch gern verzerrt dargestellt, um Attraktivität in Aerosoldosen feilzubieten. So preist eine

Onlineseite für Pheromonprodukte das Spray »Pherazone für Männer« als das »Beste, um Frauen anzulocken«, oder »Nexus Pheromones« als »das Beste, um mehr Sex zu haben«. Und dann gibt es natürlich noch TRUE Alpha, das »Beste für Vertrauen und Respekt«. (Wenn andere einem Vertrauen und Respekt entgegenbringen sollen, ist es bestimmt das Beste, ihr Gehirn mit chemischen Stoffen zu vernebeln.)

Persönlich habe ich zwar keins der Produkte getestet, aber es gibt auch keinen einzelnen chemischen Stoff, der wie bei Bugs Bunny die Augen in Herzchen verwandeln könnte. Doch die Vorstellung einer chemischen Anziehungskraft scheint angesichts des real existierenden Volatoloms durchaus berechtigt. Hunde und die meisten anderen Tiere können über chemische Signale den Eisprung ihrer Artgenossinnen meterweit riechen. Und warum sollte der Mensch da eine Ausnahme bilden und bei hormonellen Veränderungen keine chemischen Stoffe abgeben? Auch wenn ein Großteil der flüchtigen Verbindungen für unsere schwach ausgebildete Nase wohl kaum wahrnehmbar ist, verrät der gasförmige Mix, den wir verströmen, den anderen nicht nur im sexuellen Kontext weit mehr als den Umstand, ob wir gerade anziehend oder abstoßend riechen.

Costello geht davon aus, dass unser Volatolom aus Zehntausenden chemischer Verbindungen besteht. Die Signale, die zwischen Individuen hin- und hergehen, könnten somit Billionen von Kombinationen umfassen, und genau diese leichten Variationen machen den Geruch unserer Achseln, unseres Atems und jeder anderen Stelle unseres Körpers so einzigartig. Ob man das Duftgebräu jemals nachbilden und abfüllen kann, um Gefühle der Liebe auszulösen, sei dahingestellt, doch wir stoßen die chemischen Stoffe jedenfalls nicht zufällig aus. Und darum sollten wir uns fragen, ob es klug ist, sie zu unterdrücken.

***

Während ich an diesem Buch schrieb, arbeitete ich zwei Wochen in einer Suchtklinik in Connecticut und behandelte Patient*innen unter der Anleitung von Suchtspezialist*innen. Der relativ neue Forschungsbereich der Suchtmedizin konzentriert sich mittlerweile besonders auf die Opioid-Abhängigkeit und bemüht sich, die katastrophalen Folgen von Süchten zu behandeln, die häufig mit verschreibungspflichtigen Arzneimitteln beginnen. Die meisten Patient*innen, die ich behandelte, waren irgendwo zwischen ihrem ersten und hundertsten Versuch, »clean« oder sauber zu werden. »Clean«, so nannten es alle.

Das Wort »clean« wirkt in diesem Kontext passender als überall dort, wo ich es sonst höre. In einer Suchtklinik zeigt sich »clean« in all seinen Bedeutungen, von der Reinigung von giftigen Stoffen bis zur Suche nach spiritueller Reinheit. Eine Suchtbehandlung verfolgt nicht nur das Ziel, die Substanz aufzugeben, sondern sich aktiv ein neues Leben ohne sie aufzubauen. Das erfordert intensive, kontinuierliche Anstrengungen und dauernde Wachsamkeit. Dabei hilft es manchen, die Befreiung von der Sucht als eine Art Wiedergeburt zu sehen, als eine Möglichkeit, sich selbst noch einmal völlig neu zu erfinden und von vorn anzufangen.

In der staatlich finanzierten Klinik in Connecticut, einem von der Opioid-Epidemie besonders stark betroffenen Bundesstaat, gab es fast keine Fenster, und die Hauptaktivität der Patient*innen bestand darin, im Aufenthaltsraum stumm vor einem kleinen Fernseher zu sitzen, wobei viele gar nicht richtig hinguckten. Die meisten waren per Gerichtsbeschluss hier. Man hatte sie wegen kleinerer Vergehen verhaftet, weil sie sich Drogen oder die Mittel für Drogen beschafft hatten.

Die Zeit in einer Entzugsklinik kann sehr langweilig sein. Doch die eigentliche Herausforderung liegt darin, nach der Entlassung »clean« zu bleiben. Wer in sein altes Umfeld zurückkehrt, dieselben Leute wiedertrifft, die vorher die Sucht ermöglichten, hat eine Rückfallquote von fast 100 Prozent. Ein Rückfall ist so gut wie garantiert, wenn man keinen Ausstiegsplan hat und nicht konkret weiß, wo man hingehen und durch was man die Droge ersetzen will.

»Clean« zu werden, verlangt das Gegenteil von Isolation und Abschottung. Es verlangt, sich Neuem zu öffnen, vor allem neuen Menschen, und zwar durch den Aufbau tiefer, verständnisvoller und aufrichtiger Beziehungen. Genau das aber musste das öffentlich finanzierte Resozialisationsprojekt den Patient*innen selbst überlassen. Nach der Entlassung boten ihnen Gruppen wie Narcotics Anonymous fortdauernde Gemeinschaft und Unterstützung. Solche Programme können sehr erfolgreich sein, erfordern allerdings äußerste Aufrichtigkeit und hohe Motivation, und das von Menschen, deren Gehirn durch ihre Sucht jahrelang darauf gepolt wurde, eben das zu vermeiden.

Viele betrachten sich ihr restliches Leben lang, selbst noch Jahrzehnte nachdem sie die Drogen aufgegeben und obwohl sie nie wieder auch nur eine einzige Zigarette angerührt haben, als Süchtige. Das hilft ihnen, abstinent zu bleiben. Wie mir viele Süchtige erzählt haben, kann man nur »clean« bleiben, wenn man die neue Identität in ein neues Leben einbindet, mit neuen Leuten, Hobbys und Gewohnheiten.

Die Verhaltensforschung lässt daran keinen Zweifel: Alte Gewohnheiten *aufzugeben*, ist schwer, und der Anlauf dazu oft vergeblich. Zuverlässiger kann man sich motivieren, wenn man etwas Neues *anfangen* oder jemand Neues werden möchte. So wie es bei dem antimikrobiellen Hautpflegeansatz nicht reicht, einfach etwas zu entfernen. Wer »clean«, also sauber sein möchte und das als klösterlichen, einsamen und schmerzensreichen Auftrag zu Beseitigung und Verzicht versteht, wird keinen nachhaltigen Erfolg haben. Es ist wesentlich erfolgsversprechender, den Wandel zu akzeptieren und neue Beziehungen zu knüpfen.

Justin McMillen sieht genau das auch als vielversprechenden Ansatz zur Bekämpfung vieler moderner Seuchen. McMillen ist ein Sportler mit kantigem Gesicht, breiten Schultern, Bürstenschnitt und getrimmtem Bart. Er wuchs in einem »Holzfäller«-Umfeld auf und kann ohne Sauerstoff 20 Meter tief tauchen. Mit dem Heroin fing er in Los Angeles an, wo er als junger Tischler arbeitete. Als der Wohnungsmarkt 2008 zusammenbrach, verlor er fast alles, was er hatte. Ganz unten angekommen, wohnte er in einer Garage.

Durch die jahrelange Teilnahme an Sportwettkämpfen hatte McMillen gemerkt, dass er seinen Körper fordern konnte. Verglichen mit den Grenzerfahrungen und Schmerzen, denen er im Wettkampf ausgesetzt war, schienen sein Alltag als Tischler und die komfortable Wohnung langweilig. Eigentlich war das die Stabilität, die er sich immer gewünscht hatte, doch wenn er Geist und Körper nicht zu immer höheren Leistungen antrieb, fehlte ihm etwas. Er brauchte neue Reize. Darum nahm oder spritzte er alles, was seinen ausgehungerten Dopaminspeicher wieder auffüllen konnte.

McMillen ist schließlich zu der Überzeugung gelangt, dass bei Sucht vor allem die Nervenverbindungen im präfrontalen Cortex (PFC) und das Belohnungssystem verändert werden. Das lernte er unter anderem aus den Büchern des Neurologen Dan Siegel, dem Mitbegründer des Forschungszentrums für Achtsamkeit an der University of California. Siegel betont besonders die Bedeutung des präfrontalen Cortex für zwischenmenschliche Beziehungen. »Wenn der PFC aus dem Gleichgewicht gerät, ist es schwerer, sich mit anderen verbunden zu fühlen«, erklärt McMillen. Und das Gefühl der Isolation lasse das Gehirn umso verzweifelter nach Reizen suchen. »Es ist ein Teufelskreis.«

Als McMillen seine Sucht langsam hinter sich ließ, merkte er, dass das Gefühl der Isolation vor allem Männer betraf. In Portland, Oregon, startete er ein kleines Suchtprogramm nur für Männer: »Tree House Recovery« bringt ihnen bei, sich besser mit anderen zu verbinden. In dem Programm spielt Körperkontakt eine große Rolle. Ein »Leiter zur Stärkung des Körperbewusstseins« und ein eher traditionell ausgerichteter Klinikleiter arbeiten im Tandem und regen die Teilnehmer zu praktischen Übungen an, mit denen sie ein Gefühl von Vertrauen und Verbundenheit aufbauen sollen. Bei den Übungen sind die Teilnehmer aufeinander angewiesen, jeder muss sich auf den anderen verlassen.

Das Haus, in dem die Teilnehmer wohnen, sieht aus wie jedes andere Craftsman-Haus in Portland, aber es gilt als halb stationäre Einrichtung und das Programm wird von vielen Krankenkassen anerkannt. McMillen ist durch seinen Einsatz für das Projekt mittlerweile zu einem der wenigen öffentlichen Fürsprecher von Körperkontakt zwischen Männern geworden. Körperkontakt fördere die Gesundheit, »senkt den Blutdruck, stärkt das Immunsystem, verbessert die Gedächtnisleistung, lindert Schmerzen und vieles mehr«, so McMillen. Wenn er seine Übungen in den Lokalnachrichten an Moderatoren und Reportern demonstriert, herrscht im Studio eine leicht bis ausgeprägt peinliche Atmosphäre. Wie McMillen betont, reiche als Berührung schon ein einfacher Schulterklaps. Er erwarte nicht, dass Männer plötzlich mit Bekannten Händchen halten.

»Wäre ich vorgeprescht und hätte gesagt: ›Hey Leute, jetzt umarmen wir uns mal alle‹, hätte das wohl nicht funktioniert«, sagt er. Denn in der Suchtentwöhnung gelte »Gefühlsduselei« als Schimpfwort. Wie McMillen nach vielen Jahren Herumprobieren herausgefunden hat, kommt es bei einer echten platonischen Berührung vor allem darauf an, nicht großartig darüber nachzudenken. Und das schafft man am besten, wenn man Berührungen erst einmal in einem vertrauten Rahmen übt.

Im sportlichen Wettkampf, besonders beim Boxen und Ringen, treten die normalen Distanznormen außer Kraft. Darum ist der Sport besonders geeignet, Männern beizubringen, dass es gut und okay ist, andere Männer zu berühren. Doch natürlich ließ McMillen in seinem Programm die Männer nicht einfach aufeinander losgehen. Er entwickelte die sogenannte »Handlungsbasierte Induktionstherapie«. Sie mag wie Mixed Martial Arts aussehen, aber es geht darum, dass Männer platonische Berührungen erleben. »In keinem einzigen Moment schlagen sie aufeinander ein«, beruhigt er mich, als ich schon eine »Fight-Club«-Szene vor mir sehe, für Männer, die lernen sollen, wieder etwas zu fühlen.

»Wir können durch die gespiegelten Bewegungen Vertrauen aufbauen, und weil sich die Männer mit diesem ›maskulinen‹ Kontakt wohlfühlen, werden körperliche Berührungen gefördert«, sagt er. »Nach der Stunde hängen die Typen zusammen ab und kleben regelrecht aneinander, die gesellschaftlichen Distanzvorstellungen brechen einfach weg.«

Bei einer Begrüßung geben wir uns auch darum die Hand oder umarmen uns, weil wir überall auf der Welt instinktiv wissen, dass mit dem Durchbrechen körperlicher Grenzen auch andere Grenzen durchlässiger werden. Das konnte ich vor Kurzem besonders eindrücklich erleben, als ich für eine Reportage ein »Wellness-Festival« in Palm Springs besuchte, bei dem sich auffällig viele der Besucher*innen als süchtig bezeichneten. Bei einer Session standen wir uns in zwei Reihen gegenüber, das Gesicht nur etwa 25 Zentimeter vom anderen entfernt. Wir sollten mit unserem Gegenüber durchgehend Blickkontakt halten und ihm oder ihr von unserer größten Angst erzählen. Anfangs war es genauso unangenehm, wie es sich anhört, aber die körperliche Nähe und Zugewandtheit wirkten, die Hemmung war plötzlich weg. Es sprudelte nur so aus mir heraus, und in einer Minute erzählte ich völlig Fremden so viel wie sonst Freund*innen in einer Stunde. Und bei letzteren hätte ich wahrscheinlich den Blick wandern lassen, die Arme verschränkt und was man laut den Psychologen sonst noch so unbewusst tut, um sich zu distanzieren.

Die gesundheitsfördernde Wirkung allein von Berührungen, von platonischen Berührungen ohne jede Beziehung, ist umfassend belegt. Im Jahr 2019 interviewte ich die Entwicklungspsychologin Tiffany Field, eine Vorreiterin auf diesem Gebiet und Gründerin des Forschungsinstituts für Berührungen an der Miller School of Medicine der University of Miami. Field hat Jahrzehnte damit zugebracht, Menschen zu mehr Berührungen zu bewegen. Sie begann damit, als sie entdeckte, dass Frühchen dank einfacher menschlicher Berührungen schneller an Gewicht zunahmen. Dadurch konnte man die durchschnittlichen Aufenthaltstage im Krankenhaus verringern – und die Arztrechnungen um 3000 Dollar senken.

Es folgte eine Dokumentation der Folgen von »Berührungsmangel« bei Kindern. Wie sich zeigte, kommt es dadurch zu dauerhaften körperlichen und kognitiven Störungen und häufig auch zu sozialem Rückzug im späteren Leben. Vergleichbare Erkenntnisse veröffentlichte Field später hinsichtlich der positiven Wirkungen von Berührungen bei Schwangeren, bei Erwachsenen mit chronischen Schmerzen und Menschen in Seniorenheimen. Obwohl Erwachsene natürlich nicht mehr wachsen können, wirken sich bereits fünfzehn Minuten Berührung täglich in vielerlei Hinsicht positiv aus.

Im Rahmen einer neueren Studie über die positiven Auswirkungen von Umarmungen auf das Immunsystem, die es sogar in die Schlagzeilen schaffte, isolierten der Psychologe Sheldon Cohen von der Carnegie Mellon University und seine Forschungsgruppe vierhundert Menschen in einem Hotel und setzten sie einem Erkältungsvirus aus. Wer durch soziale Interaktionen unterstützt wurde, entwickelte weniger und leichtere Symptome. Die positive Wirkung hing, so die Studie, zu einem Drittel vom Körperkontakt ab, insbesondere von Umarmungen. Wieso genau, ist allerdings unklar. Meistens wird vage vermutet, dass Berührungsrezeptoren das Gehirn zur Ausschüttung von Endorphinen und anderen Stoffen anregen, die das Immunsystem stärken. Genauso überzeugend klingt aber auch die These, dass Menschen bei Berührungen Mikroben austauschen und diese für die positive Wirkung mitverantwortlich sind.

Wahrscheinlich glaube ich das auch darum so gern, weil es teilweise meine eigenen Erfahrungen erklären würde. Ein Großteil meiner Arbeit als Autor besteht, wie heute in vielen Berufen, aus digitaler Kommunikation. Ganze Tage verbringe ich damit, über E-Mail, Twitter, Textnachrichten oder Videotelefonie mit anderen zu kommunizieren. Als typisches Leiden unserer Zeit wird allgemein beklagt, dass wir mit anderen zwar ständig über Bilder und Sprache in Kontakt sind, uns dabei aber manchmal einsamer fühlen, als wenn wir den Tag mit nur einem realen Menschen verbringen. Natürlich lässt sich dieser Effekt aber nicht nur durch Berührungen und den Austausch chemischer Stoffe erklären.

Doch egal, ob nun die Berührung selbst, die chemischen Stoffe, die alle Tiere absondern, oder die Mikroben, die wir mit anderen in unserer Nähe austauschen, für die nachgewiesenen positiven Wirkungen des Körperkontakts verantwortlich sind, fest steht, dass wir gut daran tun, uns als Teil einer Gemeinschaft zu betrachten, die stärker ist, als jeder von uns es allein je sein könnte.

VIII. PROBIOTISCH

Nicht allzu weit von den Straßenzügen mit den holzvernagelten Reihenhäusern in Baltimore entfernt, finde ich mich plötzlich zwischen Straßenständen, die Collagen-Drinks verkaufen, und einem Strom aus Influencer*innen im Athleisure-Look wieder, der sich in Richtung Konferenzzentrum bewegt. Vier Tage lang beherbergt es wie jedes Jahr die weltweit führende Messe der Wellness-Branche: die Natural Products Expo. Während die Endverbraucher*innen sich andernorts über Schaufensterangebote, Wellness-Retreats und -Festivals freuen, bestellt hier der Einzel- und Großhandel die Trendprodukte der nächsten Saison.

Wie auf der Indie Beauty Expo verbindet auch die Aussteller der »natürlichen Produkte« ein nicht näher definierter Begriff.[13] Neben kleinen Ständen mit Himalaja-Meersalz und Aktivkohle-Zahnpasta präsentieren etablierte Anbieter Hafermilch und Collagenpulver. La-Croix ist mit einem riesigen Stand vertreten, genauso wie Annie's, deren Makkaroni mit Käse eine Erfolgsgeschichte des Marketings sind. Das Unternehmen hat es geschafft, ein fünfzig Jahre altes Produkt (Kraft Makkaroni mit Käse) durch ein paar abgewandelte Zutaten als »natürlich« zu vermarkten und es doppelt so teuer an besorgte Eltern zu verkaufen. Auch Dr. Bronner's ist da, mit einem neuen Handdesinfektionsmittel aus Alkohol, Wasser, Glycerin und Pfefferminze. »99,9-prozentige Wirksamkeit gegen Keime«, steht auf der Flasche. Offenbar konnte ich David mit meinem Werben für Hautmikroben doch nicht dazu bewegen, neue Wege zu gehen. Dabei hatte ich das Gefühl, wir lägen auf einer Wellenlänge. Doch wen kennt man schon wirklich.

Zum ersten Mal war ich vor vier Jahren auf der Natural Products Expo, und seitdem hat sich einiges verändert. Damals gab es im Grunde noch kaum probiotische Produkte für die Haut – neben denen für Darm, Mund und Vagina –, aber jetzt bilden sie eine eigenständige Kategorie. Der Markt dafür explodiert geradezu. Mit der Annahme, wir müssten zur Vorbeugung oder Heilung vieler Krankheiten ergänzende Bakterien aufnehmen, stellt er den zentralen Glaubenssatz der Hygienerevolution im Grunde auf den Kopf.

Am Stand von Just Thrive baut sich ein Mann vor mir auf und hält mir ein Pillenfläschchen hin. Billy Anderson hat sein Poloshirt in die Jeans gestopft. Der ehemalige Pharmavertreter ist heute Geschäftsführer, steht aber noch immer da wie der College-Baseballspieler, der er einmal war. Es ist schon spät am Tag, und seine Verkaufsargumente wirken ein wenig heruntergeleiert.

»Früher waren diese Bazillen überall in unserer Umwelt, in dem Schmutz, in dem wir lebten, in unserem Essen, unserem Wasser«, sagt er. »Doch weil wir immer wieder dieselben Felder bewirtschaftet haben und Pestizide, Unkrautvernichter und Antibiotika einsetzen, gibt es in unseren Böden kaum noch Mikroben.«

Dann wagt er sich auf unerforschtes Gelände; mit seinen Pillen, so sagt er, könne man sogar Autismus behandeln. »Wenn die Eltern ihr Kind dann untersuchen lassen, sagt der Arzt oder die Ärztin: ›Heiliger Strohsack, was haben Sie gemacht? Das sieht ja richtig gut aus.‹ Und die Eltern werden sagen: ›Wir haben ihm nur Just Thrive gegeben.‹«

Anderson und seine Frau Tina, die früher auch in der Pharmaindustrie arbeitete, gaben beide ihre Jobs auf und machten sich laut Unternehmenswebsite »auf die Suche nach einem wirklich natürlichen Probiotikum«. Just Thrive ist ein Meister im Verkauf von allem, was ein Produkt nicht hat: »ohne Gentechnik, hergestellt OHNE [ihre Hervorhebung] Soja, Milchprodukte, Zucker, Salz, Mais, Nüsse und Gluten«. Wie viele andere auf der Messe ist das Produkt »vegan, paleo- und keto-freundlich«. Ein kleines Fläschchen kostet 49,99 US-Dollar (plus 4,99 Dollar Versand).

Nicht ganz so deutlich wird hingegen, was das Produkt tatsächlich bewirkt. »Probiotisch« scheint, wie auch sonst auf der Messe und in den Läden, eigentlich zu bedeuten »gut für dich«. Die Werbeversprechen sind vielfältig und reichen von der Behandlung komplexer neurologischer Symptome bis zur allgemeinen Selbstfürsorge. An den benachbarten Ständen preist man probiotische Putzmittel und Deos an. Als ich weitergehe, sehe ich ein riesiges Schild von der Decke hängen: ORIGINAL PROBIOTISCH, darunter in rosa Schrift: »für Frauen«. Wie das Etikett verrät, handelt es sich um ein »Vaginal-Probiotikum zur Förderung gesunder Harnwege«.

Als ich nach einem Pröbchen greife, zieht die Verkäuferin energisch den Korb weg. »Nein, nein, für Sie haben wir die anderen.« Doch sie ist nicht schnell genug gewesen, ich habe meine Probepackung mit zwei Kapseln Jarro-Dophilus Women schon in der Hand. Später nehme ich das Mittel einfach (ohne eine Wirkung zu spüren). Doch ob man nun eine Vagina hat oder nicht, geschluckte Bakterien können nicht dort ankommen. Theoretisch könnten sie zwar vom Verdauungstrakt über den Blutkreislauf in die Harnwege oder die Vagina gelangen, aber das wäre dann ein medizinischer Notfall.

Die Bakterien in der Kapsel waren alle von der Gattung *Lactobacillus*, die sich sonst vor allem in Joghurt findet. Während Joghurt auf jeden Fall lebendige Bakterien enthält, schwankt das bei den probiotischen Produkten. Diese müssen oft gekühlt gelagert werden (nicht so Jarro-Dophilus Women), da die meisten Bakterien nicht lange haltbar sind. Wie viele Bakterien in einem probiotischen Ergänzungsprodukt wirklich noch leben und erst recht, wie viele es durch die Magensäure schaffen und dann tatsächlich den Darm bevölkern, ist schwer zu sagen. Auch wenn aus der Kennzeichnung probiotischer Ergänzungsmittel eindeutig hervorgehen muss, wie viele brauchbare Bakterien sie enthalten, ist eine genaue Angabe schwierig, weil die Bakterien anders als die meisten Inhaltsstoffe unserer Nahrungs- und Arzneimittel eben lebendig sind.[14]

Laut FDA-Definition muss ein Produkt, das sich probiotisch

nennt, lebende Bakterien enthalten. So ist Kombucha beispielsweise probiotisch: Oben auf dem Tee kann man die Mikroben schwimmen sehen, die den Zucker zu Alkohol vergären. Der schlabbrige Klumpen heißt SCOBY, ein Akryonym aus Symbiotic Culture Of Bacteria and Yeast, und ist also eine »symbiotische Bakterien-Hefe-Kultur«. Da die Mikroben den Zucker auch noch vergären, wenn der Tee schon im Kühlschrank steht, kann der Alkoholgehalt des Endprodukts stark variieren. Für die Brauereien und Regulierungsbehörden ist es darum eine große Herausforderung, für alle Flaschen denselben Alkoholgehalt zu garantieren. Manche Chargen enthalten also wesentlich mehr Alkohol als vorgesehen.

Bei anderen Produkten mit Lebendkulturen stehen Hersteller*innen und Verbraucher*innen vor ähnlichen Problemen. Neue Konservierungsmethoden wie Gefriertrocknen (Lyophilisation) können zwar zu konsistenteren Produkteigenschaften beitragen, aber die Konservierungs- und Liefertechnologien sind nicht standardisiert. Und um das Ganze noch zu verkomplizieren, enthalten manche angeblich »probiotischen« Produkte »Bakterien-Lysat«, das heißt lysierte Bakterien, die erhitzt, abgetötet und zersetzt wurden.

Welche Wirkung verdaute oder lysierte Bakterien noch haben, ist nicht klar, aber mit Sicherheit nicht dieselben wie lebende Organismen. Aus der Wissenschaft hörte ich, dass theoretisch auch tote Bakterienteile noch Einfluss auf unser Immunsystem nehmen können. Auch beim Impfen würden schließlich tote Virusteile verwendet, um eine Immunreaktion auszulösen. Doch sein Mikrobiom durch lysierte Bakterien zu ergänzen und auf eine probiotische Wirkung zu hoffen, sei etwa so sinnvoll, als wollte man Schweine aus Schinken züchten.

Auch schon auf der Indie Beauty Expo war der Begriff »probiotisch« aufgetaucht. So präsentierte mir das Unternehmen LaFlore dort eine »probiotische Reinigungsmilch« (42 US-Dollar) und ein »probiotisches Serumkonzentrat« (140 US-Dollar). Beide Produkte bestehen überwiegend aus denselben Ölen und Kräuterextrakten wie die an den Nachbarständen, doch etwa in der Mitte der Inhaltsstoffliste finden sich *Lactococcus Lysat* und *fermentierter Lactobacillus*. Wie diese Bestandteile wirken, geht weder aus der wissenschaftlichen Literatur noch aus meinem anschließenden Selbstversuch mit dem Produkt hervor. LaFlore behauptet allerdings auch nicht, dass die Bakterienstückchen irgendetwas Konkretes mit meiner Haut anstellen würden. Immerhin sah die Inhaberin sehr freundlich aus und trug einen weißen Laborkittel. Um zu sehen, wie einfach und natürlich die Inhaltsstoffe ihrer Produkte sind, durfte ich in einer Glasschüssel mein eigenes Serum mixen. Es war faszinierend zu beobachten, wie sich die Mischung durch Hinzugabe verschiedener Pulver verfärbte. Ich fühlte mich ein wenig an das Zusammenmischen von Primärfarben im Kindergarten erinnert, als ich sah, wie aus Rot und Gelb Orange wurde – bis heute kommt mir das immer vor wie ein Zaubertrick. Jemand aus dem Unternehmen machte ein Video, wahrscheinlich für Instagram.

BIOMILK Natural Probiotic Skincare, ein anderes Unternehmen auf der Indie Beauty Expo, versprach »wirksamen probiotischen Schutz« in Form einer probiotischen Tagescreme und einer Nachtcreme, die »die Haut vor inneren und äußeren Angriffen schützen«. Auf dem Etikett war viel Milch zu sehen, aber auch Äpfel, Brokkoli und andere »Superfoods«. Das mikrobielle Ökosystem werde eher gepflegt als entfernt, das ist die Botschaft. Die Gründerin, Valerie Casagrande, hat zuvor im Verkauf von Johnson & Johnson gearbeitet. Sie habe BIOMILK gegründet, weil »probiotische Produkte nicht einfach nur ein Trend sind wie vor ein paar Jahren Kokoswasser, sondern weil sie die Branche wirklich auf den Kopf stellen werden«.

Andere Unternehmen sprechen lieber von »präbiotisch« und wollen damit sagen, dass ihr Produkt zwar keine Mikroben enthält, aber sie »nähren« oder anderweitig in ihrer Vermehrung fördern kann. Dieses Produktversprechen ist allerdings noch schwammiger, weil niemand genau sagen kann, welche Produkte, außer dem eigenen Hauttalg, das menschliche Hautbiom nähren könnten. Vieles ist hier denkbar. So sagte mir etwa Stacia Guzzo bei einem Gespräch, ihre Deomarke SmartyPits könne das Mikrobiom der Achsel umgestalten. Im Prinzip tun das alle Deos. Aber die Produkte dann auch mit dem Argument zu verkaufen, dass sie die Bakterienpopulationen nähren oder neu aufbauen und nicht einfach nur vernichten, ist sehr vernünftig und seiner Zeit voraus.

Trotz all der Hoffnung und Energie auf der Messe ist es eher unwahrscheinlich, dass eine*r dieser Indie-Anbieter*innen genau das eine Produkt auf den Markt bringen wird, das die Hautprobiotika ins Mainstream-Bewusstsein katapultiert. Das erfordert nämlich einen Wandel dieses Bewusstseins, und der wurde, historisch betrachtet, immer nur durch gigantische Marketing- und Werbeanstrengungen erzielt, die sich ausschließlich multinationale Konzerne leisten können. Erst wenn die Pharmaindustrie und die Seifenproduzenten den Zeitpunkt für gekommen halten, den Markt für Hautprobiotika zu erschließen, werden es solche Produkte neben die Seifen, Shampoos, Pflegespülungen, Lotionen und Deos auf die Badezimmerregale schaffen.

Und tatsächlich werden die ersten Hebel schon in Bewegung gesetzt.

* * *

Dass ich vom Mikrobiom der Haut so »besessen« bin, liegt eigentlich an der Wissenschaftsjournalistin Julia Scott aus der Bay Area von San Francisco. Sie weckte als Erste mein Interesse für minimalistische Körperpflege. In einem faszinierenden Artikel in der New York Times berichtete sie 2014 über das Unternehmen AOBiome, das Bakterien für die Haut in Sprühdosen verkauft. So kam das Unternehmen zu seiner Bekanntheit in der Kosmetikindustrie. Als ich mit Scott über ihren Artikel sprach, besichtigte ich auch ihre Wohnung. Ihre Dusche war seltsam leer. Außer einem Seifenstückchen zum gelegentlichen Gebrauch gab es dort nichts.

Ein Jahr zuvor hatte die bekannte Mikrobiologin Maria Dominguez-Bello mit ihren Kolleg*innen von der New York University über neue Erkenntnisse berichtet, die zeigten, dass der abgeschiedene Stamm der Yanomami in Venezuela die größte je bei Menschen beobachtete mikrobielle Vielfalt aufwies. Wie die Studie zu allergischen Erkrankungen bei den Amischen, stützte auch diese Studie die Annahme, dass sich unser Darm und unsere Haut durch unsere naturferne, postindustrielle Lebensweise verändert haben.

Schon bald wurde daraus eine Geschäftsidee. Der Chemieingenieur und MIT-Absolvent David Whitlock, der nach eigenen Angaben seit über fünfzehn Jahren nicht geduscht hat, gründete mit einigen Geschäftspartner*innen AOBiome, um unsere Vorstellung von den Hautbakterien zu verändern. Ihre Produkte zielen auf die Rückkehr zur Natur. AOBiomes erstes probiotisches Spray, das als »Mother Dirt« über den Ladentisch ging, sollte unsere Haut wieder mit dem Bakterium *Nitrosomonas eutropha* besiedeln. Dieser Ammoniakoxidierer sei einmal Teil unseres Mikrobioms gewesen und könne, so das Produktversprechen, die übel riechenden Abfallprodukte anderer Bakterien zersetzen. *Nitrosomonas* sei von unserer Haut verschwunden, da wir beim Waschen zu viele Tenside an unsere Haut ließen und nicht mehr mit Dreck und Erde in Kontakt kommen, aus denen die Bakterien stammen.

Wenn wir das Bakterium wieder auf unserer Haut ansiedelten, könnten wir, so das Versprechen, die Hautgesundheit verbessern und Hautkrankheiten wie Akne zurückdrängen. »Durch die Wiederansiedlung wichtiger Bakterien, die durch unsere moderne Körperpflege und Lebensweise verschwunden sind, kann das Spray ›AO+ Mist‹ in nur zwei Wochen Hautprobleme wie Überempfindlichkeit, Flecken, Sprödheit, Fettigkeit, Trockenheit oder Geruch und somit das Erscheinungsbild der Haut verbessern«, verspricht das Flagship-Produkt der Linie »Mother Dirt«. Whitlock benutzt das Zeug selbst. Und darum, sagt er, müsse er nicht mehr duschen. (Wie mir andere versicherten, müsste er das sehr wohl.)

Als ich 2015 an einer Story für *The Atlantic* arbeitete, besuchte ich das AOBiome Labor in San Francisco, und einer der Wissenschaftler, Larry Weiss, sprühte mir die Bakterien direkt ins Gesicht. Obwohl er mich um Erlaubnis gefragt hatte, fühlte es sich an, als hätte mich jemand angeniest. Letztendlich spürte ich aber keine Veränderung, weder zum Besseren noch zum Schlechteren. Doch ich fing an, über das Hautmikrobiom nachzudenken und mich zu fragen, wie ich es wohl am besten pflegen konnte. Oder besser, wie ich es nicht mehr mit unzähligen Reinigungsprodukten, die ich rein zufällig besaß, nur weil mir ein*e Freund*in oder ein Podcast sie empfohlen hatte oder mir im Laden das schöne Etikett aufgefallen war, durcheinanderbrachte.

Als ich mit dem Duschen aufgehört hatte und an diesem Buch arbeitete, besuchte ich den AOBiome-Hauptsitz in Cambridge, Massachusetts. Heute bezeichnet AOBiome sich als »Unternehmen für klinische Mikrobiom-Studien«, spezialisiert auf »Therapeutika für entzündliche Erkrankungen, Störungen des Zentralnervensystems und andere systemische Erkrankungen«. Ich treffe Whitlock in seinem Büro und reiche ihm die Hand. Ich bin nicht angewidert, obwohl er seit fast zwei Jahrzehnten nicht geduscht hat. In dem Unternehmen werden bakterielle Produkte entwickelt, die unsere Haut in vormoderne Zeiten zurückversetzen sollen, aber trotzdem herrscht eine moderne Start-up-Atmosphäre: Stehpulte in einem mucksmäuschenstillen Großraumbüro, in der Gemeinschaftsküche eine halb verzehrte Geburtstagstorte.

Vielleicht liegt es daran, dass AOBiome eigentlich ein Pharmaunternehmen ist. Derzeit laufen sechs klinische Studien: für Bakteriensprays zur Behandlung von Akne, Neurodermitis, Rosazea und allergischem Schnupfen sowie erste Vorstudien zur Behandlung von Störungen an Darm und Lunge. Der neue CEO Todd Krueger kommt aus der Unternehmensentwicklung, hat einen MBA der Northwestern University, arbeitete bei Bain and Company und später in der kommerziellen Strategieentwicklung für Genomprodukte. Nachdem er mich durch den technischen Inkubator geführt hat, essen wir im ArtScience-Café neben dem MIT zu Mittag.

»Die Leute werden das Duschen wohl kaum sein lassen«, sagt er, während er Pommes isst und mich etwas misstrauisch beäugt, »und wir wollen auch keinen davon überzeugen. Aber wir halten es nicht unbedingt für die beste Lösung, beim Duschen Chemikalien zu verwenden. Jedes Mittel, das Konservierungsstoffe enthält, schadet vermutlich dem Mikrobiom.«

Und Seife?

»Auch Seife ist schlecht. Echte Seifen sind wirklich schlecht.«

Das war jetzt das Hauptverkaufsargument, liebe Leserschaft, aber ich wollte mir seine Erläuterung doch von Anfang bis Ende anhören.

»Ehrlich gesagt, stammen die meisten unserer Bakterien aus tierischer Kacke«, sagt er und meint damit nicht die in seinem Produkt, sondern die des Menschen allgemein. »Ich weiß nicht, ob Sie das gelesen haben, aber die Bakterien, die die Mütter bei der Geburt weitergeben, stammen nicht aus dem Geburtskanal, sondern eher aus dem Bereich um den Hintern.«

Im Vaginal- und Darmmikrobiom finden sich zahlreiche identische Bakterienarten, von welchen das Baby in welchem Ausmaß besiedelt wird, weiß man noch nicht. Doch beide Biome verändern sich im Lauf der Schwangerschaft, und fest steht, dass sie dem Baby bei der Geburt als eine Art Impfung dienen. Und wenn sich im Vaginalbiom der Schwangeren *Staphylococcus*-Bakterien befinden, steigt die Wahrscheinlichkeit, dass das Kind im Alter von fünf Jahren Asthma entwickelt. Bei einer natürlichen Geburt kommt es meist zu einer Darmentleerung. Das Mikrobiom von Kaiserschnittbabys ist Studien zufolge zudem nicht so vielfältig wie das von Babys, die mit einer vaginalen Geburt zur Welt kommen. Auch wenn Schwangere Antibiotika einnehmen, ist das Biom der Babys tendenziell weniger vielfältig. Welche praktischen Folgen all das hat, ist noch nicht wirklich erforscht. Häufig ist ein Kaiserschnitt natürlich lebensrettend.

Aber wie man Babys im Anschluss am besten Mikroben aussetzen könnte, muss noch erforscht werden. Viele Wissenschaftler, mit denen ich gesprochen habe, halten es für gut, einen Abstrich der mütterlichen Vaginalmikroben zu nehmen und auf die Haut des Babys zu streichen.

Bei Babys ist das wohl der »natürlichste« Weg, um Mikroben anzusiedeln. Doch wenn es darum geht, sich im weiteren Leben gesunden Bakterien auszusetzen, sehen Unternehmen wie AOBiome ihre Chance. Wie Krueger sagt: »Wer seinem Mikrobiom in der Dusche jeden Morgen den Krieg erklärt, kann es dann ja wieder aufsprühen.«

Der heilige Gral seiner Branche sind neue Körperpflegeprodukte für den täglichen Gebrauch, und der heißeste Kandidat sind momentan Probiotika. Das erklärt, warum AOBiome und ähnliche Firmen so viel Venture-Capital erhalten. Doch ein einzelnes probiotisches Produkt ist Peanuts im Vergleich zu Kruegers Vision: »Wir sprühen ja momentan nur eine Bakterienart auf, dabei könnten wir Tausende und Hunderttausende wiederansiedeln«, sagt er. »Ich weiß nur noch nicht, welche.«

Das größte Hindernis besteht darin, dass die Verbraucher*innen gar nicht wissen, dass sie Bakterien aufsprühen möchten oder sollten. Wie mir Krueger erklärt, unterscheidet man zwischen primärer und sekundärer Nachfrage. Wenn jemand denkt, er brauche ein Auto, handelt es sich um eine primäre Nachfrage. Wenn Sie dagegen jemand überzeugt, einen Ford zu kaufen, ist das eine sekundäre Nachfrage. Die Generierung der primären Nachfrage setze einen Paradigmenwechsel voraus, so Krueger, und wohl darum sei der Markt für Hautprobiotika bislang noch nicht explodiert. Sei der Paradigmenwechsel einmal erfolgt und das Interesse der Menschen da, Hautmikroben zu kultivieren statt abzuwaschen, könne man sie leichter davon überzeugen, sich für das Produkt, das man herstellt, zu entscheiden. Man müsse dann nur noch ihre Feeds mit der Marke überschwemmen.

Doch der Paradigmenwechsel deutet sich schon an. Wenige Monate nach meinem Treffen mit Krueger berichtete Bloomberg, AO-Biome habe die Lizenz seiner Endverbrauchermarke an einen Ableger von SC Johnson verkauft, den Giganten für Haushaltsprodukte, der Reinigungsprodukte wie Windex und Mrs. Meyer's Handseife verkauft. Auch Unilever und Clorox haben schon in probiotische Marken investiert. Eine beachtliche Kehrtwende für Unternehmen, die eigentlich Keime entfernen wollen.

Das zunehmende Wissen über das Mikrobiom beeinflusst auch bereits das Marketing gut eingeführter Produkte. So startete Dove im Herbst 2019 eine Onlinekampagne mit Tipps für die »Hautmikrobiompflege Ihres Babys«. Die Eltern sollen das Mikrobiom pflegen, weil »sich dort Nährstoffe, Enzyme und Lipide bilden, die für die Hautfunktionen Ihres Babys wichtig sind und es vor schädlichen Bakterien schützen«. Dove empfiehlt ihnen, ihr Baby mit dem Waschgel Baby Dove Tip to Toe (»Baby Dove von Kopf bis Fuß«) zu waschen, da dieses »präbiotische Feuchtigkeit« enthalte.

Wie die meisten Baby-Waschgels besteht auch dieses hauptsächlich aus Wasser und Glycerin. Als »präbiotisch« wird es aufgrund der Annahme bezeichnet, dass jedes Gel, das weniger hauteigene Fette abwäscht als andere Seifen, das Mikrobiom nur minimal beeinträchtigt. Doch wer Seife verkauft und gleichzeitig andeutet, dass Seife im Grunde schlecht sei, bewegt sich auf dünnem Eis. Mit dem Verkauf all der milden, nicht austrocknenden Produkte nähern sich die Unternehmen dem Punkt, an dem sie ein Nichts verkaufen. Sollte der Balanceakt allerdings gelingen, könnten Dove und die anderen Mega-Seifenmarken noch lange bestehen. Je nachdem, wie entschlossen und rechtzeitig sie die Wende von antibakteriell zu probakteriell angehen, könnten sie enorme Gewinne oder Verluste einfahren.

Eigentlich hatte ich nur einen amüsanten Beitrag über das Duschen schreiben wollen, aber offenbar ging es hier um ziemlich viel. Plötzlich wurde ich das Gefühl nicht los, ich arbeitete an einer Recherche über die Zukunft milliardenschwerer Unternehmen. Die wegweisende Forschung wird meist von Unternehmen in Auftrag gegeben oder zumindest gesponsert, die neue Produkte auf den Markt bringen wollen. Und wenn man mit Expert*innen sprechen will, gibt es nur wenige, die ihr Geld nicht auch in der Hautpflegeindustrie verdienen.

***

Der Hauptsitz der US-amerikanischen Gesundheitsbehörde National Institutes of Health (NIH) wirkt wie ein College-Campus für etablierte Wissenschaftler*innen und Ärzt*innen. Verstreut auf lieblichen grünen Hügeln liegen mehrere Laborgebäude, und in der Mitte steht ein weltbekanntes Krankenhaus, das die schwierigsten medizinischen Rätsel der Welt zu lösen versucht.

Es ist einer der wenigen angenehm temperierten, nicht so schwülen Tage in Bethesda, Maryland. Ich habe einen Termin mit Julie Segre, die das Hautmikrobiom als Erste genauer kartiert hat. Schon 2012 beschrieb sie es als »unser zweites Genom« und die Mikroben in und auf unserem Körper als »Quelle genetischer Diversität, bestimmenden Gesundheitsfaktor, wesentlichen Bestandteil unseres Immunsystems und funktionelle Größe, die Einfluss auf den Stoffwechsel und die Wirkung von Medikamenten hat«. Heute konzentrieren sich viele in der Forschung auf das Darmmikrobiom, das Hautmikrobiom hält Segre für unterbewertet.

Sie führt mich über den Campus und dann dorthin, wo der überwiegende Teil der Hautforschung stattfindet. Das Gebäude ist besonders gesichert, weil manchmal versucht wird, die dort lebenden nicht-menschlichen Primaten zu befreien. In ihrem Büro mit Blick über das Gelände holt sie eine farbenfrohe Karte des Hautmikrobioms hervor, die aussieht wie eine Darstellung von Chakren oder Meridianen. Die Grafik hat Segre gemeinsam mit ihrer Mitarbeiterin Elizabeth Grice erstellt; sie beruht wie einstige Weltkarten auf Schätzungen nach bestem Wissen und Gewissen. Es sei, so Segre, als entdecke man ein neues Organ, das man noch nicht richtig verstehe. So wie schon antike Anatomen die Leber kannten, aber man bis heute nicht genau wisse, wie sie funktioniert (damit beschäftigt man sich in einem anderen Gebäude). Die mikrobielle Karte sei jedenfalls ein guter Anfang.

Auf jedem Quadratzentimeter Haut leben ungefähr eine Milliarde Bakterien. Insgesamt dürften es viele Billionen sein und mehrere Hunderte Arten. Die jeweiligen Bakterien hängen von dem Hautmilieu ab, das wir alle aufweisen und das man in die drei üblichen Kategorien fett, feucht und trocken einteilen kann. Eher fettig sind Stirn und Brust, feucht die Achseln und beweglichen Hautfalten in Arm-, Knie- und Leistengegend; der Unterarm ist trocken. Darum ähnelt etwa das Mikrobiom meiner linken Armbeuge nicht dem des linken Unterarms, sondern eher dem meiner rechten Armbeuge.

In diesem salzigen, schweißigen Milieu leben, auch wenn man sich wäscht, zuverlässig dieselben Mikroben. Von dem Milieu werden geruchsproduzierende Bakterien angezogen, die sich an Unterarm oder Bauch partout nicht ansiedeln wollen. Diese Bereiche müssen darum auch weniger oder gar nicht gewaschen werden.

Die Bakterien in solchen Feuchtfalten – der Begriff stammt von Julie Segre, nicht von mir – unterscheiden sich etwa grundlegend von denen auf unserem Oberkörper. Und die größte bakterielle Biomasse auf unserer Haut befindet sich in den Achselhöhlen. Dort können sich die Bakterienkolonien direkt von dem ernähren, was ihnen die apokrinen Schweißdrüsen zur Verfügung stellen. Auch wenn die Haut insgesamt nur sehr wenige Nährstoffe bietet. »Anders als im Darm, wo es ein ständiges Nahrungsangebot für die Bakterien gibt«, erklärt Segre.

Die häufigsten Bakterien auf unserer Haut sind *Staphylococcus, Corynebacterium, Propionibacterium, Micrococcus, Brevibacterium* und *Streptococcus*. In den fettigen Bereichen der Karte, die Segre hochhält, ist viel *Propionibacterium acnes* zu sehen, und dort entsteht, daher der Name, häufig Akne. Allerdings ist der genaue kausale Zusammenhang noch gänzlich ungeklärt. In den beweglichen Falten von Arm- und Kniebeuge kommt dagegen eher Neurodermitis vor. Die Ekzeme korrelieren meist mit einer Zunahme von *Staphylococcus*.

»All diese Krankheiten stehen jedoch eindeutig im Zusammenhang mit einem mikrobiellen Ungleichgewicht«, sagt Segre. Jahrzehntelang galten invasive Bakterienarten als Schuldige, die man wie bei anderen Infektionskrankheiten mit Antibiotika ausrotten könnte, doch nun hat sich herausgestellt, dass das Problem in Wahrheit ein bakterielles Ungleichgewicht ist. Allerdings konnte man das auch lange nicht erkennen, weil es die Technologie zur DNA-Sequenzierung der Mikroben noch nicht gab.

Segre gehört zur ersten Generation von Wissenschaftler*innen, denen diese Technologie von Anfang ihrer Karriere an zur Verfügung stand. Sie machte sich damit am Whitehead/MIT-Zentrum für Genomforschung vertraut und entschied sich für dieses Forschungsfeld, weil es ihr »wirklich gefällt, riesige Datenmengen zu verwalten«. Und bei der Genomforschung geht es genau darum: Als die Welt der Mikroben auf unserer Haut sichtbar wurde, produzierte sie jede Menge Datensätze. Segre beschäftigte sich mit der Hautbiologie schon während ihrer Postdoc-Forschung bei Elaine Fuchs an der University of Chicago. Fuchs wurde für ihre Hautstammzellenforschung 2008 mit der National Medal of Science ausgezeichnet und setzte wiederum die Arbeit ihres Postdoc-Mentors am MIT, Howard Green, fort, der 1975 herausfand, wie man menschliche Haut züchten kann. Man muss dazu nur eine winzige, zwei Millimeter große Stanzbiopsie unserer Haut nehmen und die Stammzellen, dank derer die ständig abblätternden, schuppenden Hautzellen neu gebildet werden, isolieren. Schon kann man daraus alle Hautschichten wachsen lassen.

Doch menschliche Haut im Labor nachwachsen zu lassen, ist mehr als eine akademische Fingerübung. Wenn jemand nach einer Verbrennung eine Hauttransplantation benötigt, ist das beispielsweise ein vielversprechender Ansatz, weil bei eigenem Gewebe das Risiko einer Abstoßungsreaktion wesentlich geringer ist. Genauso ließe sich wohl auch die Wirkung von Hautpflegeprodukten, Medikamenten oder auch Mikroben an im Labor gezüchteter Haut ideal testen. In Segres Labor werden erste solche Tests schon vorgenommen. Die meisten Hautstammzellen, die ihr Team verwendet, kommen von Hautspenden nach Beschneidungen und auch verschiedenen Verkleinerungsoperationen. (Im Übrigen kann man menschliche Hautstammzellen tatsächlich im Internet kaufen. Das Unternehmen Protocell bietet eine Ampulle mit 500.000 aus Vorhaut gewonnener Fibroblasten für 489 US-Dollar an. Allerdings sind sie nutzlos, wenn man nicht weiß, wie man daraus Haut züchtet.)

Segre weiß es, und darum kann ihr Team auf im Labor gezüchteter Haut aus dem 3-D-Drucker mikrobielle Gärten anlegen und deren Funktionsweisen untersuchen. Das Team testet beispielsweise, so Segre, theoretische Kombinationsmöglichkeiten im Wettkampf »Mikrobe gegen Mikrobe«, um zu sehen, wie die verschiedenen Arten untereinander und mit der Haut interagieren. Angesichts der unzähligen Mikrobenarten und der Vielfältigkeit der Haut zieht sich dieser Wettkampf über Millionen von Runden. Und er ist teuer. Wenn man aber das Ökosystem wirklich erforschen und nicht nur die für die nächste Produktentwicklung erforderlichen Aspekte erkunden will, verlangt das erhebliche Investitionen. Segre scrollt durch die Fotos auf ihrem Computer und zeigt mir eins, auf dem sie mit Präsident Obama, Jack Gilbert und anderen Forschenden zu sehen ist. Vor ein paar Jahren hatte Obama sie ins Weiße Haus eingeladen, weil er mehr über das Mikrobiom erfahren wollte. Das zeigt einmal mehr, wie wichtig staatliche Wissenschaftsförderung ist. Sonst müsste auch ich mich bei der Recherche für dieses Buch allein auf die Informationen der Industrie oder auf industriefinanzierte Studien verlassen.

Segre ist vom Hautmikrobiom geradezu fasziniert und über das geringe öffentliche Interesse leicht verwundert. Wenn sie über ihr

Gebiet spricht, klingt fast so etwas wie ein elterlicher Beschützerinstinkt durch: »Ich verstehe nicht, warum die Leute zu den Hautmikroben ein so anderes Verhältnis als zu den Darmmikroben haben«, sagt sie. »Alle Welt will Activia-Joghurt essen und den Darm mit Bakterien besiedeln, und dann verwenden die Leute Desinfektionsgel.«

Für besonders vielversprechend hält Segre momentan allerdings nicht die probiotischen Produkte, also die Bakterien selbst, sondern eher die Präbiotika, mit denen man »den mikrobiellen Garten füttert«. Denn die normalen, nützlichen Bakterien seien bei den meisten Menschen vorhanden und müssten eher gefördert als hinzugefügt werden. Viele, mit denen ich gesprochen habe, stellen sich Probiotika als das Gegenteil von Antibiotika vor. Doch der Gegenspieler der Antibiotika sind eigentlich die Präbiotika: Antibiotika unterdrücken Teile der mikrobiellen Gemeinschaft, Präbiotika fördern sie. Bei den Probiotika geht es um ein völlig anderes Konzept, nämlich um ergänzende externe Organismen, die vielleicht noch nicht einmal auf dem Wirt heimisch sind.

Darum könnte es zielführender sein, Präbiotika zu erforschen und zu testen und schließlich zu verkaufen. Vieles, was heute bereits auf dem Markt ist, wie etwa die erwähnten Deos auf Lehmbasis, wirkt vermutlich präbiotisch. Auch Ceramide werden bereits verkauft. Diese Lipidmoleküle, die natürlicherweise auf unserer Haut vorkommen, sie schützen und geschmeidiger machen, werden zunehmend auch in Hautpflegeprodukten verwendet. Offenbar können Ceramide Mikroben als Nahrung dienen und die Mikroben wiederum der Haut signalisieren, Ceramide zu produzieren. Beides wird zumindest auf Produktetiketten schon versprochen. Doch erst weitere Forschungen werden uns genauer sagen können, wie diese Stoffe unsere Mikrobenpopulationen beeinflussen und wer sie am besten wo auf die Haut auftragen sollte.

»Alle Inhaltsstoffe in solchen Cremes können wohl präbiotisch wirken«, sagt Segre. »Interessant wäre es allerdings zu wissen, ob sie wirklich von einer bestimmten Mikrobe als Kohlenstoffquelle genutzt werden, also als ein Nährstoff, den die Mikrobe zum Wachsen braucht. Doch eigentlich testen die Verbraucher*innen das schon. Sie sagen dann, ›diese Creme gefällt mir und diese nicht‹.«

Auf meine obligatorische Frage nach ihrer persönlichen Körperpflege antwortet Segre, dass sie immer allen sage, sie sollen sich die Hände mit Wasser und Seife waschen. Den Nutzen dürfe man nicht unterschätzen, und bei einem Grippe- oder Choleraausbruch sei das umso wichtiger. Dann könne Händewaschen lebensrettend sein. »Andererseits übertreiben wir es wahrscheinlich, vor allem mit den antibakteriellen Seifen. Wenn wir zu viel Seife benutzen, kann unsere Haut austrocknen und ihr Schutzmantel zerstört werden, was die Bildung entzündlicher Ekzeme begünstigt.«

Wenn Kinder an Neurodermitis leiden, bessert sich das meist bis zum Erwachsenenalter. Aber, so Segre: »Mancher denkt vielleicht, ›okay, den Kindern geht es schlecht, aber das wächst sich ja aus‹. Doch wenn ich ihnen sage, dass [Neurodermitis] Auswirkungen auf das gesamte Leben ihres Kindes haben wird, dann sind die Leute hoffentlich motiviert.« Segre bezieht sich hier auf den »Allergischen Marsch«, das gemeinsame Auftreten von Nahrungsmittelallergien, Neurodermitis und anderen Autoimmunkrankheiten.

Letztendlich geht es darum, diesen zu stoppen oder umzukehren. Und eine vielversprechende Vorbeugungsmaßnahme scheint ein größtmöglicher Kontakt mit Mikroben, besonders in der frühen Kindheit, zu sein. Bei Allergien ist die Wirkung jedenfalls nachgewiesen. Wie eine Studie von Tiffany Scharschmidt an der University of California in San Francisco 2017 zeigen konnte, besaßen Mäuse, die in der ersten Lebenswoche bestimmten *Staph. epidermidis*-Stämmen ausgesetzt waren, regulatorische T-Zellen, die die Bakterien später wiedererkannten. Waren die Mäuse dem Bakterium nicht schon früh ausgesetzt, entwickelten sie eine allergische Reaktion.

Nicht nur Erdnüsse sollte das Immunsystem also früh kennenlernen, die ersten Lebensjahre sind offenbar generell entscheidend. Zwar bleibt das Immunsystem formbar und kann lebenslang durch den Kontakt mit Mikroben beeinflusst werden, aber nur zu Beginn ist es so weich wie frisch gegossener Beton. Danach nehmen wir noch neue Mikroben auf und geben sie wieder ab, aber das Fundament bleibt unverändert. Das einmal aufgebaute Hautmikrobiom einer*s Erwachsenen kann wohl kaum noch dauerhaft verändert werden. Segre beschreibt, man müsste dazu zunächst so keimfrei wie menschenmöglich werden, also ein Chlorhexidinbad nehmen wie Patient*innen auf der Intensivstation, deren Immunsystem so geschwächt ist, dass es keinerlei Krankheitserreger mehr abwehren kann. Anschließend könnte man dann ein funktionierendes Mikrobiom transplantieren.

Mit Darmmikrobiomen wurde das schon erfolgreich gemacht. Das Hautmikrobiom umfasst zwar weniger Mikroben, bringt aber durch die Physiologie der Haut und die zahlreichen je nach Körperbereich unterschiedlichen Biome Herausforderungen mit sich. Die Immunologin Susan Wong von der New Yorker Gesundheitsbehörde hat untersucht, welche Wirkung das von Segre beschriebene Verfahren hat, und festgestellt, dass die Mikroben so tief in den Hautporen liegen, dass sich trotz des großen Aufwands nur ein vorübergehender Effekt erzielen lässt. Wenn die Patient*innen wieder gesund sind und das Krankenhaus verlassen, ist ihre Haut meist bald wieder mit dem Mikrobiom der frühen Kindheit besiedelt.

Eine Behandlung mit Bakteriensprays im Erwachsenenalter dürfte also kaum Wirkung zeigen, im jüngeren Alter vielleicht aber schon. Dennoch sagt Segre: »Ehe ich ein Kind mit lebenden Bakterien besprühe, müssen noch einige Fragen geklärt werden.« Bei Medikamenten könne man leicht berechnen, wie lange sie im Körper bleiben. Die erforderliche Dosierung und die möglichen Nebenwirkungen seien mehr oder minder klar. Und der Körper baue sie mit Sicherheit wieder ab. »Doch bei lebenden Organismen weiß man nicht einmal, ob der Körper sie überhaupt wieder abbauen kann.«

Andere haben sich schon daran gewagt. 2018 wurde Neurodermitis, so die Schlagzeilen, erstmals erfolgreich probiotisch behandelt. Für die Krankheit macht man schon lange eine Überpopulation mit *Staph. aureus* verantwortlich. Die berüchtigten juckenden Ekzeme, die sich durch Kratzen noch verstärken, werden offensichtlich durch entzündliche Proteine des Bakteriums verursacht. Doch statt das Bakterium auszurotten, behandelte man Patient*innen am US-amerikanischen Institut für Allergien und Infektionskrankheiten mit einem anderen Bakterium. Sechs Wochen lang sprühten die Patient*innen zweimal wöchentlich *Roseomonas mucosa* auf ihre Armbeugen, und die meisten stellten danach tatsächlich eine Linderung ihrer Symptome fest. Rötung und Jucken nahmen ab, so Forschungsleiter Ian Myles. Manche brauchten laut eigener Angaben auch nach Ende der »Bakterientherapie« weniger lokale Steroide. Als Myles den Versuch mit Kindern wiederholte, war das Ergebnis dasselbe, aber bei ihnen nahm zusätzlich auch die Anzahl von *Staph. aureus* auf der Haut ab.

»Wenn wir Bakterien einer gesunden Quelle auf die Haut von Menschen mit Neurodermitis geben, wollen wir das Hautmikrobiom so verändern, dass die Symptome nachlassen und die ständigen belastenden Behandlungen überflüssig werden«, sagte Myles damals. Und wenn künftige klinische Studien die Wirksamkeit der Strategie belegen sollten, fügte er hinzu, könnten langfristigere Veränderungen des Mikrobioms das tägliche Auftragen von Produkten überflüssig machen.

Die Veränderung des Hautmikrobioms ist zwar als Behandlungsansatz neu, aber indirekt tun wir das wohl schon lange. Bei Neurodermitis verschreiben Ärzt*innen normalerweise Antibiotika, Steroide und Emollientien (feuchtigkeitsspendende Cremes und Lotionen, die die normalen Hautfette imitieren). Doch Emollientien, so nimmt Segre an, reparieren nicht nur den Hautschutzmantel, sondern dienen auch als Nahrung für andere Mikroben und fördern so beispielsweise das Wachstum von *Roseomonas* oder *Corynebacterium*, die, weil sie nicht genug Nahrung fanden, von *staph* ausgebootet wurden. Doch bis diese Behandlungen wirken, wenn überhaupt, dauert es oft lange, und viele Menschen müssen die Produkte mehrmals täglich anwenden.

Theoretisch könnte man den Kreislauf aus Ekzemen, Steroiden und Antibiotika durch den Einsatz von Probiotika durchbrechen, mit denen man die Haut aktiv und umgehend neu besiedelt. Bei Kindern hat man das mit lokalen Transplantationen eigener nicht entzündeter Haut versucht. Die spezifische mikrobielle Gemeinschaft und die Veränderungen im Zusammenhang mit der Ekzembildung genau zu verstehen, ist dabei die größte Herausforderung.

Könnten wir vorhersagen, wann ein Kind ein Ekzem entwickeln wird, und schon vorbeugend mit der Behandlung beginnen? In einem idealen Szenario würde die Haut regelmäßig getestet, um die drohenden schmerzhaften Ekzeme zu erkennen, ehe sie überhaupt auftreten und den Teufelskreis in Gang setzen.

Richard Gallo von der University of California in San Diego hat bei Kindern mit einem gewissen Erfolg Hautmikrobiome von einer Stelle an eine andere »transplantiert«. Laut einem Artikel, der im Februar 2017 in *Science Translational Medicine* erschien, konnte sein Team die »guten Bakterien« *Staph. hominis* und *Staph. epidermidis* isolieren und züchten, welche antimikrobielle Peptide zur Abwehr von *Staph. aureus* produzieren. Die isolierten chemischen Verbindungen wurden als Rezeptur für eine Hautcreme verwendet, die man auf die Ellenbeuge von Neurodermitis-Patient*innen auftrug (oder transplantierte), und die Symptome besserten sich tatsächlich.

»Wie wir herausgefunden haben, besitzen gesunde Menschen viele Bakterien, die bislang unbekannte antimikrobielle Peptide produzieren. Die Hautbakterien von Menschen mit Neurodermitis tun das nicht«, erklärte Gallo damals. Seiner Ansicht nach habe man viel Arbeit in die Entwicklung von Antibiotika gesteckt, obwohl sich das Ungleichgewicht der Hautmikroben am besten mit chemischen Stoffen bekämpfen ließe, die die Hautbakterien normalerweise selbst hervorbringen. Der Forschungsleiter von Gallos Laborprojekt, Teruaki Nakatsuji, nannte das Transplantat ein »natürliches Antibiotikum«, mit dem man die Tötung unschuldiger Nachbar-Bakterien vermeiden und übermäßigem Antibiotikaeinsatz und Resistenzen entgegenwirken könne.

Ein anderes »natürliches Antibiotikum«, das bei Neurodermitis das Wachstum von *Staph. aureus* abschwächen kann, ist ganz einfach Sonnenlicht. Wie man in Norwegen entdeckte, schrumpften die Bakterienkolonien auf ein Normalmaß, wenn man die Patien*innen vier Wochen lang regelmäßig UV-B-Strahlen aussetzte.

Die Hautmikroben könnten uns also neue Behandlungswege aufzeigen oder erklären, wie die alten wirken, doch ihr größtes Potenzial sieht Segre in einem Einsatz als Prognose-Werkzeug. Jeder Mensch reagiere auf andere Dinge allergisch, und daher sei es mitunter schwierig, zu bestimmen, was bei wem wirke. Wenn sich in einem Forum jemand für ein Hautpflegeprodukt begeistert, dann schwört garantiert jemand anderes, es sei nichts als vergebliche Mühe und herausgeschmissenes Geld.

Vielleicht muss die Behandlung von Hautkrankheiten nicht unbedingt so langwierig und frustrierend sein, das ewige Ausprobieren, das manchmal sogar gesundheitsschädlich ist. Schon in wenigen Jahren könnten Dermatolog*innen das individuelle Hautmikrobiom sequenzieren und mit dem Mikrobiom vergleichen, das während eines Neurodermitis-Schubs auftritt. Auch wenn Neurodermitis keine eindimensionale Krankheit ist, könnte man so erkennen, was genau bei jemandem die Ekzeme auslöst. Das würde eine zielgerichtete Behandlung ermöglichen, vielleicht sogar ein Probiotikum oder ein Präbiotikum statt eines Antibiotikums.

Derweil investieren Wissenschaftler*innen wie Segre ihre schmalen Budgets in drängendere Bedrohungen der Menschheit. Ganz oben auf der Prioritätenliste steht ein tödlicher »Superpilz«, den ihre Abteilung schon länger zu entschlüsseln versucht. Bis vor zehn Jahren wusste man noch gar nicht, dass es ihn überhaupt gibt, doch heute gehört er zu den größten Sorgen der Seuchenbehörden. Sein Name: *Candida auris*, und Segre ist »fasziniert« davon.

Im Jahr 2009 berichtete eine Forschungsgruppe, dass sie im Gehörgang eines japanischen Patienten einen neuen Pilzstamm entdeckt habe. Einige Jahre darauf wurde der Pilz mit rätselhaften Blutinfektionen in Zusammenhang gebracht, die zuerst in indischen Krankenhäusern auftauchten. Später fanden sich weltweit immer mehr Stämme von *Candida auris*. Der Pilz besiedelt die menschliche Haut und kann, wenn ein intravenöser Zugang gelegt wird, in den Blutkreislauf gelangen. Momentan tritt er in Pflegeheimen mit medizinischer Betreuung und Krankenhäusern mit Langzeitbehandlungen auf. In den USA wurde *Candida auris* erstmals 2013 entdeckt, und wie die *New York Times* im April 2019 ausführlich berichtete, hatte es bis dahin mindestens 587 bestätigte Fälle gegeben. Im Oktober desselben Jahres waren es schon 900 Fälle.[15] Die neuen Stämme gelten als Superpilze, weil sie gegen gängige antimykotische Mittel resistent sind.

Alle Mikrobiolog*innen, mit denen ich gesprochen habe, waren der Meinung, dass nicht die Körperpflege an sich, sondern eher die zu vielen Antibiotika unser Darm- und Hautmikrobiom durcheinanderbringen. Weniger duschen verändert unser Mikrobiom wohl kaum, wenn wir uns aber gleichzeitig von der Annahme verabschieden, dass Mikroben schlecht sind, kaufen und verwenden wir wahrscheinlich weniger antimikrobielle Produkte. Und diese tragen in der Tat zur Entstehung mikrobieller »Superkeime« bei, die alles nicht mikrobische Leben auf der Erde bedrohen. Anders gesagt, unsere Sauberkeitsvorstellungen haben drastische Folgen.

Segre findet es insgesamt gut, dass der Gedanke, jeder von uns sei eine Art Superorganismus, immer mehr Akzeptanz findet und wir demnach bei der Verwendung aller Produkte die vielen Mikroben auf und in unserem Körper mitdenken sollten. Als im *New England Journal of Medicine* 2013 ein Artikel über die vielversprechende Behandlung der häufig tödlichen Krankheit *Clostridium difficile* mit Stuhltransplantationen erschien, zeigten sich viele noch angeekelt und entrüsteten sich, dass man so etwas überhaupt ausprobiert. Selbst einige Ärzt*innen äußerten sich verächtlich, so sehr widersprach dies offenbar einem seriösen, hygienischen Medizinerethos.

Heute stehen Probiotika überall in Regalen und Kühlschränken, und Stuhltransplantationen gehören mehr und mehr zur Krankenhauspraxis. Noch steckt die Behandlung in den Kinderschuhen und vieles ist noch unerforscht (etwa warum schlanke oder adipöse Patient*innen plötzlich zu- beziehungsweise abnehmen, als würde das neue Mikrobiom ihren Metabolismus grundlegend verändern), aber manchen Patient*innen konnte so schon das Leben gerettet werden. Im Gespräch mit Segre denke ich laut darüber nach, wie faszinierend es doch sei, dass das US-Gesundheitswesen die siebtgrößte Ökonomie der Welt ist und einer der spannendsten Durchbrüche der letzten Jahrzehnte darin besteht, den Stuhl anderer in unsere Körper zu verpflanzen.

»Na ja«, sage ich, während wir beide in die Ferne starren, »ich sollte wohl langsam gehen.«

»Ja, es ist spät geworden.«

Segre begleitet mich im Fahrstuhl nach unten, und ich versichere dem Wachpersonal, dass ich keins der Äffchen eingesteckt habe. Beim Abschied frage ich Segre noch, ob sie von jemandem wisse, der sich mit der Entwicklung spannender mikrobischer Hautpflegeprodukte beschäftigt, aber abseits von dem ganzen Hype. Sie rät mir, mit Julia Oh zu sprechen. Also verlasse ich den NIH-Campus und fahre in Richtung Norden, dorthin, wo aus staatlich finanzierter Forschung Unternehmensgewinne generiert werden.

***

Am Jackson Laboratory for Genomic Medicine in Farmington, Connecticut, lässt Julia Oh Hautprobiotika Wirklichkeit werden.

Ehe Oh sich den Hautmikroben zuwandte, erforschte sie in Harvard die Chemogenomik von Pilzen und in Stanford die Genomik von Weinhefe. Wein ist für die Menschen wichtig, dachte sie, aber die Haut ist noch wichtiger. Oh ist davon überzeugt, dass das Hautmikrobiom »eine aktive, bedeutsame Rolle für den Aufbau einer gesunden Haut spielt«.

Die Frage ist allerdings, wie unsere Mikroben überhaupt mit den Hautzellen interagieren. Im Jahr 2017 erhielt Oh einen New Innovator Award in Höhe von 2,8 Millionen US-Dollar, mit dem die NIH »außergewöhnlich kreative junge Forschende mit innovativen, zukunftsweisenden Projekten« fördern will. Oh wollte mit ihrem Projekt die technologischen Möglichkeiten zur Entwicklung von probiotischen Behandlungen für verschiedene Haut- und Infektionskrankheiten erforschen. Offensichtlich geht man also an dieser Schlüsselstelle der Hautforschung davon aus, dass die nächste Produktgeneration die Wirkung von Hautmikroben, auch solchen, die nicht mehr oder noch nicht auf unserer Haut leben, nutzen und manipulieren wird.

Oh möchte die Förderung nutzen, um neue Erkenntnisse darüber zu gewinnen, wie sich probiotische Stämme in eine bestehende mikrobielle Gemeinschaft einfügen. Zudem erforscht ihr Labor mithilfe von Versuchen und Computermodellen, wie sich das Hautmikrobiom zusammensetzt, wie widerstandsfähig es gegenüber Störungen ist und wovon es abhängt, ob fremde Mikroben sich behaupten und in das Ökosystem integrieren können. Für mich klingt das wie die Ankündigung einer bemannten Raumfahrt zum Mars, aber Oh ist zuversichtlich.

Sie hält Probiotika für einen vielversprechenden Weg zur Behandlung von Hautkrankheiten. Durch die Veränderung des Immunmilieus könne man die eigentlichen Ursachen von Hautinfektionen und -krankheiten besser bekämpfen und unnötige Entzündungen vermeiden.

Doch wenn das Immunsystem mittels Mikroben feinjustiert und verändert werden soll, steht man vor der schwierigen Aufgabe, bestimmte Mikroben auf der Haut anzusiedeln. In einem von Ohs Versuchen wurden Mäuse zwanzig Wochen lang dreimal wöchentlich mit Mikroben übergossen, und trotzdem machten die neuen Mikroben am Ende gerade einmal zwei Prozent des gesamten Hautmikrobioms der Mäuse aus. Also musste es, so die Erkenntnis, inhärente Kräfte geben, die das Hautmikrobiom zumindest für diese Mikroben mehr oder weniger empfänglich machen. Einige Stämme konnten sich auf einer der Mäuse ansiedeln, aber nicht auf anderen. Das warf Fragen auf: Ist es eine Platzfrage? Verhindern die Mikroben im Haarfollikel prinzipiell, dass sich andere ansiedeln (»hier ist besetzt«), weil das Ökosystem keine freien Kapazitäten mehr hat? Ist es eine Frage begrenzter Ressourcen? Werden die Mikroben durch eine Immunreaktion ferngehalten?

Wenn man das Hautmikrobiom von Menschen auf berechenbare und unbedenkliche Weise verändern möchte, muss man verstehen, wie all das zusammenspielt. Manche Mikroben wie Staphylokokken sondern beispielsweise Moleküle ab, um andere an der Besiedelung zu hindern. Andere machen ihren Kollegen das Leben schwer, indem sie das Immunsystem der Haut aktivieren. Und wieder andere wandern umher, schlürfen Hautöle und scheiden Säure aus, um den pH-Wert der Haut zu senken. Das bedeutet, selbst scheinbar harmlose neue Mikroben können die Biomgemeinschaft auf völlig unvorhersehbare Weise aus dem Gleichgewicht bringen.

Während Oh und ihr Team diese Interaktionen erforschen, treiben sie noch einen anderen Ansatz voran: Statt die Populationen zu verändern, könnte man sich auch bereits vorhandene Mikroben für die Behandlung zunutze machen. Man könnte sie etwa als Träger therapeutischer Wirkstoffe einsetzen, die unsere Immunreaktion verändern.

So erforscht Oh unter anderem auch, welche Mikroben welche Immunzellen aktivieren können, und katalogisiert bereits bekannte Interaktionen zwischen Hautmikroben und dem Immunsystem der Haut. Die Idee: Theoretisch könnte man durch einen Abgleich der individuellen mikrobiellen und genetischen Landkarte eines Menschen mit dem erstellten Katalog die Ursachen individueller Symptome ausmachen.

Oh hat auch neue CRISPR-Genscheren entwickelt. Denn sie will nicht nur wissen, welche Bakterien welche Aufgaben haben, sondern auch, welche Bakterienmerkmale im Einzelnen für die Veränderung des Immunsystems verantwortlich sind. In Zusammenarbeit mit dem Biochemiker und Venture-Capital-Unternehmer Travis Whitfill hat sie den gentechnischen Ansatz auf Hautkrankheiten angewendet. Whitfill ist Mitbegründer des Biotechnologieunternehmens Azitra, mit dem er es 2018 in die *Forbes 30 under 30*-Liste schaffte, nachdem er vier Millionen US-Dollar zusammengetragen hatte, um herauszufinden, wie man »gutartige Hautbakterien zur Behandlung von Hautkrankheiten nutzen kann«. Bis Ende 2019 sammelte das Unternehmen Wagniskapital von über 20 Millionen US-Dollar.

Azitra möchte Bakterien in die weltweit winzigsten Apotheker verwandeln. Oh und anderen ist es gelungen, *Staph. epidermidis*-Bakterien, die fast auf jeder Haut vorkommen (und daher leicht auf Patient*innen übertragbar sind), genetisch so zu verändern, dass sie immunverändernde Stoffe absondern, beziehungsweise in »Aktiva« zu verwandeln, wie Whitfill es ausdrückt, »die therapeutisch relevante Proteine« ausscheiden. Er hofft, verschiedene Hautkrankheiten und ihre Symptome damit behandeln zu können. Momentan testet sein Unternehmen, ob die Produkte auch im realen Leben die erwünschte Wirkung zeigen und wie man sie richtig dosiert. Das größte Potenzial sieht Whitfill in der Behandlung seltener genetischer Hautkrankheiten, bei denen bestimmte Proteine fehlen. Momentan müssen die Betroffenen häufig mehrmals täglich eine Creme auftragen oder sie müssen eine Tablette nehmen, die andere Organe negativ beeinflussen kann. Könnte man die Haut mit Arzeimittel produzierenden Mikroben besiedeln, wäre eine kontinuierliche Behandlung gewährleistet.

Babys mit Netherton-Syndrom besitzen beispielsweise eine spröde, schuppige und stark poröse Haut, die dazu neigt, Flüssigkeiten abzusondern, sodass das Kind zu dehydrieren droht oder anfällig für Mikroben ist, die lebensbedrohliche Blutinfektionen auslösen können. Wenn die Kinder überleben, leiden sie lebenslang an teils auch stressbedingten Ekzemen. Die meisten entwickeln immunbedingte Krankheiten wie Nahrungsmittelallergien, Heuschnupfen oder Asthma. Und all das beginnt offenbar mit einem überaktiven Enzym, das Hautzellen abbaut. In Laborversuchen konnte das Enzym durch das Protein LEKTI blockiert werden. Im Jahr 2019 gaben Oh und ihr Team bekannt, dass es ihnen gelungen sei, einen *Staph. epidermidis*-Stamm zu erzeugen, der LEKTI absondert. Könnte man das Bakterium in die Haut der Betroffenen integrieren, müssten sich ihre Symptome theoretisch lindern. Ob das so ist, wird momentan in klinischen Versuchen getestet.

Mit einem anderen markengeschützten Azitra-Bakterienstamm soll Neurodermitis behandelt werden. Das Bakterium wurde genetisch so ausgestattet, dass es das Protein Filaggrin produziert, welches Keratinfilamente bindet und die Haut von der Außenwelt abschirmen könnte. Ohne Filaggrin können entzündungsauslösende Antigene leicht durch Hautrisse eindringen. Wenn man die winzigen Bruchstellen minimiert, die mit Neurodermitis-Ekzemen in Zusammenhang gebracht werden, könnte der unvorhersehbare Ausbruch der stark juckenden Ekzeme theoretisch aufgehalten oder ganz verhindert werden.

Gentechnisch veränderte Bakterien auf den eigenen Körper zu geben, hört sich nicht unbedingt nach einem überzeugenden Verkaufsargument an. Es widerspricht fundamental fast sämtlichen Sauberkeitsvorstellungen der Menschheitsgeschichte. Doch Whitfill ist überzeugt davon, dass die Menschen ihre Einstellungen überdenken werden, je gängiger solche Behandlungen werden. Die von Azitra entwickelten Produkte sollen als rezeptpflichtige Arzneimittel getestet werden und den entsprechenden Vorschriften unterliegen. Anfang 2020 kündigte das Unternehmen aber auch an, gemeinsam mit Bayer Kosmetik- und Körperpflegeprodukte mit gentechnikfreien *Staph. epidermidis* zu entwickeln. Diese müssen den strengen Zulassungsprozess für Arzneimittel nicht durchlaufen und könnten daher wesentlich schneller auf den Markt kommen. Sie dürfen nur nicht behaupten, Krankheiten behandeln oder heilen zu können. »Auf dem Etikett darf nicht stehen, dass das Produkt Neurodermitis heilt«, erläutert Whitfill, »aber so etwas wie ›speziell für zu Neurodermitis neigende Haut‹ schon«.

Ob die Produkte Menschen mit Neurodermitis nachweislich helfen können oder nicht, die Werbeslogans werden das implizit behaupten. Angesichts der enormen Anzahl lösungshungriger Verbraucher*innen ist der Boden für den großen Hautprobiotika-Markt schon bereitet, hinzu kommen außerdem noch alle, die ganz ähnliche verschreibungspflichtige Bakterienstämme anwenden werden. Whitfill beschreibt sein Konzept in einem Interview, das 2018 in einem Marketing-Podcast für Investoren im Biopharmaziebereich veröffentlicht wurde, und sicher blitzten in den Augen des Moderators die Dollarzeichen auf, als er eins und eins zusammenzählte: »Und das eröffnet Ihnen auch andere Märkte wie Kosmetik und Beauty, in denen die Kosten ja ganz andere sind als bei der [Arzneimittelherstellung].«

»Genau. Es ist zwar nicht ganz so günstig wie die Joghurtherstellung, aber nicht weit davon entfernt«, antwortete Whitfill. »Bei Verbrauchergesundheit, frei verkäuflichen Produkten und all solchen Dingen ist die Spielwiese groß.« Dank der neuen FDA-Marktkategorie »Lebende biotherapeutische Produkte« könnten solche Bakterien umgehend auf den Markt gebracht werden.

»Langsam gibt es ein öffentliches Bewusstsein für das Mikrobiom, und viele Verbraucherprodukte sind ja keineswegs mikrobiomfreundlich«, fährt Whitfill fort. »Unser Produkt ist hingegen natürlich, unbedenklich, kompatibel mit dem Mikrobiom und kann das mikrobielle Gleichgewicht wiederherstellen. Wie uns unsere Marktforschungen zeigen, wollen die Verbraucher*innen ein solches Produkt.«

Auch wenn die meisten Menschen, mit denen ich gesprochen habe, von der Idee, in Bakterien zu baden, nicht gerade begeistert waren, könnte das altbewährte Versprechen von etwas »Natürlichem«, das »das Gleichgewicht wiederherstellt«, die Produkte beliebt machen. Doch was die Leute kaufen, muss nicht unbedingt identisch sein mit dem, was wirkt, unbedenklich ist und guttut. Die Produkte werden wohl auch bei jedem anders wirken, weil jeder eine einmalige Haut mit einem einmaligen Mikrobiom hat: das individuelle Ergebnis der kumulativen Interaktion zwischen Mikroben, Umweltreizen und genetischer Prädisposition. Außerdem dürfte eine standardisierte Dosierung schwierig sein, wenn man Menschen mit lebenden Bakterien besiedelt, die sich vermehren, gedeihen – oder sterben.

Bedenkt man, wie unterschiedlich Menschen sind und wie schwierig es ist, die Haut über einen signifikanten Zeitraum mit neuen Mikroben zu besiedeln, dann scheint die optimistische Prämisse auf einmal doch extrem komplex. Als ich versuche, mir ein Bild davon zu machen, was auf dem neuen Gebiet momentan wohl wirklich realistisch ist, muss ich wieder an die Biodiversitätshypothese denken. Man wird mit gentechnisch veränderten Hautmikroben wohl tatsächlich Symptome behandeln können, aber erst einmal könnte man auch ein gesundes Hautmikrobiom aufbauen. Und die bewährteste Methode für ein optimal entwickeltes Immunsystem ist offenbar, wie früher allgemein üblich, Kinder in frühem Alter vielfältigen Mikroben auszusetzen. Oder wie Oh selbst sagt: »Wenn das Hautmikrobiom erkrankt ist, braucht man Behandlungsziele. Aber wenn das Hautmikrobiom gesund ist, geht es eher darum, keinen Schaden anzurichten.«

IX. ERFRISCHT

Eines Nachts im Jahr 2008 lag der Handelsvertreter Shawn Seipler schlaflos in seinem Hotelbett und grübelte über die Sinnlosigkeit des Daseins nach.

Es bekümmerte ihn die Vorstellung, dass er mit seiner Arbeit, der Vermittlung von Partnerschaften zwischen Technologie und Industrie, nichts Produktives für diese Welt leistete. Auf einmal schien ihm seine Reisetätigkeit die reinste Verschwendung. Er dachte an den CO_2-Fußabdruck, den er mit seinen Flügen kreuz und quer durchs Land hinterließ, an die vielen Hotelübernachtungen, aber auch an die zahllosen Kleinigkeiten. Irgendwann rief er in der Hotelrezeption an und fragte, was sie mit all den halb aufgebrauchten Seifenstücken machten.

Wie kaum anders zu erwarten, sagte man ihm, sie würden weggeworfen. Seipler führte sich vor Augen, wie viele Seifenstücke das sein mussten, multiplizierte sie mit der Anzahl der Hotelübernachtungen allein in den USA und schätzte, dass täglich ungefähr fünf Millionen Seifenstücke in den Müll geschmissen wurden.

Danach fiel ihm das Einschlafen nicht gerade leichter.

Anfang der Siebzigerjahre übernahmen die Hotels in den USA die europäische Idee, den Gästen Seife aufs Zimmer zu legen. Die Hotelketten, kostenbewusst wie immer, wollten sich möglichst ohne großen Aufwand von der Konkurrenz abheben. Mit einem kleinen Seifenstück im Bad und einem Bonbon auf dem Kopfkissen fühlte sich der Gast selbst im trostlosesten Zimmer umsorgt, auch wenn es bei genauerem Hinsehen schmutzig war.

Natürlich konnte ein benutztes Seifenstück oder eine halb leere Sparflasche Shampoo dieses Gefühl nicht so gut vermitteln wie eine eigene, unberührte Seife. Jedes Stück war einzeln verpackt, eingewickelt in zartes dekoratives Papier oder abgefüllt in winzige Fläschchen und wurde auf jeden Fall, egal ob benutzt oder unbenutzt, weggeworfen.

Wer an den Müll oder den eigenen CO_2-Fußabdruck denkt, kann bei dem Gedanken leicht in Panik verfallen. (Mittlerweile gibt es die Diagnose »Klimaangst«.)

Seipler gelang es, diese Energie produktiv zu nutzen. Von seinem neuen Ziel beseelt, gründete er eine Recycling-Organisation für gebrauchte Hotelseife. Die Seifenreste werden eingeschmolzen, neu geformt, nett verpackt, so wie man es heute erwartet, und als neues Seifenstück an Bedürftige verteilt. Die Organisation heißt »Clean the World«.

An ihrem Hauptsitz in Florida werden die gebrauchten Seifenstücke in riesigen Behältern zuerst nach Farben und Düften sortiert, damit nur gleiche Seifen eingeschmolzen und neu geformt werden. Dann werden die zusammengehörigen Seifenstücke zerkleinert und eingeschmolzen. Die dabei entstehende Hitze tötet alle eventuell noch anhaftenden menschlichen Keime ab. Das Endprodukt ist ein schönes Stück Seife, das um die ganze Welt geschickt werden kann. Nach Angaben von Clean the World wurden bislang über 50 Millionen Seifenstücke in über hundert Länder versandt.

Doch eigentlich geht es um viel mehr als nur die Verschwendung von Seife. Clean the World möchte in erster Linie hygienebedingten Infektionskrankheiten vorbeugen, und dahinter steht eigentlich die Frage nach der menschlichen Würde, ob ein Mensch seine Grundbedürfnisse befriedigen kann. Wenn wir an den übertriebenen Gebrauch von Körperpflegeprodukten denken, geht es nicht nur um Umweltprobleme, um Antibiotika oder Plastikshampooflaschen, die als Müllinseln auf den Ozeanen schwimmen. Und selbst die oben erwähnten Autoimmunerkrankungen wie Neurodermitis, Akne oder

Asthma und alle anderen Krankheiten, die unser Wohlstand vielleicht erst hervorgebracht hat, sind nur Teil eines größeren Problems.

Während in vielen Regionen der Welt Überfluss und Naturferne zunehmen, sind anderswo noch immer zwei Milliarden Menschen von Tod oder Infektionskrankheiten bedroht, die sich leicht vermeiden ließen, wenn es überall wenigstens eine sanitäre Grundversorgung gäbe. Ein Drittel der Weltbevölkerung hat, so UNICEF 2019, keinen regelmäßigen Zugang zu sauberem Trinkwasser, und ein noch größerer Teil kann die Hände nicht im eigenen Zuhause mit Wasser und Seife waschen. Bei dem Hygieneproblem geht es nicht einfach nur um ein Zuviel oder Zuwenig, sondern um ein drastisches Ungleichgewicht in unserer Welt.

Clean the World ist darum Teil des WASH-Programms der Vereinten Nationen (Wasser, Sanitärversorgung und Hygiene), das dazu beitragen will, »die extreme Armut in der Welt zu beenden, die Ungleichheit zu verringern und die Erderwärmung global in Angriff zu nehmen«. Vieles davon ist letztlich eine Frage von Wasser und Seife. Im Katastrophenfall wird das häufig besonders sichtbar. Nach dem Erdbeben von Haiti 2010 starben ungefähr 8000 Menschen an Cholera, einer Krankheit, die sich mit sauberem Wasser und Hygiene gänzlich verhindern ließe.

Doch häufig geht es bei dem Zusammenhang zwischen Armut und Gesundheit um die tägliche Hygiene. Hygienebedingte Krankheiten wie Durchfall oder Lungenentzündung waren 2020 noch immer die häufigste Todesursache bei Kindern unter fünf Jahren. Schätzungsweise 90 Prozent davon ließen sich durch Hygiene, sanitäre Anlagen und sauberes Wasser verhindern. Wenn man möglichst viele Leben möglichst kostengünstig retten will, wäre es medizinisch wohl am effizientesten, weltweit den Zugang zu sauberem Wasser, Seife und Toiletten mit strikter Trennung zwischen Abwasser und Trinkwasser zu ermöglichen.

In Mosambik ist das Problem laut UN besonders groß. Die Hälfte der Bevölkerung hat keinen Zugang zu sauberem Wasser. Meldina Jalane, fünfundvierzig Jahre alt und Hauswirtschafterin, wuchs in Maputo auf, der bevölkerungsreichsten Stadt des Landes. Ihre Kindheit und Jugend, berichtet sie mir nüchtern, habe sie damit zugebracht, Wasser nach Hause zu schleppen. Viermal die Woche und meistens nachts, weil es dann kühler war und die Chancen besser standen, dass der Brunnen nicht trockengefallen war, seien sie und ihre Geschwister losgegangen und hätten Wasser für den Wassertank der Familie geholt. Als Zehnjährige trug sie fünf Liter. Als junge Erwachsene war sie professionelle Wasserträgerin und balancierte auf ihrem Kopf Vierzig-Liter-Kanister zu Baustellen, wo man Zement damit anrührte.

Und selbst wenn der Wassertank der Familie gut gefüllt war, konnte man das Wasser nicht sofort trinken, es musste erst abgekocht werden. Heute verwendet Jalane dafür ein Produkt namens Certeza, das direkt in den Tank gegeben werden kann. Certeza – Portugiesisch für »Gewissheit« – ist eine mit Wasser verdünnte Natriumhypochloridlösung, die bei Bedarf eingesetzt wird. Das Produkt kam 2004 auf den Markt und wird zu einem subventionierten Preis über private Händler verkauft. Es handelt sich also um eine individuell verantwortete Wasserreinigung. Statt Ressourcen zu bündeln und das Wasser zentral zu klären, trägt jeder ein kleines Fläschchen mit sich und gießt das Produkt vor dem Trinken ins Wasser.

Der Vertrieb von Certeza wird durch eine Kombination aus staatlicher Förderung und internationaler Hilfe finanziert. In den Industrieländern könne man sich das Ausmaß des Problems kaum vorstellen, sagen die US-Amerikaner Brenda und Stephen Valdes-Robles, die die letzten zehn Jahre überwiegend für dieses und andere USAID-Projekte in und um Maputo gearbeitet haben. Die meisten von uns halten eine funktionierende öffentliche Wasserversorgung für selbstverständlich, dabei war sie, wie in vielen Weltregionen noch heute, die längste Zeit purer Luxus.

Vor Kurzem war Jalane zum ersten Mal in den USA. Am meisten

habe sie in New York beeindruckt, sagt sie, wie regelmäßig die Müllabfuhr kam. In den USA hat New York den Ruf, besonders im Sommer nach Müll zu riechen. Doch eigentlich grenzt es an ein Wunder, dass diese so dicht besiedelte Stadt dank der New Yorker Abfall- und Abwasserbetriebe nicht konstant nach Müll stinkt.

Obwohl das Wasser so kostbar ist oder vielleicht genau deshalb, haben Jalane und ihre Familie immer größten Wert auf ein sauberes Erscheinungsbild gelegt – und sich dafür sogar nachts auf den Weg gemacht. Da in den Augen der Gesellschaft Sauberkeit mit Status verbunden war, konnte man sich gar nichts anderes leisten, wenn man irgendeine Aussicht auf den sehr unwahrscheinlichen sozialen Aufstieg haben wollte, der Jalane dann tatsächlich gelang.

***

Mosambik ist bei Weitem kein Einzelfall. Wir befinden uns – und befanden uns stets – mitten in der von Gesundheitsexpert*innen so genannten »globalen Wasserkrise«. Trotz all der hochtrabenden Erfindungen, die man im Silicon Valley und auf globalen Medizintechnik-Konferenzen stolz präsentierte, um seltene Stoffwechselsyndrome zu heilen und die komplexen Krebs-Pathophysiologien zu reduzieren, haben Mediziner*innen noch immer keine Lösung für ein scheinbar simples Problem: Die Gewährleistung eines universellen Zugangs zu Wasser und sanitären Anlagen.

»Hygiene ist eine der kostengünstigsten Gesundheitsmaßnahmen der Welt«, sagt Sarina Prabasi. »Dabei geht es wirklich vor allem um Wasser und Seife.« Zum Zeitpunkt unseres Gesprächs war Prabasi CEO von WaterAid, einer globalen Non-Profit-Organisation, die Gesundheit mit sauberem Wasser gleichsetzt. WaterAid baut in Ländern mit besonders schlechter Wasserversorgung Regenwassertanks, Handpumpen und Brunnen. Nach Schätzungen der Organisation sind 60 Prozent der Weltbevölkerung von »Wasserstress« betroffen, haben also kein sauberes Trinkwasser in unmittelbarer Nähe.

Dadurch sterben nicht nur Hunderttausende Kinder an Infektionskrankheiten. Die Beschaffung von sauberem Wasser wird damit für einen Großteil der Weltbevölkerung auch zu einer der größten und zeitraubendsten alltäglichen Sorgen. Prabasi hat zuvor in Äthiopien bei der Bekämpfung der Augenkrankheit Trachom mitgewirkt, der weltweit häufigsten Ursache für vermeidbare Erblindungen. »Selten habe ich furchtbareres Leid gesehen«, sagt sie und beschreibt die zehrende Infektion, durch die sich die Wimpern nach innen drehen. »Der Hauptgrund dafür ist mangelnde Hygiene. Dabei muss man sich nur regelmäßig das Gesicht waschen können.«

Die Krankheit, die vor allem bei Kindern im Vorschulalter auftritt, kann zwar vom Immunsystem bewältigt werden, doch wenn sie jahrelang wiederholt auftritt und unbehandelt bleibt, vernarbt das Augenlid, und die einwärts gedrehten Wimpern zerkratzen die Hornhaut, bis man schließlich erblindet. Bei Frauen kommt dies viermal häufiger vor als bei Männern, vermutlich, weil sie in unverhältnismäßig höherem Maße für die Versorgung der Kinder verantwortlich sind. Die Weltgesundheitsorganisation beziffert die jährlichen Kosten für die Wirtschaft mit acht Milliarden US-Dollar.

Während Krankheiten wie das Trachom heute nur noch lokal auftreten, sind die Herausforderungen in anderen Bereichen wie der Menstruationshygiene, so Prabasi, wesentlich schwieriger zu meistern. Dass eine so grundlegende Funktion des menschlichen Körpers vielfach ignoriert wird, schlägt sich weltweit wirtschaftlich nieder und beeinflusst die Stellung der Frau überall dort, wo eine entsprechende Aufklärung und leicht zugängliche Hygieneprodukte fehlen, selbst in den USA. Wegen Problemen im Zusammenhang mit der Menstruationshygiene gehen jedes Jahr weltweit Millionen Mädchen vorzeitig von der Schule ab.

»Die Monatshygiene hat sich im Lauf der Jahre bei uns zu einem immer größeren Tätigkeitsbereich entwickelt«, sagt Prabasi. In Nepal etwa ist die Menstruation besonders stark stigmatisiert. Viele junge Frauen fehlen dort jeden Monat vier bis fünf Tage in der Schule, weil sie keine Möglichkeit zur Monatshygiene haben.

»Oft gibt es in der Schule keine Privatsphäre oder Toiletten«, sagt sie. »Die Mädchen fallen schulisch zurück, wodurch die Wahrscheinlichkeit steigt, dass sie schließlich ganz abgehen.«

In Mosambik haben nur 25 Prozent der ländlichen Schulen Toiletten.

Wo es im Zusammenhang mit der Körperpflege zu erheblichen Ungleichgewichten kommt, können schon sehr kleine Maßnahmen, die oft nicht mehr kosten als ein Döschen gentechnikfreier probiotischer Gesichtscreme, einem Leben eine völlig andere Richtung geben.

Während ich an diesem Buch arbeitete, hatte ich eine Besprechung mit dem Dekan der Yale School of Public Health, an der ich unterrichte, und wir unterhielten uns über das, worüber ich gefühlt schon lange als Einziges rede, nämlich über Körperpflege und Hautmikroben. Plötzlich leuchteten seine Augen auf. Vor vielen Jahren, so erklärte er mir, habe er nach zahlreichen Todesfällen mehrere Studien zu Scheidenspülungen durchgeführt.

Die negativen Auswirkungen der Körperpflege auf das Mikrobiom wurden vielleicht tatsächlich erstmals im Zusammenhang mit Scheidenspülungen in einem größeren Rahmen thematisiert; bei diesen Spülungen soll die Scheide mit Wasser und anderen Produkten »gereinigt« werden. Durch öffentliche Gesundheitskampagnen wurde mit dem Gedanken, sie seien notwendig oder unbedenklich, wohl weitgehend aufgeräumt, doch jahrhundertelang waren sie gängige Praxis. In den Vierzigerjahren warb Lysol damit, frau könne mit dem Produkt »ihre weibliche Verführungskraft« bewahren, weil es die »fantastische, bewährte Fähigkeit« besitze, »augenblicklich Keime abzutöten« und »den Vaginalkanal gründlich zu reinigen«. Auch viele Ärzt*innen rieten zu Scheidenspülungen oder hielten sie zumindest für harmlose Körperpflege. Bis Epidemiolog*innen bei Frauen, die Spülungen anwendeten, besonders hohe Infektionsraten beobachteten.

Die Öffentlichkeit ließ sich nur schwer davon überzeugen, dass das Desinfizieren oder Spülen auch dann gesundheitsschädlich sein konnte, wenn das Produkt nicht verunreinigt war. Doch diese Infektionen konnte man sich nicht so einfach irgendwo anders einfangen. Häufig waren es Tripper oder Chlamydien. Durch die Spülungen, so mein Dekan Sten Vermund und seine Co-Autorin Jenny Martino in einem Fachartikel von 2002, wurden die normalerweise im Scheidenkanal lebenden Mikroben vermutlich beseitigt, und weil diese fehlten, konnte das Gewebe von sexuell übertragbaren Krankheiten besiedelt werden. Sie eroberten quasi die frei gewordene »ökologische Nische«.

Damals arbeiteten die beiden in Alabama. Dortigen Ärzt*innen waren als Folge von Scheidenspülungen Fälle lebensbedrohlicher Bauchfellentzündungen und Eileiterschwangerschaften aufgefallen, besonders unter Afroamerikanerinnen und Hispanoamerikanerinnen. Die Infektionen wanderten über den Fortpflanzungstrakt bis ins Becken. Obwohl hie und da schon seit einiger Zeit über die Gefahren berichtet worden war, hatten Bevölkerungsgruppen mit geringerem Zugang zu Gesundheitsfürsorge ein erhöhtes Risiko, Falschinformationen und gezieltem Marketing zu erliegen und aufgrund fehlender ärztlicher Grundversorgung schwerer zu erkranken.

Dass es so lange gedauert hat, bis der Zusammenhang aufgedeckt wurde, und noch immer Frauen auf der ganzen Welt Scheidenspülungen durchführen, liegt unter anderem daran, dass man über dieses Thema in der Öffentlichkeit nicht gerne spricht. Genauso wenig wie über das toxische Schocksyndrom, einer tödlichen Überreaktion des Immunsystems auf *Staph. aureus*, der sich auf Tampons ausbreiten kann, vor allem wenn sie zu selten gewechselt werden. Durch eine bessere Informationspolitik und mehr Offenheit gegenüber solchen Fragen der Körperpflege hätten sich viele schwere Erkrankungen und Todesfälle vermeiden lassen. Aber natürlich auch durch eine bessere Verfügbarkeit von Tampons. Häufig werden sie nämlich rein aus Kostengründen selten gewechselt. Dabei sind Tampons und andere Monatshygieneprodukte mit die einzigen unerlässlichen Körperpflegeprodukte. Trotzdem werden sie in vielen US-Staaten besteuert.[16] Und das, obwohl das Bundesgesetz die Besteuerung medizinisch notwendiger Produkte verbietet.

Doch nicht nur hier wird durch Tabus im Bereich der Sexualität und Körperpflege verhindert, dass Probleme ausreichend erforscht und diskutiert werden. Dasselbe gilt für die Analhygiene. Im Endeffekt lassen sich nämlich die meisten Infektionskrankheiten auf unsere körperlichen Abfallprodukte zurückführen. Im Grunde wäscht man sich nach der Toilette die Hände, um Fäkalpartikel zu entfernen. Doch selbst wo es nicht an Wasser und Seife mangelt, waschen sich die meisten nach dem Stuhlgang nicht gründlich genug oder gar nicht die Hände. Als Forschende der Michigan State University im Jahr 2013 untersuchten, wie viele Menschen sich nach der Benutzung öffentlicher Toiletten gründlich die Hände wuschen, kamen sie auf ungefähr fünf Prozent.

Doch natürlich muss man sich nicht nur die Hände waschen. Besucher aus wohlhabenden Ländern sind häufig schockiert, wenn sie die amerikanischen Toilettengewohnheiten kennenlernen. Der Markt wird seit Jahrzehnten von trockenem Toilettenpapier beherrscht. Es gibt nur wenig Werbung für etwas, womit man »seinen Hintern besser säubern« könnte. In letzter Zeit sind Feuchttücher etwas beliebter geworden, obwohl sie zu Umweltproblemen führen, da sie die Abflussrohre verstopfen. Außerdem kosten sie einfach viel. Mittlerweile gibt es neuere biologisch abbaubare Produkte, die angeblich in der Toilette entsorgt werden können, aber sie sind immer noch teurer als die Klopapierrollen. In der Ökobilanz schlagen zudem die Transportkosten zu Buche. Und die äußerst vernünftige, in vielen Regionen der Welt weitverbreitete Lösung ganz ohne Händeeinsatz, das Bidet, steht in den USA nicht einmal ansatzweise zur Debatte.

Wenn man jemandem erzählt, man dusche nicht mehr, fragt sich fast jeder, wie das mit der Körperpflege unten herum ist, aber fast keiner traut sich, nachzufragen. In den USA duschen manche auch deshalb, weil es kaum Bidets gibt und trockenes Toilettenpapier eigentlich nicht geeignet ist. Nach der Gartenarbeit wäscht man sich die Hände schließlich auch nicht mit einem trockenen Papierhandtuch, warum also verwendet man nach dem Stuhlgang trockenes Toilettenpapier?

Trotz allem Wohlstand, all der Erfindungen der »großartigsten Nation der Welt« oder der »strahlenden Stadt auf dem Hügel« haben wir bei der Säuberung unseres Anus kaum Fortschritte gemacht. Der mächtige amerikanische Kapitalismus hat diesen Markt fast unverändert belassen. Selbst die alten Römer*innen hatten Besseres als trockenes Toilettenpapier, sie bevorzugten einen Schwamm mit Stiel.

Ich kann das Thema also nicht aussparen. Wenn Sie das Wort »Anus« nicht mögen, könnten Sie das Folgende auch einfach überspringen, einen langen Spaziergang machen und darüber nachdenken, was daran Ihnen Angst macht. Sprechen Sie das Wort laut aus, immer wieder und immer lauter, bis es seine Macht verloren hat. Das ist der erste Schritt, um den Anus effektiv und effizient zu säubern, und auch ein Schritt, um die Umwelt zu schonen und die Gesundheit weltweit zu verbessern. Schade, dass es so viele negative Assoziationen gibt, es ist nämlich ein bemerkenswerter Körperteil.

Obwohl viele darauf schwören, habe ich mir weder eine japanische Toilette mit Automatik gekauft noch ein Bidet und mir auch keinen Schwamm am Stiel gebastelt. Aber ich habe einen tollen Toilettenpapiertrick.

Mein Geheimnis: Wie für so vieles andere im Leben braucht man für eine höchst praktische Analhygiene nicht mehr als ein bisschen Wasser und ein Eckchen Toilettenpapier. Kurz unter den Wasserhahn halten und wischen. Das ist alles.

Meistens kommt dann die Frage: »Zerfällt das Papier nicht, wenn es nass wird?« Die Antwort lautet Nein, wenn man es nicht zu nass macht. Schon mit ein wenig Feuchtigkeit erreicht man mehr als mit trockenem Papier. Man muss außerdem kein teures ultraweiches Toilettenpapier mehr kaufen, das laut so mancher Werbung Feuchtigkeitsspender enthält. Weil das Toilettenpapier durch das Benetzen mit Wasser viel effektiver wirkt, können Sie also günstigeres und davon weniger nehmen.

Öffentliche Toiletten stellen allerdings eine Herausforderung dar. Sich ans Waschbecken zu stellen und dort abzuwischen, wäre ungehobelt. Es sei denn, man will auffallen und darauf aufmerksam machen, dass fast 700 Millionen Menschen weltweit ihr Geschäft im Freien erledigen müssen. In Madagaskar, Mosambik, Namibia oder Simbabwe etwa ist der Anteil derer, die ihre Notdurft in aller Öffentlichkeit verrichten müssen, größer als derer, die wenigstens eine einfache Latrine zur Verfügung haben.

Doch wie auch immer, waschen Sie sich danach die Hände.

***

Als die Hautökologin Jenni Lehtimäki 2017 durch ein Kopenhagener Wohnviertel spazierte, stieß sie auf einen gut besuchten Spielplatz. »Ich war völlig überrascht!«, sagt sie noch immer freudig. Auf dem Spielplatz gab es Kühe. Und dann entdeckte sie auch Hühner, Ziegen und kleine Ponys. Noch jetzt versprüht sie die Begeisterung einer Ökologin, die mitten in der Stadt über eine unerwartete ökologische Vielfalt stolpert: »Ich habe mich gefragt: ›Wo bin ich hier?‹«

Sie war in keinem Zoo, sondern einfach in einem öffentlichen Park, in dem es Tiere gibt, dem Bondegården (Bauernhof). Wie sie erfuhr, gibt es in Dänemark noch weitere öffentliche Parks, die mit der Aussage werben: »Hier kann Ihr Kind viele Tiere erleben, berühren und anschauen.« Der Park bietet außerdem ein Nachmittagsprogramm für Schulkinder, in dem sie bei der Tierpflege mithelfen können. Lehtimäki ist nicht nur begeistert, weil die Kinder so Verantwortung übernehmen können oder beim Hühnereinfangen mutig sein müssen, sondern auch, weil sie dabei nicht-menschlichen Mikroben ausgesetzt sind, was ihrer Meinung nach von großem Nutzen ist. Das, so Lehtimäki, würde sie sich auch für ihr Heimatland Finnland wünschen. (Wie gut, dass man sogar in Finnland noch auf den gesellschaftlichen Fortschritt anderer neidisch sein kann.)

Und tatsächlich findet dieser naturorientierte Ansatz in der Kinderbetreuung immer mehr Anhänger. Auch in Finnland gibt es mittlerweile Naturkindergärten. Dort werden nicht nur Bäume gemalt und Emerson-Texte vorgelesen. »Die Kinder sind den ganzen Tag draußen«, sagt Lehtimäki. »Selbst im Winter, bei bis zu -25 Grad.« Wie man der Veröffentlichung eines Kindergartens entnehmen kann, sollen die Eltern ihre Kinder im Zwiebellook anziehen. Wenn den Drei- bis Fünfjährigen kalt sei, würde man sie herumrennen lassen. Im Herbst und im Frühling gebe es außerdem »Zeltwochen«, in denen die Kinder im Wald übernachten.

In einer Studie hat Lehtimäki das Hautmikrobiom von Kindern verglichen, von denen die einen in einen Naturkindergarten, die anderen in einen herkömmlichen Kindergarten gehen. Wenig überraschend fand sie bei Ersteren eine größere Biodiversität. Dass solche Kindergärten in den USA Fuß fassen könnten, wo man die Kinder verhätschelt und einen Prozess anstrengt, wenn Kinder an Unterkühlung sterben, schien mir eigentlich unvorstellbar. Doch auch hier gibt es jetzt Naturkindergärten. Einer befindet sich ganz bei mir in der Nähe, in Park Slope, Brooklyn. »Brooklyn Forest« ist eine Eltern-Kind-Gruppe für Vorschulkinder, die »durch fordernde körperliche Betätigung, nahrhaftes Essen, einfache Rhythmen, ständiges Singen und das Gefühl, im Wald zu Hause zu sein, eine sinnvolle Beziehung zur Natur und frei lebenden Tieren« aufbauen sollen.

Die Gruppe trifft sich im Prospect Park, und ihre Ziele passen gut zu der Absicht, mit der der Park vor hundertfünfzig Jahren angelegt wurde. Nur das Singen war in der Vision von Architekt Frederick Law Olmsted nicht explizit vorgesehen. Olmsted gilt vielen als der

»Vater der Landschaftsarchitektur« und ist vor allem als der Visionär hinter dem 350 Hektar großen Central Park in Manhattan bekannt. Die Geschichte des nur wenig kleineren Prospect Park in Brooklyn und der ungewöhnlichen Idee dahinter kann man dort in einem Pavillon nachlesen. Mitte des 19. Jahrhunderts waren öffentliche Parks noch etwas Neues: »Armut, soziale Unruhen, fehlende sanitäre Einrichtungen und die in den USA damals herrschenden Epidemien ließen viele Stadtoberhäupter zu dem Schluss kommen«, so eine Tafel, »dass das städtische Leben für ihre Bürgerinnen und Bürger zu belastend sei. Prospect Park entstand, damit die Einwohnerinnen und Einwohner von Brooklyn die gesundheitsfördernde, beruhigende Wirkung der Natur genießen konnten.«

Die unpersönliche Formulierung hat ihren Sinn. Die Anlage von Prospect Park war ein langwieriges, teures Unterfangen. Hatte man die Kosten ursprünglich auf 300.000 US-Dollar geschätzt, waren es am Ende einer siebenjährigen Bauzeit fünf Millionen US-Dollar (was heute über 150 Millionen US-Dollar entspräche). Olmsted und sein Team entwarfen und zeichneten jeden Hektar in allen Einzelheiten, um ihre Vorstellungen von einer idealen »natürlichen« Landschaft Wirklichkeit werden zu lassen. Die Wälder und Wiesen, die kunstvollen Unterführungen und Brücken, die perfekt sich dahinschlängelnden Gewässer, die unprätentiösen Rosengärten und die wie zufällig wirkenden Wasserfälle sollten aussehen wie von der Natur erschaffen.

Die Vision, auf der das Projekt beruhte, zeigte bereits auf, was dem modernen Leben fehlte, was die Epidemien der Zukunft antreiben sollte und was man tun konnte, um sie zu stoppen.

***

Frederick Law Olmsted, der in den 1840er-Jahren das Erwachsenenalter erreichte, schwankte, ganz wie ein Millennial, jahrzehntelang zwischen verschiedenen Berufen, immer auf der Suche nach etwas Sinnvollem. In eine wohlhabende puritanische Familie hineingeboren, konnte er es sich leisten, erst einmal einiges auszuprobieren, ohne sich näher festzulegen. Er segelte als Schiffsjunge nach China, war Bauer auf Staten Island und fragte sich, was er der Welt zurückgeben konnte, trotz des altbekannten Problems, wie es ein Biograf ausdrückte, »dass er einen Geldberuf natürlich geschmacklos fand«.

Also wurde er Journalist. Es folgten mehrere Karrieren à la Forrest Gump. Olmsted spielte eine zentrale Rolle beim größten US-amerikanischen Krieg, bei der Entwicklung vieler bedeutender Städte und der Vorstellung, was eine Stadt überhaupt ist, sowie beim Aufbau des öffentlichen Gesundheitswesens. Während er zu Beginn seiner journalistischen Karriere hauptsächlich Zeitungsartikel über die Sklaverei in den Südstaaten schrieb, öffnete ihm eine Wanderung durch England im Jahr 1850 den Blick für seine Berufung. In einem Vorort von Liverpool hatte man gerade den ersten öffentlichen Park errichtet, Birkenhead. Als Olmsted den Park besuchte, hatte er laut seinen Biografen eine Erleuchtung, wie sie im Buche steht, im heutigen TED-Sprech wohl einen »Aha-Moment«.

An dem Park fielen ihm besonders die authentische Mischung von Kunst und Natur und die Gesellschaft auf, die sich dort einfand. Besonders spannend fand er, dass sich »alle Schichten« an der Schönheit des Parks erfreuten. Denn damals waren die meisten Parks noch Privatgelände oder, wie der Gramercy Park in Manhattan, nicht öffentlich zugänglich.

Offiziell verstand sich die USA zwar als großer »Schmelztiegel«, aber da es in der Praxis eine klare Trennung zwischen reichen Landbesitzer*innen und verarmten Eingewanderten gab, mangelte es an Orten zum Verschmelzen. Als Olmsted Jahre später *Putnam's Monthly* herausgab, konnte er auf seinem morgendlichen Gang zur Arbeit die Entstehung Lower Manhattans verfolgen. Wo zehn Jahre zuvor noch Ackerland war, wurden nun eilig niedrige Gebäude mit kleinen, dunklen Wohnungen, die immer zu heiß oder zu kalt waren, gebaut. Sogenannte Mietskasernen.

Viele der Wohnungen sind seitdem kernsaniert und für Millionenbeträge verkauft worden, einige aber hat man unberührt gelassen, als anschauliches Beispiel dafür, welche gesundheitlichen Herausforderungen das städtische Leben mit sich brachte: Als ich durch das New Yorker Tenement Museum schlendere, kommen mir die Wohnungen für heutige New Yorker Verhältnisse fast geräumig vor, doch der Museumsführer erklärt, dass sich dort bis zu zehn Personen drängten. In der Wohnung, die ich besichtige, hatten die Bewohner Glück, im Hinterhof gab es drei Toiletten, die allerdings auch von der Kundschaft des Pubs im Erdgeschoss benutzt wurden. In anderen mussten sich die Mieter auf den Straßen und in den Gassen erleichtern.

Im Sommer 1857 kam es in Manhattan zu Aufständen. Die Bevölkerung hatte sich in den vierzig Jahren zuvor mehr als vervierfacht. Der Raum und die Ressourcen, wegen denen viele Eingewanderte gekommen waren, schienen plötzlich endlich. Ein Gefühl der Knappheit machte sich breit. Da die Stadt in den Jahren vor den Unruhen immer voller geworden war, kamen die Stadtoberen zu dem Schluss, ein Gegenmittel gegen Unruhen sei mehr öffentlicher Raum. Man bestimmte einen breiten Streifen auf der Insel, der zum ersten öffentlichen Park der USA werden sollte. Und obwohl die 350 reservierten Hektar in einer Gegend lagen, wo ein Quadratmeter Boden später 2000 US-Dollar kosten sollte und sich noch dazu zu Hochhäusern auftürmen ließ, konnte die Stadt die finanzielle Elite mit der Aussicht, New York zu einer großartigen, lebenswerten, globalen Metropole zu machen, für sich gewinnen.

Ganz im Sinne des amerikanischen Wettbewerbsgeists schrieb die Stadt die Gestaltung des Parks aus. Olmsted reichte gemeinsam mit dem Architekten Calvert Vaux (der viel von der eigentlichen Arbeit erledigte, in der Öffentlichkeit aber weniger in Erscheinung trat) einen Entwurf ein, der 1858 zum Siegerentwurf erklärt wurde, allerdings weit mehr war als ein Park. Es war eine Vision aus Kunst und kulturellem Leben und so riesig, dass sich die Flanierenden an einem zentralen neugotischen Schloss orientieren sollten. Nach

Olmsteds Ansicht fungierte der gigantische Park als »städtische Lunge«, der die Menschen vor dem Smog der Industrie schützen konnte. Vermutlich dachte er dabei an die veraltete Miasma-Theorie, laut der sich Epidemien, wie die Pest, durch geheimnisvolle Dämpfe verbreiten. Aber natürlich war saubere Luft in der Tat ein wichtiger Gesundheitsfaktor. Miasma bedeutet wörtlich »schlechte Luft« oder »Verschmutzung«.

Die Miasma-Theorie mochte wissenschaftlich falsch sein, führte aber in der Praxis trotzdem zu erheblichen Fortschritten im Gesundheitsbereich. Olmsted und Vaux betonten die Bedeutung gut entwässerter Böden, Gewässer und »sanitärer Einrichtungen«, also öffentlicher Toiletten. Heute ist man in New York fast überall gezwungen, drei Dollar für einen Espresso zu bezahlen, wenn man auf die Toilette muss. Leute, die ich kenne, halten an einer teuren Fitness-Club-Mitgliedschaft fest, weil sie dort Zugang zu Toiletten haben. Im Central Park aber findet man einundzwanzig Toilettenanlagen.

Sie gehörten zu einer Vision von gesellschaftlichem Leben, die heute fast surreal klingt. Die Stadt baute keine einfachen Toiletten, sondern aufwendig geflieste Andachtsstätten der Reinigung. Die größte Fontäne im Central Park ist eine Hommage an das Aquädukt, das nur sechzehn Jahre zuvor das erste Trinkwasser in die Stadt brachte. Wir wussten also einmal sehr genau, wie wichtig saubere Luft, klares Wasser, Natur und Gemeinschaftsflächen sind.

Der Grundstückswert des Central Parks wurde schon 2005 auf 500 Milliarden US-Dollar geschätzt und dürfte, wie der gesamte New Yorker Immobilienmarkt, noch weiter explodiert sein. Aber würde der Park bebaut, würde nicht nur sein Wert, sondern der aller Immobilien in Manhattan abstürzen. Und mit Gesundheit und Gemeinschaft würde es noch stärker abwärtsgehen.

Olmsteds Arbeit für den Central Park fiel auch dem New Yorker unitarischen Geistlichen Henry Bellows auf. Beim Ausbruch des Amerikanischen Bürgerkriegs war Bellows wesentlich an der Gründung der United States Sanitary Commission beteiligt, einer Hilfsorganisation, die sich um die Lebensbedingungen in den Feldlagern der Union Army kümmerte. Und er empfahl der Kommission Olmsted als Generalsekretär. In dem interdisziplinären Team, das Olmsted zusammenstellte, waren nicht nur Ärzt*innen, sondern auch Architekt*innen, Ingenieur*innen, Theolog*innen, Philanthrop*innen und Finanzanalyst*innen versammelt.

Doch zunächst lehnten die Generäle des Unionsheers alle Versuche ab, ihre Feldlager anders zu organisieren. Sie betrachteten es als reine Zeitverschwendung. Die regelmäßig auftretenden äußerst tödlichen Pocken und die Gelbfieberausbrüche erregten zwar die öffentliche Aufmerksamkeit, aber viele andere Krankheiten wie Tuberkulose, Malaria, Lungenentzündungen und Durchfallerkrankungen hielten sie prinzipiell für unvermeidlich.

Erst nach der Niederlage der Armee am Bull Run 1861 änderten sie ihre Meinung. Präsident Lincoln wollte das Ruder unbedingt herumreißen. Und laut Olmsteds Organisation hatten auch die schlechten Lebensbedingungen der Soldaten zu der Schlappe beigetragen. Die Truppen seien, so Olmsted in seinem Bericht an den Präsidenten, durch Erschöpfung, Hitze, Hunger und Durst demoralisiert. Natürlich sei die Armee keine Wohlfühloase, aber die Feldlager seien die reinsten Drecklöcher. Die Generäle und Befehlshaber in Washington würden kaum weiter als an die Bewaffnung und Mobilität ihrer Männer denken. Alles andere würden sie für Verschwendung oder albernes Zeug halten, jedenfalls nicht für einen Teil der Strategie.

Für Olmsted aber war es genau das. Er wollte, dass man in die Gesundheit der Männer investierte, weil sie nur so ihre Arbeit ordentlich erledigen konnten. Er brachte gewissermaßen zum ersten Mal Gründe für Wellness am Arbeitsplatz vor, ähnlich den Schreibtischen mit Laufband bei Google oder den Schlafkapseln bei der *Huffington Post*. Wenn die Soldaten erfolgreich kämpfen sollten, so Olmsted, müsse man sich vor allem um die Gesundheitsvorsorge kümmern.

Als die US-Regierung endlich bereit war, die Kommission in die Feldlager zu lassen, forderten Olmsted und seine Kolleg*innen, Nahrungsmittel und Wasser an einem gesonderten Ort aufzubewahren, um sie vor Verunreinigungen zu schützen, die beengten Räume der Soldaten zu belüften und Nahrungsmittel gesundheitlich unbedenklich zu lagern und zuzubereiten. Die Änderungen zeigten Wirkung: Die Moral der Truppe hob sich, und die Leistungen wurden besser. Auch in späteren Konflikten sollte man noch von dem Gelernten profitieren. Olmsteds Sanitary Commission wurde zum Herzstück des amerikanischen Roten Kreuzes.

Doch das war nur ein erster Schritt. Olmsteds Einfluss auf die allgemeine Gesundheit, auf das Erscheinungsbild und die Kultur der amerikanischen Nation, die nach ihrer tiefsten Spaltung geeint werden musste, sollte noch wesentlich größer sein.

***

Auf der anderen Seite des Atlantiks kämpften die Briten etwa zur selben Zeit gegen die Expansion Russlands auf der Krim. Viele ihrer Verwundeten und in dem ungewohnten Klima Erkrankten fielen schweren Infektionen zum Opfer. Nach manchen Zählungen starben zehnmal mehr Soldaten an Typhus, Cholera und Ruhr als im Kampf.

London trommelte daraufhin eine Freiwilligenbrigade aus Krankenschwestern unter der Leitung Florence Nightingales zusammen. Als die Schwestern im Militärhospital ankamen, sahen sie dort verwundete Soldaten, die unter furchtbaren Bedingungen starben. Im 19. Jahrhundert ging man nicht ins Krankenhaus, um geheilt zu werden, sondern um zu leiden und zu sterben. Es war eine Art Vorhölle oder Vorhimmel, je nachdem.

Nightingale bemängelte, dass die Räume nasskalt waren. Und man musste die Keimtheorie nicht kennen, um zu sehen, dass es in den Bärten der Männer und auf den Laken vor Läusen und

Flöhen wimmelte, die Betten kotverschmutzt waren und dort Ratten herumflitzten. Nightingale war überzeugt davon, dass die Männer Luft brauchten. Die britische Regierung schickte zur Verstärkung eine neue »Sanitary Commission«, und Nightingale wies sie an, zur besseren Belüftung der Räume neue Türen und Fenster zu bauen.

Der Zustand der Männer verbesserte sich umgehend, obwohl keiner genau wusste, warum. Die Londoner *Times* schrieb es dem »guten Engel« Nightingale zu. Eigentlich, so die Quellen, hielt man Nightingales Ideen angesichts der Kriegszeiten für überflüssig, aber als die Sterberate sank – laut eines Berichts von 40 auf 2 Prozent –, stießen sie bei der Militärführung und sogar bei der Königin auf Interesse.

Nightingale wurde zur Fürsprecherin der Verbesserung von Pflege und Zuständen in den Krankenhäusern. Als die Geschichte aus dem Krimkrieg ihre Runde machte, veränderte sich vielerorts die Krankenhauspflege. In ihrem Buch *Notes on Hospitals* setzt Nightingale sich für eine bessere Belüftung, mehr Fenster, Abwassersysteme und großzügigere Räume ein, kurzum, sie gibt bereits Antworten auf die künftigen Probleme im modernen Städte- und Krankenhausbau.

Florence Nightingale war wohl die weltweit erste Hygiene-Influencerin der Welt. Doch gegen Ende des Jahrhunderts schlug dann die Stunde der Keimtheorie. Und der erbarmungslose Kreuzzug gegen die Mikroben ließ Nightingales Argumente für mehr Licht, Luft und Natur in den Hintergrund treten. Die berechtigten Ängste vor Ansteckung und Krankheit wurden immer größer, und Sauberkeit zum Synonym für Keimfreiheit. Die Krankenhäuser überschlugen sich darin, ein scheinbar sauberes Erscheinungsbild und Privatsphäre zu bieten. Die Patient*innen lagen nun in engen, kaum belüfteten Einzelzimmern mit kleinen Fenstern, die man meistens geschlossen hielt: wegen der Heizkosten und weil man allgemein dachte, steril bedeute, von draußen nichts hereinwehen zu lassen.

Erst in den letzten Jahren hat sich nach und nach der Gedanke durchgesetzt, dass dieser Ansatz seine Schwächen hat. Als man Krankenhausinfektionen anhand von Luftströmungsmodellen untersuchte, stellte man fest, dass sich durch geöffnete Fenster viele hätten leicht vermeiden lassen. Und seit die Wissenschaft mehr über das Mikrobiom weiß, ist auch klar, dass man nicht nur die Ausbreitung von Krankheitserregern verhindern, sondern auch gutartige, harmlose Mikroben zulassen sollte.

So sagte der Mikrobiologe Jack Gilbert 2012 auf einer Konferenz: »In Krankenhäusern leben gute Bakterienkulturen, aber wenn man ihnen mit Desinfektionsmitteln und übermäßigem Antibiotikaeinsatz zu Leibe rückt, verwüstet man diese Schutzschicht, und gefährliche Bakterien, die Krankenhausinfektionen bedingen oder verbreiten, können sich festsetzen.«

Angesichts dieser Mikrobenwelt wird deutlich, dass es bei Gesundheit immer um ein Gleichgewicht geht: aus individueller und allgemeiner Gesundheit, aus dem Kontakt mit zu vielen und zu wenigen Keimen. In wohlhabenden Kreisen schlägt das Pendel oft in Richtung Abschottung aus. Als ich 2017 den Unternehmer und Autor von »über 86 Büchern«, Deepak Chopra, interviewte, hatte er gerade eine neue Firma gegründet, die »Wellness-Immobilien« verkauft. Die millionenschweren Luxusappartements in New York oder Miami sind mit raffinierten Luftfilteranlagen und Arbeitsflächen ausgestattet, die sämtliche Mikroben abtöten sollen.

Wenn man sich im Wellness-Immobilien-Geschäft an die wissenschaftlichen Fakten halten würde, müsste man eigentlich genau das Gegenteil anbieten. Die Wellness-Appartements müssten soziale Bindungen und den Kontakt mit der Natur optimal fördern. Und vielleicht könnten sie sogar damit werben, Räume und Oberflächen mit gutartigen, harmlosen Bakterien zu bevölkern. Mittlerweile gibt es nicht nur Bakterien-Raumsprays – als ich mit der Arbeit an diesem Buch anfing, brachte Goop gerade eines auf den Markt –, sondern auch »Heimbiotik«-Geräte für zu Hause, die Bakterien an die

Luft abgeben. Gilbert schlägt allerdings eine bewährtere und kostengünstigere Methode vor: Öffnen Sie die Fenster.

Aber natürlich nur, wenn die Luftverschmutzung es erlaubt.

***

Nach fünf dunklen Monaten in den winzigen, überteuerten Appartements fühlt es sich am ersten warmen Wochenende im Prospect Park an, als kehrten alle gleichzeitig und stürmisch ins Leben zurück. Meine Wohnung hat nur 23 Quadratmeter, aber ich habe das Gefühl, als gehörten mir auch die 210 Hektar des Parks, noch dazu muss ich nicht allein spazieren gehen, was nur halb so viel Spaß machen würde. Und die Kosten für die Instandhaltung des Bootshauses würden mir sicher auf die Nerven gehen. Am beliebtesten ist der einfache innere Rundgang, ein autofreier, über fünf Kilometer langer Asphaltweg. Selbst in einer Vorstadt kann man selten so lange ohne störende Autos oder Querstraßen laufen oder Rad fahren. Man kann sich seinen Gedanken hingeben. Ich mache das fast jeden Tag, und nirgendwo in der Stadt geht das besser als hier. Teile des Buchs sind an einem Picknicktisch in diesem Park entstanden, ich nahm Anrufe von Wissenschaftler*innen entgegen, während ich hier spazieren ging. Und ich war Nutznießer der öffentlichen Toiletten.

Global betrachtet, werden zur Verbesserung der allgemeinen Gesundheit heute am vordringlichsten saubere Luft und Trinkwasser benötigt. Gleich danach folgen Toiletten, soziale Anbindung, Naturerleben und ein aktiver Lebensstil in sicherer Umgebung. Wer etwas für die Gesundheit der Menschheit tun möchte, findet in jedem dieser Bereiche viele Möglichkeiten dazu, ganz ohne Medizin-Abschluss oder Studierendenkredit. Und in diesem Park hier hat all das zusammengefunden und damit auch die Antwort auf die Frage, wie wir unsere Haut am besten pflegen.

Olmsteds lebendes Werk bildet noch immer das Rückgrat von New York City, denn auch die Parkanlagen Union Square, Morningside und Riverside hat er mitgestaltet. Ebenso hat er andere US-amerikanische Städte mit seiner Vision bereichert. Als die Verstädterung unaufhaltsam zunahm, reiste Olmsted durchs ganze Land und legte Parks an. Er war überzeugt davon, dass das rasche Bevölkerungswachstum sich besonders auf die Städte konzentrieren würde, und schuf darum Schutzräume, wo sich die Klassen mischen und Luft und Wasser zirkulieren konnten. Eines Tages, so Olmsted, werde der Central Park das Herzstück einer Metropole sein, und künftige Generationen würden dann von seiner Arbeit profitieren.

Unter anderem hinterließ er uns: das Gelände des Kapitols und den Zoo in Washington DC, das Gelände der Weltausstellung von 1893 in Chicago, den Campus der Stanford University sowie Parkanlagen in Louisville, Atlanta und Buffalo. Als Olmsted nach Boston zog, schuf er dort einen insgesamt 400 Hektar großen Grüngürtel. Von Dorchester über Back Bay bis Boston Common erstreckt sich eine gut elf Kilometer lange Kette aus neun Parks. Eigentlich wollte Olmsted es *Jeweled Girdle* nennen: edelsteinbesetztes Band oder Mieder. Glücklicherweise konnte man ihn von dem Namen *Emerald Necklace* – Smaragdkette – überzeugen. Die Parkanlagen sind über »Parkwege« verbunden, von Olmsted »Vergnügungsstraßen« genannt.

Etwa zur gleichen Zeit, als man in vielen Städten rund um die Welt an ähnlichen lebenden Verkörperungen der »Volksgesundheit« baute und durch öffentliche Wasserversorgung, Kanalisation und Müllabfuhr die menschliche Lebenserwartung um Jahrzehnte verlängerte, entwickelten Privatunternehmen erste Medikamente zur Vorbeugung und Behandlung von Krankheiten. Pocken, Polio und Diphtherie wurden dank Medizin und öffentlicher Gesundheitsvorsorge so gut wie besiegt. Malaria und Gelbfieber konnten in Nordamerika praktisch ausgerottet werden.

Nun, da Kranke behandelt und geheilt werden konnten, schienen die Zukunftsaussichten der Medizin blendend. Die Ärzt*innen arbeiteten nicht länger nur palliativ, linderten Schmerzen und amputierten Gliedmaßen, sondern heilten die Menschen. Krankheitsprozesse wurden auf Zellebene behandelt, und zunehmend investierte man in individuelle Behandlungen, die mit der Zeit immer spezifischer und teurer wurden. Wir leben heute im Zeitalter der »personalisierten Medizin«. Im Jahr 2016 moderierte ich eine Podiumsdiskussion zum Auftakt der Precision Medicine Initiative (»Initiative für eine personalisierte Medizin«). Präsident Obama und führende Mediziner*innen staatlicher Forschungseinrichtungen hatten damals angekündigt, in Behandlungen zu investieren, die für jede Patientin und jeden Patienten maßgeschneidert wurden.

Damals war ich nur leicht skeptisch. Heute weiß ich, dass wir damit etwas aus dem Blick verlieren, das viel dringlicher ist: die Entwicklung von aktiven, kooperativen, engagierten, sozialen Lebensweisen, die die eigentliche Grundlage unserer Gesundheit sind. Die beiden Ansätze müssen sich nicht unbedingt ausschließen, aber das Pendel ist zu sehr in Richtung Selbstfürsorge, Nahrungsergänzungsmittel, Rezepte, Hautpflege, Personal Trainer, Chiropraktiker, Gurus aller Art und maßgeschneiderter DNA-basierter Medizin ausgeschlagen. Bald könnten wir die Behandlungen sogar noch passend für unser Mikrobiom zuschneiden.

Wenn ich mir die Kosten für diesen individualistischen Ansatz anschaue, von dem eine milliardenschwere Industrie für Medikamente, Kosmetika und Ergänzungsmittel profitiert, kommen mir Zweifel, ob wir wirklich immer mehr in Behandlungen für immer weniger Menschen investieren sollten. Denn damit behandeln wir Symptome und Krankheiten immer erst, wenn sie schon aufgetreten sind. Nur selten geht es um deren Vorbeugung. Die Gesetze des Marktes verlangen, ein Produkt möglichst häufig und nicht möglichst selten zu verwenden.

In den rasch wachsenden Städten der Schwellenländer leben heute Millionen von Menschen unter ähnlichen Bedingungen wie damals die Menschen in den Mietskasernen der Lower East Side. Die alten Armutskrankheiten grassieren noch immer, aber jetzt gibt es auch noch die des Überflusses. Während es in den einen Regionen der Welt an einfachsten sanitären Einrichtungen und Hygiene, an Nahrung und Wasser mangelt, werden andernorts Ressourcen zum eigenen Nachteil gehortet.

Hundertfünfzig Jahre nachdem Olmsted mit visionärer Weitsicht Parkanlagen entwarf, errichten wir Zäune und Mauern. Viele von uns leben in Vororthäuschen mit Rasenflächen, auf denen Pestizide und Herbizide alles abtöten außer der einen Grassorte. In unseren Badezimmern wimmelt es vor Fläschchen, Cremes und Sprays, die uns vor der Außenwelt schützen und auch immer öfter die Ökosysteme ersetzen sollen, die wir jeden Tag abwaschen.

Im Jahr 1950 lebten weltweit 751 Millionen Menschen in Städten. Heute sind es 4,2 Milliarden. Und 2050 werden wohl weitere 2,5 Milliarden Menschen in diesen erodierten, himmelwärts stürmenden Städten leben. Jeder hat dann noch weniger Natur, Sonnenlicht und Platz, um sich zu bewegen. Doch wenn wir unsere Welt verändern, verändern wir auch uns. Die alte Dualität von gesunder Umwelt und gesunden Menschen gilt nicht mehr.

Darum fühlte es sich für mich auch so absurd an, sieben Stockwerke über dem Bryant Park allein hinter einem Fenster zu stehen, das sich nicht öffnen ließ, und darauf zu warten, dass man mir Hyaluronsäure und teure Seren ins Gesicht schmierte.

Ich sage nicht, dass alle auf Hautpflege verzichten und nicht mehr duschen sollten. Mein Experiment half mir vor allem, den Wert dieser Gewohnheiten wirklich zu begreifen. Zweifellos sind sie etwas zutiefst Persönliches, und man sollte das ganz allein für sich entscheiden. Doch dazu braucht man Informationen, und die Informationslandschaft ist stark durch Einflüsse verzerrt, die nicht unbedingt in unserem Sinne arbeiten. Mit diesem Buch möchte ich einen anderen Blick auf unsere Körperpflege ermöglichen, darauf, wie sie sich auf uns und die Gemeinschaften auf und um uns herum auswirkt. Wenn wir die allgemeine Gesundheit verbessern möchten, müssen wir ständig die Normen hinterfragen, die uns sagen, was wir zu konsumieren und wie wir uns zu verhalten haben. Wir müssen begreifen, dass wir alle in einem Boot sitzen und keine der Herausforderungen werden meistern können, wenn wir uns von dem abschotten, was uns am Leben hält, und einem unsäglichen Sauberkeitsideal hinterherjagen.

EPILOG

In Krankenhäusern ist die Gefahr, sich eine ernste Infektion einzufangen, besonders groß.

Und vermutlich geht die größte Gefahr von denen aus, die von Zimmer zu Zimmer gehen und jeden anfassen. Mittlerweile schreibt man Ärzt*innen vor, sich die Hände zu waschen, doch ihre weißen Kittel werden nur selten gereinigt. Man hat mich schon gefragt, wieso Ärzt*innen in der Öffentlichkeit OP-Kittel tragen und welchen Abstand man am besten zu ihnen einhalten sollte. Ich kann dazu keine konkrete Angabe machen. Aber das ist sicher nicht ideal, und auf jeden Fall können sich dadurch pathogene Keime außerhalb des Krankenhauses verbreiten. Noch besorgniserregender ist allerdings, dass Ärzt*innen und Pflegepersonal Infektionen in den Krankenhäusern verbreiten. Laut der amerikanischen Seuchenschutzbehörde infiziert sich in den USA jeden Tag eine von einunddreißig Patient*innen mit einem Krankenhauskeim.

Während meiner Facharztausbildung habe ich für eine Studie die Patient*innen in unserem kleinen Cambridge-Krankenhaus befragt, was die Ärzt*innen ihrer Meinung nach tragen sollten. Ich zeigte ihnen Fotos von mir in verschiedener Kleidung: OP-Kittel und weißer Kittel, nur OP-Kittel, Hemd mit Krawatte, ohne Krawatte, mit und ohne weißem Kittel etc. Jede Variante hatte, wie sich herausstellte, ihre Anhänger*innen. Manche wünschten sich eher einen Arzt oder eine Ärztin im Anzug, auch wenn ihnen klar war, dass etwa die Krawatte nicht nach jedem Tragen gereinigt wird. Andere bevorzugten den OP-Kittel, weil der Arzt oder die Ärztin so arbeitsbereiter schien. Und auch weil OP-Kittel öfter gewaschen werden als die weißen Kittel oder Krawatten.

Auf jeden Fall erfuhr ich, dass die Arztkleidung, auch wenn sie Gefahren birgt, Einfluss auf das Verhältnis zwischen Arzt oder Ärztin und Patient*in hat. Manche sehen darin ein Statussymbol, das die Kommunikation und das Vertrauensverhältnis behindert, andere ein Zeichen von Professionalität und Vertrauenswürdigkeit. Und das würde verloren gehen, wenn Ärzt*innen im Krankenhaus, wie es manche Infektionsbeauftragten gerne hätten, stets Einweg-Overall und Atemschutzmaske trügen.

Durch die extreme Schutzkleidung würden sich die Menschen, die im Krankenhaus plötzlich »Patient*innen« genannt werden, noch entmenschlichter fühlen als ohnehin oft. Manche haben bereits das Gefühl, abstoßend zu sein, wenn sich der Arzt oder die Ärztin als grundlegende Hygienemaßnahme nach jedem Patienten und jeder Patientin die Hände wäscht oder desinfiziert. Solche Vorsichtsmaßnahmen können manchmal lebensrettend sein, aber die Menschen auch entfremden.

Weil wir, nicht nur als Ärzt*innen, auch psychologische Botschaften aussenden, ist es wichtig, grundlegende Sauberkeitsnormen einzuhalten. Ich »dusche« weiterhin nicht im herkömmlichen Sinn, würde aber meinen weißen Kittel nie zwei Tage hintereinander tragen, ohne ihn zu waschen. Ebenso würde ich in medizinischer Umgebung allenfalls eine Krawatte umbinden, wenn ich sie genauso oft waschen würde wie alles andere. Und weil zerdrückte, struppige Haare, die nach ewigem Bad-Hair-Day aussehe, vermutlich nicht besonders vertrauenserweckend sind, halte ich meinen Kopf morgens oft kurz unter fließendes Wasser.

Während der Arbeit an diesem Buch wurde mir klar, dass es bei der Hautpflege nur zu einem geringen Teil um Eitelkeit geht. Oder darum, andere nicht vor den Kopf zu stoßen. Vielmehr waschen wir uns und machen uns schön, weil wir anderen damit unsere Achtung bezeugen. Wenn wir bei einer Beerdigung einen Anzug tragen, liegt das auf der Hand, aber abgeschwächt gilt das genauso, wenn wir uns für ein Date oder ein Meeting herrichten oder einfach nur, um einen Kaffee zu trinken. Wenn ich ungekämmt oder schlecht riechend unter Leute gehen würde, würde mich weniger das nagende Gefühl plagen, andere könnten schlecht von mir denken, sondern eher, dass es so wirken könnte, als würde ich die anderen, die sich die Zeit genommen haben, sich zurechtzumachen, nicht achten.

Angesichts der Häufigkeit schwerer Krankenhausinfektionen und der Zahl der Todesfälle, die durch Arztfehler verursacht wurden, fragte ich mich oft, ob ich als Arzt überhaupt Gutes tat. Die Kosten der Gesundheitsfürsorge belaufen sich allein in den USA jährlich auf 3,5 Billiarden US-Dollar. Das sind ungefähr 20 Prozent des Bruttoinlandprodukts. Im Jahr 2018 betrugen die Gesundheitskosten pro Einwohner*in im Durchschnitt 11.172 US-Dollar.

Angefangen von Arzneimitteln über Seifen und andere Körperpflegeprodukte gibt Amerika eindeutig zu viel für zu viele Produkte und Dienstleistungen aus, die uns angeblich gesünder machen. Wir konsumieren nicht nachhaltig, und vieles schadet vermutlich mehr, als dass es nützt. Die größten Fortschritte in der Gesundheit wurden mit einfachen Dingen erzielt, die dem Menschen die Natur wieder näherbrachten: genügend Platz für Bewegung, saubere Luft zum Atmen, Menschen für die Geselligkeit und um Beziehungen aufzubauen, sowie Pflanzen, Tiere und Erde für den Kontakt mit den Mikroben, die uns durch unsere gemeinsame Evolution besiedeln und unser Überleben sichern.

Nach allem, was ich in den letzten Jahren über das Hautmikrobiom gelernt habe, bin ich mir nun sicher, dass es das geradezu geniale Ergebnis von Jahrmillionen Evolution ist, ein Superorganismus aus Billiarden von Organismen, denen es prima ging, ehe wir auf der Bildfläche auftauchten, und denen es wieder prima gehen wird, sobald wir weg sind. Das Ökosystem Haut benötigt keine raffinierte Pflege, um gut auszusehen. Es reicht, was wir alle schon längst kennen und wissen: ausreichend Schlaf, gutes Essen, wenig Sorgen und frische Luft.

Wenn ich noch Zweifel gehabt haben sollte, wurden sie spätestens ausgeräumt, als ich entdeckte, wie viele gute Gründe es gibt, in die Natur zu gehen, Haustiere zu halten und gesellig zu sein. Unser Instinkt hat fast immer recht: Im Grunde wissen wir, dass Wandern besser ist, als auf dem Laufband zu gehen, Gartenarbeit besser als Lebensmittel einzukaufen, und uns Zimmerpflanzen etwas geben, das es wert ist, sich um sie zu kümmern.

Sosehr ich auch nichts davon halte, Leuten mit falschen Versprechungen sinnloses Zeug zu verkaufen, habe ich doch eine gewisse Hoffnung, dass sich die Dinge zum Besseren wenden. Als ich die Geschichte der Seifenindustrie besser kennenlernte und erfuhr, wie viel sie zur Popularität der eigentlich schwer vermittelbaren Keimtheorie und Hygiene beigetragen hat, stimmte mich das probiotische Hautkonzept leicht optimistisch. Probiotische Hautprodukte mögen Geld- und Zeitverschwendung sein und haben manchmal sogar unerwünschte Nebenwirkungen. Aber wenn die Körperpflege in unserer Natur liegt und es unvermeidbar ist, dass man uns Dinge verkauft, dann bewegt sich das Narrativ insgesamt in eine gesündere Richtung.

Die Begriffe »rein« und »sauber« mögen schwer zu definieren sein, aber sie besitzen einen großen Bedeutungsumfang. Sie können Abschottung und Desinfektion bedeuten, oder auch Pluralität und Vielfalt. Die sozialen Normen sind zeitabhängig, flüchtig und weitgehend willkürlich. Doch die Beschäftigung mit der Mikrobenwelt könnte vielen Menschen bewusst machen, dass unsere Körperpflege nicht nur uns persönlich betrifft, sondern ebenso die Bakteriengemeinschaften, die überall auf und um uns leben, die Einfluss haben auf all unser Tun, so wie unser Tun auf sie.

Im Idealfall orientieren wir uns bei unserem Streben nach Sauberkeit und Reinheit weniger an rigiden Vorstellungen von einer keimfreien Welt, sondern kümmern uns eher um das Leben in seiner ganzen Komplexität. Wir streben danach, die Welt als Erweiterung von uns selbst zu verstehen. Und wenn wir aktiv nach einem Gleichgewicht zwischen gezielter Hygiene und sinnvoller Nähe zur Mikrobenwelt suchen, kommt unser neuer Gemeinschaftssinn dem Wesen der Reinheit vielleicht näher als jede Definition, die ich bis jetzt gefunden habe.

DANKSAGUNG

Dieses Buch ist meinen Eltern Nancy und Jim und meiner Großmutter Norma gewidmet.

Dass es dieses Buch gibt, verdanke ich vor allem der brillanten, unermüdlichen Arbeit meiner Frau Sarah Yager und meiner Lektorin Courtney Young.

Auch hätte dieses Buch nicht ohne die Großzügigkeit und das Wissen zahlreicher Quellen, Kolleg*innen und Mikrobenfans entstehen können, die Zeit opferten, um sich mit mir über Ideen, Erkenntnisse, Forschung und persönliche Körperpflegerituale auszutauschen. Besonders viel verdanke ich den Arbeiten von Luis und Fortuna Spitz, Val Curtis, Graham Rook, Jenni Lehtimäki, Julie Segre, Julia Scott, Jack Gilbert, Rob Dunn, Elizabeth Poynter, Katherine Ashenberg und Justin Martin sowie dem Kenntnisreichtum und der Zeit von Alicia Yoon, Autumn Henry, Emily Kreiger, Rachel Winard, Julia Oh, Annie Gottlieb, Jane Cavolina, Adina Grigore, David and Michael Bronner, Avi Gilbert, Eric Lupfer, Kelly Conaboy, Leah Finnegan, Mariam Gomaa, Jackie Shost, Katie Martin und vielen anderen. Auch Victoria Costales, Howard Forman, David Bradley, Sten Vermund, Adrienne LaFrance, Jeffrey Goldberg, Ross Andersen und Paul Bisceglio möchte ich für ihre Anregungen und Unterstützung beim Schreiben dieses Buches danken. Und allen anderen, mit denen ich im Lauf des Experiments, das ich auf diesen Seiten beschreibe, denselben Raum teilte.

ANHANG

ANMERKUNGEN

zur deutschsprachigen Ausgabe von
Dr. Petra Thorbrietz

1: Benzolperoxid ist hierzulande nur in Apotheken erhältlich, aber nicht rezeptpflichtig. Die höchst dosierten Mittel enthalten 10 % des Wirkstoffs und sollten nur auf Brust und Rücken bzw. bei schwerer Akne, die auf niedrigere Dosen nicht anspricht, verwendet werden. Eine Rücksprache mit dem Arzt oder der Ärztin ist sinnvoll. Schwächer dosierte Produkte mit 3 bis 5 Prozent werden für leichte bzw. mittelschwere Akne empfohlen. Es kann zu Wechselwirkungen mit verschreibungspflichtigen Wirkstoffen (etwa dem Aknemittel Tretinoin) kommen.

2: Auch in Europa werden Ästhetik und Kosmetik zunehmend wichtiger in der Dermatologie. An einigen Universitätskliniken in Deutschland, Österreich und der Schweiz – etwa Tübingen, Innsbruck oder Basel – sind Forschungs- und Behandlungszentren entstanden. Auch hat sich die Kosmetik verwissenschaftlicht. Das zeigen angewandte Studiengänge in »Kosmetologie« (Universität Osnabrück) oder »Beauty Management« (Hochschule Stuttgart). Das Durchschnittsalter der Bevölkerung mit einer steigenden Zahl dermatologischer wie auch ästhetischer Anforderungen und Ansprüche treibt die Entwicklung.

3: Vitamin A schützt die Zellen als Radikalfänger und verringert so auch die Faltentiefe. Bei Überdosierung kann es jedoch zu Vergiftungen führen. Seine Quellen sind vielseitig: Alpha- und Betacarotine stecken als sogenannte Provitamine in den gelben, orangen und roten Farbstoffen von Obst und Gemüse und werden erst im Organismus durch ein Enzym in Vitamin A verwandelt. Bereits »fertiges« Vitamin A (Retinol) stammt vor allem aus tierischen Nahrungsmitteln wie Milch, Käse, Fisch und Leber. Bei ausgewogener Ernährung ist eine ausreichende Vitamin-A-Zufuhr gesichert, notwendig und gesund. Eine schädliche Überdosierung entsteht eher durch zusätzliche Gaben (wie Betacarotin als Farbe in Erfrischungsgetränken oder Vitaminpillen). Auch das Vitamin A aus Kosmetik geht zum Teil in den Blutkreislauf über.

Die Deutsche Gesellschaft für Ernährung will diesen verschiedenen Quellen und Umwandlungsprozessen Rechnung tragen, indem sie seit 2020 ein Retinolaktivitäts-Äquivalent (Retinol Activity Equivalents, RAE) berechnet. Sie empfiehlt Männern eine maximale tägliche Aufnahme von 850 Mikrogramm RAE und Frauen von 700 Mikrogramm RAE. Der Bedarf von Schwangeren und stillenden Müttern ist leicht erhöht und beträgt 800 Mikrogramm RAE bzw. 1.300 Mikrogramm RAE. Bei gesunden Menschen mit ausgewogener Ernährung und durchschnittlichem Kosmetikgebrauch werden die empfohlenen Werte laut DGE nicht überschritten. Das Bundesinstitut für Riskobewertung (BfR) beurteilt Retinol kritischer, vor allem für Frauen nach der Menopause, einer Hauptzielgruppe für Kosmetik. Das BfR empfiehlt deshalb Grenzwerte für Gesichts- und Handpflegeprodukte und den Ausschluss aus Lippenpflege und Lotions.

Retinoide sind chemisch mit Vitamin A verwandt (Retinsäure, Retinaldehyd, Hydroxypinacolone Retinoate oder Retinyl-Palmitat) und unterliegen strenger Regulierung. Das Bundesinstitut für Arzneimittel und Medizinprodukte verschärfte 2016 seine Anforderungen, denn als Medikament eingenommen (gegen schwere Akne, Schuppenflechte und andere Hauterkrankungen), sind Retinoide fruchtschädigend und dürfen Schwangeren nicht verabreicht werden. Auch die Anwendung auf der Haut wird für diesen Personenkreis kritisch gesehen. Die Apotheken haben spezielle Checklisten, mit denen sie das Risiko ermitteln sollen. Derivate (chemische Abkömmlinge) der Retinoide haben eine abgeschwächte Wirkung und sind als Gele, Cremes und Lotions frei verkäuflich.

4: In Deutschland und der EU werden die Inhaltsstoffe von Kosmetika, also auch Vitamine, stichprobenartig von den Behörden überprüft. Sie müssen vollständig auf der Verpackung angegeben werden. Dort steht auch eine Kontaktadresse, über die die Konsument*innen eine Produktinformationsdatei (PID) anfordern können (siehe auch Anmerkung 5).

Kosmetikprodukte müssen zwar laut Verordnung (EG) Nr. 1223/2009 des Europäischen Parlaments und des Rates vom 30. November 2009 über kosmetische Mittel nicht zugelassen werden. Sie haben aber Auflagen zu erfüllen, die unter anderem Anforderungen an Sicherheit und gute Herstellerpraxis definieren, dazu gehört der Nachweis der angepriesenen Wirkungen, der Verträglichkeit und der Haltbarkeit. Verantwortlich für die Einhaltung der Auflagen ist der Hersteller.

Als eigenständige Produkte zählen Vitamine zu den Lebensmitteln. Sie sind wie die Kosmetika in der EU nicht zulassungspflichtig. Die deutsche Verordnung über Nahrungsergänzungsmittel (NemV) schreibt aber vor, worauf die Hersteller achten müssen, und verlangt eine Anmeldung, bevor Produkte zum ersten Mal auf den Markt kommen. Das soll die Lebensmittelüberwachung vereinfachen.

Insgesamt wird es immer schwieriger, klare Trennlinien zwischen Kosmetika, Nahrungsergänzungs- und Arzneimitteln zu ziehen (s. auch Anmerkungen 9 und 10). Da der Zulassungsprozess für Arzneimittel teuer und langwierig ist, suchen Hersteller auf dem lukrativen Gesundheitsmarkt weniger aufwendige Wege, um ihre Produkte auf den Markt zu bringen – zum Beispiel mit »Nutraceuticals«, Nährstoffkonzentraten oder Functional Food, ein nicht eindeutig definierter Sammelbegriff für Lebensmittel mit einem definierten gesundheitlichen Zusatznutzen (etwa stärkehaltige Margarine zur Cholesterinsenkung). Es gibt auch immer mehr »Cosmeceuticals« (Dermakosmetik), darunter versteht man Produkte, welche eben nicht nur oberflächlich wirken, sondern durch pharmazeutische oder wissenschaftlich entwickelte Wirkstoffe durchaus physiologische Veränderungen erzielen. Doch um die Zulassung als Medikament zu vermeiden, halten sich die Hersteller an die für Kosmetika zulässigen Höchstmengen.

5: In der EU werden Kosmetikprodukte weit strenger kontrolliert, und auch aus den USA eingeführte Produkte müssen den strengeren Anforderungen des europäischen Rechts Genüge tun. Die Kosmetikverordnung der EU verpflichtet hierzulande Hersteller, Daten zu Produkten und Inhaltsstoffen zu generieren, bevor diese in den Verkehr gelangen. Die Verwendung bestimmter Substanzklassen (UV-Filter, Pigmente, Konservierungsstoffe) ist begrenzt und in der Verordnung 1223/2009/EG streng geregelt. Das Produkt muss eine Sicherheitsbewertung durchlaufen haben – zur Frage, ob Inhaltsstoffe phototoxisch sind, sich also unter Lichteinfluss negativ verändern. Geprüft wird auch, ob Stoffe in die Haut eindringen können und ob sie krebserregend oder fruchtschädigend sind oder Allergien auslösen könnten. Die Hersteller müssen diese Informationen als Produktinformationsdatei (PID) zusammenfassen und einreichen, bevor sie ein Produkt auf den Markt bringen können. Dabei helfen in Deutschland wissenschaftliche Institutionen wie etwa das Fraunhofer-Institut für Toxikologie und Experimentelle Medizin.

Tierversuche sind bereits seit 1986 verboten, zunächst nur für dekorative Kosmetik, seit 1998 auch für pflegende Produkte. Seit 2013 sind Tierversuche gänzlich untersagt. Laut einer Entscheidung des Europäischen Gerichtshofs dürfen zum Nachweis der Sicherheit auch keine Daten mehr verwendet werden, die im Ausland mittels Tierversuchen erstellt wurden. Die Einhaltung des Tierversuchsverbotes wird durch die Überwachungsbehörden überprüft.

Nach den Sicherheitsprüfungen wird das Produkt notifiziert, also der EU-Kommission elektronisch gemeldet. Damit stehen die vorgeschriebenen Informationen einschließlich der Rezeptur den Giftinformationszentren in den entsprechenden Ländern zur Verfügung. Mit dem Cosmetic Products Notification Portal (CPNP) hat die EU eine eigene Webseite eingerichtet, auf der die Produktdaten einzugeben und stets auf dem aktuellen Stand zu halten sind. Dort sind einzutragen:

- Kategorie des Kosmetikums und Name, durch den die spezifische Identifizierung möglich ist
- Name und Anschrift der verantwortlichen Person, bei der die Produktinformationsdatei (PID) des Kosmetikums zugänglich gemacht wird
- Herkunftsland im Fall des Imports
- Mitgliedsstaat, in dem das Produkt in den Verkehr gebracht wird
- Angaben einer Person, die im Bedarfsfall zu kontaktieren ist
- ggf. Nanomaterialien (mit Name und Expositionsbedingungen)
- Namen und EG-Nummern der CMR-Stoffe (krebserregend, mutagen, reproduktionsschädlich)
- Rahmenrezeptur / detaillierte Rezeptur
- Originaletikett und Foto der entsprechenden Verpackung

Sämtliche gesetzlichen Regelungen finden sich auf: https://www.bvl.bund.de/DE/Arbeitsbereiche/03_Verbraucherprodukte/03_ AntragstellerUnternehmen/02_Kosmetik/09_ RechtlRahmenbedingungen/bgs_fuerAntragsteller_kosmetik_RechtlRahmen bedingungen_Uebersicht.html?nn=11028286

Kosmetikprodukte, die bereits in den Verkehr gebracht wurden, werden kontinuierlich stichprobenartig von den für die Überwachung zuständigen Behörden der jeweiligen Bundesländer untersucht. Dazu werden Proben aus dem Handel oder direkt beim Hersteller oder Importeur entnommen, die Kennzeichnung überprüft und die Inhaltsstoffe analysiert. Zudem werden die Herstellungsweise bei Betriebsbesichtigungen untersucht und Unterlagen zur guten Herstellungspraxis und zur Sicherheit eingesehen.

6: Seife und Syndets (Tenside) zählen in der EU beide zu den Kosmetika und müssen dieselben Sicherheitsstandards erfüllen.

7: In Deutschland gelten laut Bundesamt für Verbraucherschutz und Lebensmittelsicherheit als Kosmetika: »... nur Substanzen, die dafür vorgesehen sind, äußerlich mit dem menschlichen Körper (Haut, Nägel, Haare), den Zähnen und den Mundschleimhäuten in Berührung zu kommen. Außerdem müssen sie dazu dienen, den Körper zu reinigen, zu parfümieren, das Aussehen zu verändern, zu schützen, in gutem Zustand zu halten oder den Körpergeruch zu beeinflussen.« https://www.bvl.bund.de/DE/Arbeitsbereiche/03_Verbraucherprodukte/02_Verbraucher/03_Kosmetik/01_WasIstKosmetik/bgs_WasIstKosmetik_node.html

Im Detail bedeutet das laut EU-Kosmetikverordnung: »Kosmetische Mittel können unter anderem Cremes, Emulsionen, Lotionen, Gele und Öle für die Hautpflege, Gesichtsmasken, Schminkgrundlagen (Flüssigkeiten, Pasten, Puder), Gesichtspuder, Körperpuder, Fußpuder, Toilettenseifen, desodorierende Seifen, Parfums, Toilettenwässer und Kölnisch Wasser, Bade- und Duschzusätze (Salz, Schaum, Öl, Gel), Haarentfernungsmittel, Desodorantien und schweißhemmende Mittel, Haarfärbungsmittel, Haarwell-, -glättungs- und -frisiermittel, Haarfestigungsmittel, Haarreinigungsmittel (Lotionen, Puder, Shampoos), Haarpflegemittel (Lotionen, Cremes, Öle), Frisierhilfsmittel (Lotionen, Lack, Brillantine), Rasiermittel (einschließlich Vor- und Nachbehandlungsmittel), Schmink- und Abschminkmittel, Lippenpflegemittel und -kosmetika, Zahn- und Mundpflegemittel, Nagelpflegemittel und -kosmetika, Mittel für die äußerliche Intimpflege, Sonnenschutzmittel, Selbstbräunungsmittel, Hautbleichmittel, Antifaltenmittel sein.«

Kosmetika sind nach EU-Recht nicht zur Verhütung oder Behandlung von Krankheiten bestimmt, können aber physiologische Wirkung haben, solange der Hauptzweck kosmetisch ist. Zur Abgrenzung zu den Arzneimitteln hat die EU-Kommission ein »Borderline Manual« veröffentlicht, in dem zum Beispiel Peelingprodukte oder Produkte mit dem Anspruch, auch aromatherapeutisch zu wirken, behandelt werden: https://ec.europa.eu/growth/sectors/cosmetics/products/borderline-products_en

8: Als Arzneimittel gelten hierzulande laut Arzneimittelgesetz §2 Abs. 1:

Stoffe oder Zubereitungen aus Stoffen, 1. die zur Anwendung im oder am menschlichen oder tierischen Körper bestimmt sind und als Mittel mit Eigenschaften zur Heilung oder Linderung oder zur Verhütung menschlicher oder tierischer Krankheiten oder krankhafter Beschwerden bestimmt sind oder 2. die im oder am menschlichen oder tierischen Körper angewendet oder einem Menschen oder einem Tier verabreicht werden können, um entweder a) die physiologischen Funktionen durch eine pharmakologische, immunologische oder metabolische Wirkung wiederherzustellen, zu korrigieren oder zu beeinflussen oder b) eine medizinische Diagnose zu erstellen.

https://www.gesetze-im-internet.de/amg_1976/__2.html

9: Als was ein Produkt wirklich gilt, entscheidet in der EU in vielen Rechtsstreitigkeiten häufig die Frage, welche Erwartung die Verbraucher*innen damit verbinden. Das wird stark von der Werbung geprägt. Welche Wirkungsaussagen zu einem Kosmetikprodukt gemacht werden dürfen, regelt eine EU-Verordnung (Nr. 655/2013). Auch für Nahrungsergänzungsmittel gibt es eine »Health-Claims-Verordnung« (1924/2006).

10: Auch in Europa gibt es viele Mischprodukte. Werden sie als Kosmetika auf den Markt gebracht, unterliegen sie bedeutend weniger

Einschränkungen und sind nicht zulassungspflichtig. Sie dürfen dann aber auch keine Werbeaussagen tätigen, die eine medizinische Wirkung versprechen. Das ist in Europa strenger geregelt als in den USA.

11: Laut Statistik des deutschen Industrieverbandes Körperpflege und Waschmittel (IKW) ist Kosmetik risikoarm. Sie nennt jährlich eine Nebenwirkung pro einer Million in Deutschland verkaufter Produkte – überwiegend harmlose Hautreizungen oder allergische Reaktionen. Einen Todesfall durch sinnvoll angewendete Kosmetikprodukte habe man in der EU noch nie verzeichnet, so der internationale Chemiehersteller Mibelle Group.

Es gibt allerdings auch kritische Stimmen, die das in Zweifel ziehen. So bemängelt die Zeitschrift GEO, dass Kosmetika zum Beispiel Schwermetalle wie Aluminiumsalze gegen Schweiß, Sodium Lauryl Sulfate für mehr Schaum, Parabene gegen Keime oder flüssiges Paraffin für Geschmeidigkeit enthalten können, für deren Einsatz Grenzwerte gelten. Und nicht alles steht auf der Inhaltsliste: Denn Substanzen, die zum Beispiel für die Verpackung wichtig sind, müssen nicht genannt werden. Für die USA vermuten Forschende des renommierten Wissenschaftsjournals JAMA 2016 ein massives »Underreporting«. Die sprunghaft gestiegene Zahl der gemeldeten Nebenwirkungen (zum Beispiel über Haarausfall bei Conditioner) deute darauf hin, dass diese nur die Spitze des Eisbergs seien. (DOI: 10.1001/jamainternmed.2017.2762)

In Europa müssen Kosmetik-Hersteller ihre Produkte registrieren lassen und im Internetportal CPNP Angaben zur genauen Zusammensetzung hinterlegen, damit Giftinformationszentren im Notfall darauf zurückgreifen können. Auch verstärken Herstellungsrichtlinien die Produktsicherheit. Anlaufstelle für die Verbraucher*innen ist das Bundesinstitut für Verbraucherschutz und Lebensmittelsicherheit. Das ist daran interessiert, »nicht rechtskonforme« Produkte aufzuspüren, das sind solche, die z. B. ein nicht gekennzeichnetes Allergen enthalten oder einen verbotenen Stoff. Dann muss der Hersteller oder Importeur gemeinsam mit den Behörden Maßnahmen ergreifen: das Produkt zurückrufen, eventuell öffentlich warnen oder auch das europäische Schnellwarnsystem einschalten. Als »ernste unerwünschte Wirkungen« werden in der Kosmetikverordnung (Art. 23) solche genannt, die zu vorübergehenden Einschränkungen bis hin zum Tod führen. Hier ist der Hersteller verpflichtet, unverzüglich die Behörden zu benachrichtigen. Die Meldeverfahren sind in Österreich und der Schweiz ähnlich und europaweit koordiniert.

Die drei Länder haben Portale, über die den Verbraucher*innen Rückrufe von Kosmetika und anderen Produkten bekannt gegeben werden:

- Deutschland: https://www.lebensmittelwarnung.de/bvl-lmw-de/liste/alle/deutschlandweit/10/0
- Österreich: https://www.ages.at/produktwarnungen/
- Schweiz: https://www.konsum.admin.ch/bfk/de/home/produktesicherheit/produkte rueckrufe/produktrueckrufe-und-sicherheitsinformationen-2020.html

In Deutschland wurden zum Beispiel 2019 ein Shampoo und ein Duschgel zurückgerufen, weil sie bakteriell verunreinigt waren.

12: Hexachlorophen, ein Desinfektions- und Pflanzenschutzmittel, das auch in Medikamenten enthalten ist, darf in Deutschland schon seit 1985 in Kosmetika nicht mehr eingesetzt werden.

Triclosan ist eine antibakterielle Substanz, die gegen Pilze, Bakterien und bestimmte Viren wirkt und deshalb nicht nur in Krankenhäusern zur Desinfektion, sondern auch in Deos und Seifen sowie Haushaltsreinigern zur Anwendung kommt. In Pflegecremes oder Lotionen ist der Stoff seit 2014 als Konservierungsmittel verboten, seit 2016 auch in antibakteriellen Seifen und Waschlotionen. In Arztpraxen und Krankenhäusern dürfen Produkte mit dieser Substanz weiterhin verwendet werden. Vielen Expert*innen geht das nicht weit genug – zum Beispiel der Deutschen Gesellschaft für Pädiatrische Allergologie und Umweltmedizin. Denn Triclosan hat unter anderem hormonähnliche Eigenschaften, und es wird vermutet, dass es die Fruchtbarkeit schädigen könnte. Andere Hinweise deuten auf Risiken für Leber und Herz hin. Außerdem ist der Stoff in viele Gebrauchsgegenstände wie Polstermöbel, Autoausstattungen oder Matratzen eingearbeitet.

In Kosmetika ist Triclosan vor allem noch in Zahnpasta und nicht sprühbaren Deos enthalten, aber auch in Mundwasser, Körperseife, Duschgel, Gesichtspuder, Schminke sowie in Mitteln, mit denen Finger- und Fußnägel vor der Anwendung künstlicher Nägel gereinigt werden. Die Verbraucherzentrale rät von diesen Produkten ab.

Es gibt inzwischen Apps, mit denen man Inhaltsstoffe in Kosmetika auslesen kann, z. B. Codecheck: https://www.codecheck.info/so-gehts/mobil

13: »Naturkosmetik« ist auch in der EU kein gesetzlich geschützter Begriff. Und selbst wenn »Grünes« die Verpackung ziert: Kosmetik mit Abbildungen von Pflanzen und Früchten kann trotzdem überwiegend aus chemisch-synthetischen Substanzen bestehen. Die Erwähnung von »Natur« garantiert nicht, dass die enthaltenen Stoffe aus biologischem Anbau stammen. Die Verbraucherzentrale empfiehlt deshalb, sich an Naturkosmetiksiegeln zu orientieren. Die geben einen definierten Rahmen vor und schränken die Inhaltsstoffe weiter ein als die EU-Kosmetikverordnung. So sind Inhaltsstoffe aus Erdöl, Silikone und die Schaumbildner Polyethylenglykole (PEG) in solchen zertifizierten Produkten verboten, auch Mikroplastik und viele Konservierungsstoffe. Die Zahl der synthetisch hergestellten und beigefügten Stoffe ist begrenzt (auf Pigmente und naturidentische Konservierungsstoffe). Zumindest ein Teil der Natursubstanzen muss – je nach Siegel – aus biologischem Anbau stammen.

Der deutsche Bundesverband der Industrie- und Handelsunternehmen für Arzneimittel, Reformwaren, Nahrungsergänzungsmittel und kosmetische Mittel e.V. (BDIH) hat im Jahr 2008 an einer internationalen Standardisierung für Natur- und Biokosmetik mitgewirkt. Neben den Produkten, die ein solches »Cosmos Organic«- oder »Cosmos Certified«-Siegel tragen, gibt es noch die mehrstufigen NATRUE-Label der Brüsseler *The International Association for Natural and Organic Cosmetics*. In Österreich ist eine Definition von Naturkosmetik zusätzlich im Lebensmittelbuch festgeschrieben. Die ISO-Normen 16128-1 (2016) und -2 (2017) erlauben die Berechnung eines Indizes für die Anteile biologischer Inhaltsstoffe, aber für den Laien ist das nicht transparent.

Die Verbraucherzentrale weist darauf hin, dass es Hersteller gibt, die trotz vieler pflanzlicher und tierischer Bestandteile in ihren Produkten nicht auf chemisch-synthetische Inhaltsstoffe verzichten. Diese erfüllen in der Regel nicht die höheren Standards der zertifizierten Produkte. Im Übrigen können auch zertifizierte Naturprodukte Allergien auslösen. Für sensible Personen gibt es Naturkosmetik ohne Duftstoffe, einige davon tragen das Siegel des Deutschen Allergie- und Asthmabundes.

14: In der EU müssen Hersteller die Menge an enthaltenen Bakterien nicht auf dem Etikett angeben. Viele Hersteller geben aber an, um welchen Bakterienstamm es sich handelt, um welche Gattung und Art, manche auch, in welchem Zeitraum ihr Umfang sinkt. Auf probiotischen Nahrungsergänzungsmitteln wird die Anzahl koloniebildender Einheiten (KbE) genannt, die von 5 bis 50 Milliarden Bakterien reichen.

Laut der deutschen Verbraucherzentrale hat sich bisher keine der gesundheitsbezogenen Aussagen zu Probiotika, also Lebensmitteln mit lebenden Bakterien, beweisen lassen. Sie stehen nicht auf der Positivliste der EU, weshalb viele Hersteller das Adjektiv »probiotisch« nicht mehr verwenden, sondern die angebliche Wirkung und den höheren Preis ihrer Lebensmittelprodukte mit Vitaminen erklären. Für diese sind Gesundheits-Claims zugelassen. Milchprodukte mit lebenden Joghurt-Kulturen dürfen lediglich Folgendes behaupten: »Die Verdauung der im Produkt enthaltenen Laktose (Milchzucker) wird durch Lebendkulturen in Joghurt oder fermentierter Milch bei Personen, die Probleme mit der Laktoseverdauung haben (Milchzuckerunverträglichkeit, Laktoseintoleranz), verbessert.«

Probiotische Arzneimittel, die mit höheren Dosen arbeiten, zeigen in Studien positive Wirkungen, zum Beispiel gegen Leiden wie chronisch-entzündliche Darmerkrankung.

https://www.verbraucherzentrale.de/wissen/lebensmittel/kennzeichnung-und-in haltsstoffe/lebensmittel-mit-speziellen-bakterienkulturen-frueher-probiotika-13937

15: Die Zahl der Fälle wächst in den USA: Im Dezember 2020 wurden dort bereits 1.678 Fälle registriert. In Deutschland, Österreich und der Schweiz, wo die Diagnostik sehr gut ist und die Verbreitung rasch gestoppt werden kann, scheint der Pilz noch keine Gefahr zu sein. In Österreich wurde der Pilz 2018 zum ersten Mal nachgewiesen, in der Schweiz wurden 2017 und 2019 jeweils eine Infektion registriert. In Deutschland waren laut Ärzteblatt 2019 zehn Fälle bekannt. https://www.aerzteblatt.de/archiv/ 208970/Candida-auris-Steckbrief-eines-neuen-Pilzes

16: In Deutschland führte eine Petition, die mehr als 190.000 Menschen unterzeichneten, dazu, dass für Tampons wie auch andere Hygieneartikel seit Anfang 2020 statt 19 % nur noch 7 % Mehrwertsteuer bezahlt werden müssen. In Österreich gilt seit Anfang 2021 der ermäßigte Steuersatz von 10 %. Die Schweiz besteuert derzeit noch mit dem vollen Steuersatz von 7,7 %.

AUSGEWÄHLTE LITERATUR

I. Makellos

Abuabara, Katrina, et al. »Prevalence of Atopic Eczema Among Patients Seen in Primary Care: Data from the Health Improvement Network.« *Annals of Internal Medicine* 170, Nr. 5 (2019): 354–56. https://doi.org/10.7326 /M18-2246.

Armelagos, George, et al. »Disease in Human Evolution: The Re-emergence of Infectious Disease in the Third Epidemiological Transition.« *AnthroNotes* 18 (1996): 1–7. https://doi.org/10.5479/10088/22354.

»Base Price of Cigarettes in NYC Up to $13 a Pack.« Spectrum News NY1, 1. Juni 2018. https://www.ny1.com/nyc/all-boroughs/health-and-medicine/2018/06/01/new-york-city-cigarettes-base-price.

Bharath, A. K., und R. J. Turner. »Impact of Climate Change on Skin Cancer.« *Journal of the Royal Society of Medicine* 102, Nr. 6 (2009): 215–18.

Chauvin, Juan Pablo, et al. »What Is Different about Urbanization in Rich and Poor Countries? Cities in Brazil, China, India and the United States.« *Journal of Urban Economics* 98 (2017): 17–49.

Chitrakorn, Kati. »Why International Beauty Brands Are Piling into South Korea.« Business of Fashion, 19. Dezember 2018. https://www.businessoffashion.com/articles/beauty/why-international-beauty-brands-are-piling-into-south-korea.

Chung, Janice, und Eric L. Simpson. »The Socioeconomics of Atopic Dermatitis.« *Annals of Allergy, Asthma and Immunology* 122 (2019): 360–66. https://www.ncbi.nlm.nih.gov/pubmed/30597208.

Clausen, Maja-Lisa, et al. »Association of Disease Severity with Skin Microbiome and Filaggrin Gene Mutations in Adult Atopic Dermatitis.« *JAMA Dermatology* 154, Nr. 3 (2018): 293–300.

Dréno, B. »What Is New in the Pathophysiology of Acne, an Overview.« *Journal of the European Academy of Dermatology and Venereology* 31, Nr. 55 (2017): 8–12. https://doi.org/10.1111/jdv.14374.

Garcia, Ahiza. »The Skincare Industry Is Booming, Fueled by Informed Consumers and Social Media.« CNN, 10. Mai 2019. https://edition.cnn.com/2019/05/10/business/skincare-industry-trends-beauty-social-media/index.html.

Hajar, Tamar, und Eric L. Simpson. »The Rise in Atopic Dermatitis in Young Children: What Is the Explanation?« *JAMA Network Open* 1, Nr. 7 (2018): e184205.

Hamblin, James. »I Quit Showering, and Life Continued.« *The Atlantic*, 9. Juni 2016. https://www.theatlantic.com/health/archive/2016/06/i-stopped-showering-and-life-continued/486314/.

Hou, Kathleen. »How I Used Korean Skin Care to Treat My Eczema.« The Cut, 15. August 2019. https://www.thecut.com/2018/02/how-i-used-korean-skin-care-to-treat-my-eczema.html.

Kusari, Ayan, et al. »Recent Advances in Understanding and Preventing Peanut and Tree Nut Hypersensitivity.« F1000 Research 7 (2018). https://doi.org/10.12688/f1000research.14450.1.

Laino, Charlene. »Eczema, Peanut Allergy May Be Linked.« WebMD, 1. März 2010. https://www.webmd.com/skin-problems-and-treatments/eczema/news/20100301/eczema-peanut-allergy-May-be-linked#1.

Mooney, Chris. »Your Shower Is Wasting Huge Amounts of Energy and Water. Here's What You Can Do About It.« *Washington Post*, 4. März 2015. https://www.washingtonpost.com/news/energy-environment/wp/2015/03/04/your-shower-is-wasting-huge-amounts-of-energy-and-water-heres-what-to-do-about-it/.

Nakatsuji, Teruaki, et al. »A Commensal Strain of *Staphylococcus epidermidis* Protects Against Skin Neoplasia.« *Science Advances* 4, Nr. 2 (2018): eaao4502. http://advances.sciencemag.org/content/4/2/eaao4502.

Paller, Amy S., et al. »The Atopic March and Atopic Multimorbidity: Many Trajectories, Many Pathways.« *Journal of Allergy and Clinical Immunology* 143, Nr. 1 (2019): 46–55.

Rocha, Marco A., und Ediléia Bagatin. »Adult-Onset Acne: Prevalence, Impact, and Management Challenges.« *Clinical, Cosmetic and Investigational Dermatology* 11 (2018): 59–69. https://doi.org/10.2147/CCID.S137794.

»Scientists Identify Unique Subtype of Eczema Linked to Food Allergy.« National Institutes of Health, U.S. Department of Health and Human Services, 20. Februar 2019.

Shute, Nancy. »Hey, You've Got Mites Living on Your Face. And I Do, Too.« NPR, 28. August 2014. https://www.npr.org/sections/health-shots/2014/08/28/343798876/hey-youve-got-mites-living-on-your-face-and-i-do-too.

Skotnicki, Sandy. *Beyond Soap: The Real Truth about What You Are Doing to Your Skin and How to Fix It for a Beautiful, Healthy Glow*. Toronto: Penguin Canada, 2018.

Spergel, Jonathan M., und Amy S. Paller. »Atopic Dermatitis and the Atopic March.« *Journal of Allergy and Clinical Immunology* 112, Nr. 6 suppl. (2003): 118–27.

Talib, Warnidh H., und Suhair Saleh. »*Propionibacterium acnes* Augments Antitumor, Anti-Angiogenesis and Immunomodulatory Effects of Melatonin on Breast Cancer Implanted in Mice.« *PLoS ONE* 10, Nr. 4 (2015): e0124384.

Thiagarajan, Kamala. »As Delhi Chokes on Smog, India's Health Minister Advises: Eat More Carrots.« NPR, 8. November 2019. https://www.npr.org/sections/goatsandsoda/2019/11/08/775487863/as-delhi-chokes-on-smog-indias-health-minister-advises-eat-more-carrots.

II. Reinigen

Ashenburg, Katherine. *The Dirt on Clean: An Unsanitized History*. Toronto: Knopf Canada, 2007.

Behringer, Donald C., et al. » Avoidance of Disease by Social Lobsters.« *Nature* 441 (2006): 421.

Blackman, Aylward M. »Some Notes on the Ancient Egyptian Practice of Washing the Dead.« *The Journal of Egyptian Archaeology* 5, Nr. 2 (1918): 117–24.

Giovanni Boccaccio: *Das Decameron*. Mit den Holzschnitten der venezianischen Ausgabe von 1492. Aus dem Italienischen übersetzt, mit Kommentar und Nachwort von Peter Brockmeier. Reclam, Stuttgart 2011.

Curtis, Valerie A. »Dirt, Disgust and Disease: A Natural History of Hygiene.« *Journal of Epidemiology and Community Health* 61, Nr. 8 (2007): 660–64. https://doi.org/10.1136/jech.2007.062380.

Curtis, Valerie A. »Hygiene.« In *Berkshire Encyclopedia of World History*, 2. Bd., Hrsg. William H. McNeill et al., 1283–87. Great Barrington, MA: Berkshire, 2010.

Curtis, Valerie A. »Infection-Avoidance Behaviour in Humans and Other Animals.« *Trends in Immunology* 35, Nr. 10 (2014): 457–64. http://dx.doi.org/10.1016/j.it.2014.08.006.

Curtis, Valerie A. »Why Disgust Matters.« *Philosophical Transactions of the Royal Society B* 366, Nr. 1583 (2011): 3478–90. https://doi.org/10.1098/rstb.2011.0165.

Fagan, Garrett. *Bathing in Public in the Roman World.* Ann Arbor: University of Michigan Press, 2002.

Fagan, Garrett. »Three Studies in Roman Public Bathing.« PhD diss., McMaster University, 1993.

Foster, Tom. »The Undiluted Genius of Dr. Bronner's.« *Inc.*, 3. April 2012. https://www.inc.com/magazine/201204/tom-foster/the-undiluted-genius-of-dr-bronners.html

Galka, Max. »From Jericho to Tokyo: The World's Largest Cities Through History – Mapped.« *The Guardian*, 6. Dezember 2016.

Goffart, Walter. *Barbarian Tides: The Migration Age and the Later Roman Empire.* Philadelphia: University of Pennsylvania Press, 2006.

Hennessy, Val. »Washing Our Dirty History in Public.« *Daily Mail*, 1. April 2008. https://www.dailymail.co.uk/home/books/article-548111/Washing-dirty-history-public.html.

Horrox, Rosemary (Hrsg.). *The Black Death.* Manchester Medieval Sources series. Manchester, UK: Manchester University Press, 1994.

Jackson, Peter. »Marco Polo and His Travels.« *Bulletin of the School of Oriental and African Studies* (University of London) 61, Nr. 1 (1998): 82–101.

Konrad, Matthias, et al. »Social Transfer of Pathogenic Fungus Promotes ActivenImmunisation in Ant Colonies.« *PLOS Biology* 10, Nr. 4 (2012): e1001300.

Morrison, Toni. »The Art of Fiction«, Nr. 134. Interview von Elissa Schappell und Claudia Brodsky Lacour. *Paris Review* 128 (Herbst 1993). https://www.theparisreview.org/interviews/1888/toni-morrison-the-art-of-fiction-Nr-134-toni-morrison.

Poynter, Elizabeth. *Bedbugs and Chamberpots: A History of Human Hygiene.* CreateSpace, 2015.

Prum, Richard O. *The Evolution of Beauty: How Darwin's Forgotten Theory of Mate Choice Shapes the Animal World – and Us.* New York: Doubleday, 2017.

Roesdahl, Else, et al., (Hg.). *The Vikings in England and in Their Danish Homeland.* London: The Anglo-Danish Viking Project, 1981.

Schafer, Edward H. »The Development of Bathing Customs in Ancient and Medieval China and the History of the Floriate Clear Palace.« *Journal of the American Oriental Society* 76, Nr. 2 (1956): 57–82.

Schwartz, David A., ed. *Maternal Death and Pregnancy – Related Morbidity Among Indigenous Women of Mexico and Central America: An Anthropological, Epidemiological, and Biomedical Approach*. Cham, Schweiz: Springer International, 2018.

Yegül, Fikret. *Bathing in the Roman World*. New York: Cambridge University Press, 2010.

III. Schaum

Bollyky, Thomas J. *Plagues and the Paradox of Progress: Why the World Is Getting Healthier in Worrisome Ways*. Cambridge, MA: The MIT Press, 2018.

Cox, Jim. *Historical Dictionary of American Radio Soap Operas*. Lanham, MD: Scarecrow Press/Rowman and Littlefield, 2005.

»Donkey Milk.« *World Heritage Encyclopedia*.

»Dr. Bronner's 2019 All-One! Report.« https://www.drbronner.com/allone-reports/A1R-2019/all-one- report-2019.html.

Evans, Janet. *Soap Making Reloaded: How to Make a Soap from Scratch Quickly and Safely: A Simple Guide for Beginners and Beyond*. Newark, DE: Speedy Publishing, 2013.

Gladstone, W. E. *The Financial Statements of 1853 and 1860, to 1865*. London: John Murray, 1865.

Heyward, Anna. »David Bronner, Cannabis Activist of the Year.« *The New Yorker*, 29. Februar 2016. https://www.newyorker.com/magazine/2016/02/29/david-bronner-canna bis-activist-of-the-year.

McNeill, William H. *Plagues and Peoples*. New York: Doubleday,1977.

Mintel Press Office. »Slippery Slope for Bar Soap As Sales Decline 2% since 2014 in Favor of More Premium Options.« Mintel, 22. August 2016. https://www.mintel.com/press-centre/beauty-and-personal-care/slippery-slope-for-bar-soap-as-sales-decline-2-sin ce-2014-in-favor-of-more-premium-options.

»Palm Oil: Global Brands Profiting from Child and Forced Labour.« Amnesty International, 30. November 2016. https://www.amnesty.org/en/latest/news/2016/11/palm-oil-glo bal-brands-profiting-from-child-and-forced-labour/.

Port Sunlight Village Trust. »About Port Sunlight: History and Heritage.« https://www.portsunlightvillage.com/about-port-sunlight/history-and-heritage/.

Prigge, Matthew. »The Story Behind This Bar of Palmolive Soap.« *Milwaukee Magazine*, 25. Januar 2018.

Savage, Woodson J. III. *Streetcar Advertising in America*. Stroud, Gloucestershire, UK: Fonthill Media, 2016.

»Soap Ingredients.« Handcrafted Soap & Cosmetic Guild.

Spitz, Luis. *SODEOPEC: Soaps, Detergents, Oleochemicals, and Personal Care Products*. Champaign, IL: AOCS Press, 2004.

Spitz, Luis, ed. *Soap Manufacturing Technology*. Urbana, IL: AOCS Press, 2009.

Spitz, Luis, und Fortuna Spitz. *The Evolution of Clean: A Visual Journey Through the History of Soaps and Detergents*. Washington, DC: Soap and Detergent Association, 2006.

»Who Invented Body Odor?« Roy Rosenzweig Center for History and New Media. https://rrchnm.org/sidelights/who- invented-body-odor/.

Willingham, A. J. »Why Don't Young People Like Bar Soap? They Think It's Gross, Apparently.« CNN, 29. August 2016. https://edition.cnn.com/2016/08/29/health/bar-soap-sales-on-the-decline-trnd/index.html.

Wisetkomolmat, Jiratchaya, et al. »Detergent Plants of Northern Thailand: Potential Sources of Natural Saponins.« *Resources* 8, Nr. 1 (2019). https://doi.org/10.3390/ resources8010010.

Zax, David. »Is Dr. Bronner's All-Natural Soap A $50 Million Company or an Activist Platform? Yes.« *Fast Company*, 2. Mai 2013.

IV. Schimmern

Baumann, Leslie. *Cosmeceuticals and Cosmetic Ingredients*. New York: McGraw-Hill Education/Medical, 2015.

»Clean Beauty – and Why It's Important.« *Goop*. https://goop.com/beauty/personal-care/clean-beauty-and-why-its-important/.

»Emily Weiss.« The Atlantic Festival, YouTube, 8. Oktober 2018. https://www.youtube.com/watch?v=kMBHZsLThk4.

Fine, Jenny B. »50 Beauty Execs Under 40 Driving Innovation.« *Women's Wear Daily*, 24. Juni 2016.

Jones, Geoffrey. *Beauty Imagined: A History of the Global Beauty Industry*. New York: Oxford University Press, 2010.

Strzepa, Anna, et al. »Antibiotics and Autoimmune and Allergy Diseases: Causative Factor or Treatment?« *International Immunopharmacology* 65 (2018): 328–41.

Surber, Christian, et al. »The Acid Mantle: A Myth or an Essential Part of Skin Health?« *Current Problems in Dermatology* 54 (2018): 1–10.

Varagur, Krithika. »The Skincare Con.« The Outline, 30. Januar 2018. https://theoutline.com/post/3151/the-skincare-con-glossier-drunk-elephant-biologique-recherche-p50.

Warfield, Nia. »Men Are a Multibillion Dollar Growth Opportunity for the Beauty Industry.« CNBC, 20. Mai 2019. https://www.cnbc.com/2019/05/17/men-are-a-multibillion-dollar-growth-opportunity-for-the-beauty-industry.html

Wischhover, Cheryl. »Glossier, the Most-Hyped Makeup Company on the Planet, Explained.« Vox, 4. April 2019. https://www.vox.com/the-goods/2019/3/4/18249886/glossier-play-emily-weiss-makeup.

Wischhover, Cheryl. »The Glossier Machine Kicks into Action to Sell Its New Product.« Racked, 4. März 2018. https://www.racked.com/2018/3/4/17079048/glossier- oscars.

V. Entgiften

Burisch, Johan, et al. »East-West Gradient in the Incidence of Inflammatory Bowel Disease in Europe: The ECCO-EpiCom Inception Cohort.« *Gut* 63 (2014): 588–97. http://dx.doi.org/10.1136/gutjnl-2013-304636.

Dunn, Robert R. »The Evolution of Human Skin and the Thousands of Species It Sustains, with Ten Hypothesis of Relevance to Doctors.« In: *Personalized, Evolutionary, and Ecological Dermatology*, Hrsg. Robert A. Norman. Schweiz: Springer International Publishing, 2016.

»FDA Authority Over Cosmetics: How Cosmetics Are Not FDA-Approved, but Are FDA-Regulated.« U.S. Food and Drug Administration. https://www.fda.gov/cosmetics/cosmetics-laws-regulations/fda-authority-over-cosmetics-how-cosmetics-are-not-fda-approved-are-fda-regulated.

Feinstein, Dianne, und Susan Collins. »The Personal Care Products Safety Act.« *JAMA Internal Medicine* 178, Nr. 5(2018): 201–2.

»Fourth National Report on Human Exposure to Environmental Chemicals.« U.S. Department of Health and Human Services Centers for Disease Control and Prevention, 2009. https://www.cdc.gov/exposurereport/index.html.

Graham, Jefferson. »Retailer Claire's Pulls Makeup from Its Shelves over Asbestos Concerns.« *USA Today*, 27. Dezember 2017. https://eu.usatoday.com/story/money/2017/12/27/claires-makeup-recalled-asbestos-concerns/986235001/.

»Is It a Cosmetic, a Drug, or Both? (Or Is It Soap?)« U.S. Food and Drug Administration. https://www.fda.gov/cosmetics/cosmetics-laws-regulations/it-cosmetic-drug-or-both-or-it-soap.

»More Health Problems Reported with Hair and Skin Care Products«, NPR, 26. Juni 2017. https://www.npr.org/sections/health-shots/2017/06/26/534411597/more-health-problems-reported-with-hair-and-skin-care-products.

Patterson, Christopher, et al. »Trends and Cyclical Variation in the Incidence of Childhood Type 1 Diabetes in 26 European Centres in the 25-Year Period 1989–2013: A Multicentre Prospective Registration Study.« *Diabetologia* 62 (2019): 408–17. https://doi.org/10.1007/s00125-018- 4763-3.

Patterson, Christopher, et al. »Worldwide Estimates of Incidence, Prevalence and Mortality of Type 1 Diabetes in Children and Adolescents: Results from the International Diabetes Federation Diabetes Atlas, 9th edition.« *Diabetes Research and Clinical Practice* 157 (2019). https://doi.org/ 10.1016/j.diabres.2019.107842.

Prescott, Susan, et al. »A Global Survey of Changing Patterns of Food Allergy Burden in Children.« *World Allergy Organization Journal* 6 (2013): 1–12. https://doi.org/10.1186/1939-4551-6-21.

Pycke, Benny, et al. »Human Fetal Exposure to Triclosan and Triclocarban in an Urban Population from Brooklyn, New York.« *Environmental Science & Technology* 48, Nr. 15 (2014): 8831–38. https://doi.org/10.1021/es501100w.

Scudellari, Megan. »News Feature: Cleaning Up the Hygiene Hypothesis.« *Proceedings of the National Academy of Sciences of the United States of America* 114, Nr. 7 (2017): 1433–36. https://doi.org/10.1073/pnas.1700688114.

Silverberg, Jonathan I. » Public Health Burden and Epidemiology of Atopic Dermatitis.« *Dermatologic Clinics* 35, Nr. 3 (2017): 283–89. https://doi.org/10.1016/j.det.2017.02.002.

»Statement on FDA Investigation of WEN by Chaz Dean Cleansing Conditioners.« U.S. Food and Drug Administration, 15. November 2017. https://www.fda.gov/cosmetics/cosmetic-products/statement-fda-investigation-wen-chaz-dean-cleansing-conditioners.

Strachan, David. »Hay Fever, Hygiene, and Household Size.« *British Medical Journal* 299 (1989): 1259–60. https://doi.org/10.1136/bmj.299.6710.1259.

Vatanen, Tommi. »Variation in Microbiome LPS Immunogenicity Contributes to Autoimmunity in Humans.« *Cell* 165, Nr. 4 (2016): 842–53. https://doi.org/10.1016/j.cell.2016.04.007.

»Walmart Recalls Camp Axes Due to Injury Hazard.« United States Consumer Product Safety Commission, 3. Oktober 2018. https://www.cpsc.gov/Recalls/2018/walmart-recalls-camp-axes-due-to-injury-hazard.

VI. Minimieren

»Bacteria Therapy for Eczema Shows Promise in NIH Study.« National Institutes of Health. U.S. Department of Health and Human Services, 3. Mai 2018. https://www.nih.gov/news- events/news-releases/bacteria-therapy-eczema-shows- promise-nih-study.

Bennett, James. »Hexachlorophene.« *Cosmetics and Skin*, 3. Oktober 2019. https://www.cosmeticsandskin.com/efe/hexachlorophene.php.

Bloomfield, Sally F. »Time to Abandon the Hygiene Hypothesis: New Perspectives on Allergic Disease, the Human Microbiome, Infectious Disease Prevention and the Role of Targeted Hygiene.« *Perspectives in Public Health* 136, Nr. 4 (2016): 213–24.

Böbel, Till S., et al. »Less Immune Activation Following Social Stress in Rural vs. Urban Participants Raised with Regular or No Animal Contact, Respectively.« *Proceedings of the National Academy of Sciences* 115, Nr. 20 (2018): 5259–64.

Callard, Robin E., und John I. Harper. »The Skin Barrier, Atopic Dermatitis and Allergy: A Role for Langerhans Cells?« *Trends in Immunology* 28, Nr. 7 (2007): 294–98.

»Gaspare Aselli (1581–1626). The Lacteals.« *JAMA* 209, Nr. 5 (1969): 767. https://doi.org/10.1001/jama.1969.03160180113016.

Gilbert, Jack, und Rob Knight. *Dirt Is Good: The Advantage of Germs for Your Child's Developing Immune System*. New York: St. Martin's Press, 2017.

Hamblin, James. »The Ingredient to Avoid in Soap.« *The Atlantic*, 17. November 2014. https://www.theatlantic.com/health/archive/2014/11/forget-antibacterial-products/382832/.

Holbreich, Mark, et al. »Amish Children Living in Northern Indiana Have a Very Low Prevalence of Allergic Sensitization.« *Journal of Allergy and Clinical Immunology* 129, Nr. 6 (2012): 1671–73.

Lee, Hye-Rim, et al. »Progression of Breast Cancer Cells Was Enhanced by Endocrine-Disrupting Chemicals, Triclosan and Octylphenol, via an Estrogen Receptor-Dependent Signaling Pathway in Cellular and Mouse Xenograft Models.« *Chemical Research in Toxicology* 27, Nr. 5 (2014): 834–42.

MacIsaac, Julia K., et al. »Health Care Worker Exposures to the Antibacterial Agent Triclosan.« *Journal of Occupational and Environmental Medicine* 56, Nr. 8 (2014): 834–39. https://doi.org/10.1097/jom.0000000000000183.

Rook, Graham, et al. »Evolution, Human-Microbe Interactions, and Life History Plasticity.« *The Lancet* 390, Nr. 10093 (2017): 521–30. https://doi.org/10.1016/S0140-6736(17)305 66-4.

Scudellari, Megan. »News Feature: Cleaning Up the Hygiene Hypothesis.« *Proceedings of the National Academy of Sciences* 114, Nr. 7 (2017): 1433–36.

Shields, J. W. »Lymph, Lymphomania, Lymphotrophy, and HIV Lymphocytopathy: An Historical Perspective.« *Lymphology* 27, Nr. 1 (1994): 21–40.

Stacy, Shaina L., et al. »Patterns, Variability, and Predictors of Urinary Triclosan Concentrations During Pregnancy and Childhood.« *Environmental Science and Technology* 51, Nr. 11 (2017): 6404–13.

Stein, Michelle M., et al. »Innate Immunity and Asthma Risk in Amish and Hutterite Farm Children.« *New England Journal of Medicine* 375, Nr. 5 (2016): 411–21.

Velasquez-Manoff, Moises. *An Epidemic of Absence: A New Way of Understanding Allergies and Autoimmune Diseases*. New York: Scribner, 2012.

Von Hertzen, Leena C., et al. »Scientific Rationale for the Finnish Allergy Programme 2008–2018: Emphasis on Prevention and Endorsing Tolerance.« *Allergy* 64, Nr. 5 (2009): 678–701.

Von Mutius, Erika. »Asthma and Allergies in Rural Areas of Europe.« *Proceedings of the American Thoracic Society* 4 (2007): 212–16.

Warfield, Nia. »Men Are a Multibillion Dollar Growth Opportunity for the Beauty Industry.« CNBC, 20. Mai 2019. https://www.cnbc.com/2019/05/17/men-are-a-multibillion-dollar-growth-opportunity-for-the-beauty-industry.html/.

VII. Flüchtiges

Baldwin, Ian T., und Jack C. Schultz. »Rapid Changes in Tree Leaf Chemistry Induced by Damage: Evidence for Communication Between Plants.« *Science* 221, Nr. 4607 (1983): 277–79. https://science.sciencemag.org/content/221/4607/277.

Costello, Benjamin Paul de Lacy, et al. »A Review of the Volatiles from the Healthy Human Body.« *Journal of Breath Research* 8, Nr. 1 (2014): 014001.

Emslie, Karen. »To Stop Mosquito Bites, Silence Your Skin's Bacteria. *Smithsonian*, 30. Juni 2015. https://www.smithsonianmag.com/science-nature/stop-mosquito-bites-silence-your-skins-bacteria-180955772/.

Gols, Richard, et al. »Smelling the Wood from the Trees: Non-Linear Parasitoid Responses to Volatile Attractants Produced by Wild and Cultivated Cabbage.« *Journal of Chemical Ecology* 37 (2011): 795.

Guest, Claire. *Daisy's Gift: The Remarkable Cancer-Detecting Dog Who Saved My Life*. London: Virgin Books, 2016.

Hamblin, James. »Emotions Seem to Be Detectable in Air.« *The Atlantic*, 23. Mai 2016. https://www.theatlantic.com/science/archive/2016/05/the-gas-of-emotion/482922/.

Maiti, Kiran Sankar, et al. »Human Beings as Islands of Stability: Monitoring Body States Using Breath Profiles.« *Scientific Reports* 9 (2019): 16167.

Pearce, Richard F., et al. »Bumblebees Can Discriminate Between Scent-Marks Deposited by Conspecifics.« *Scientific Reports* 7 (2017): 43872. https://doi.org/10.1038/srep43872.

Rodríguez-Esquivel, Miriam, et al. »Volatolome of the Female Genitourinary Area: Toward the Metabolome of Cervical Cancer.« *Archives of Medical Research* 49, Nr. 1 (2018): 27–35.

Verhulst, Niels O., et al. »Composition of Human Skin Microbiota Affects Attractiveness to Malaria Mosquitoes.« *PLoS ONE* 6, Nr. 12 (2011): e28991. https://doi.org/10.1371/journal.pone.0028991.

VIII. Probiotisch

Benn, Christine Stabell, et al. »Maternal Vaginal Microflora During Pregnancy and the Risk of Asthma Hospitalization and Use of Antiasthma Medication in Early Childhood.« *Allergy and Clinical Immunology* 110, Nr. 1 (2002): 72–77.

Capone, Kimberly A., et al. »Diversity of the Human Skin Microbiome Early in Life.« *Journal of Investigative Dermatology* 131, Nr. 10 (2011): 2026–32.

Castanys-Muñoz, Esther, et al. »Building a Beneficial Microbiome from Birth.« *Advances in Nutrition* 7, Nr. 2 (2016): 323–30.

Clausen, Maja-Lisa, et al. »Association of Disease Severity with Skin Microbiome and Filaggrin Gene Mutations in Adult Atopic Dermatitis.« *JAMA Dermatology* 154, Nr. 3 (2018): 293–300.

Council, Sarah E., et al. »Diversity and Evolution of the Primate Skin Microbiome.« *Proceedings of the Royal Society B* 283, Nr. 1822 (2016): 20152586. https://doi.org/10.1098/rspb.2015.2586.

Dahl, Mark V. »*Staphylococcus aureus* and Atopic Dermatitis.« *Archives of Dermatology* 119, Nr. 10 (1983): 840–46.

Dotterud, Lars Kåre, et al. »The Effect of UVB Radiation on Skin Microbiota in Patients with Atopic Dermatitis and Healthy Controls.« *International Journal of Circumpolar Health* 67, Nr. 2–3 (2008): 254–60.

Flandroy, Lucette, et al. »The Impact of Human Activities and Lifestyles on the Interlinked Microbiota and Health of Humans and of Ecosystems.« *Science of the Total Environment* 627 (2018): 1018–38.

Fyhrquist, Nanna, et al. »*Acinetobacter* Species in the Skin Microbiota Protect Against Allergic Sensitization and Inflammation.« *Journal of Allergy and Clinical Immunology* 134, Nr. 6 (2014): 1301–9.e11.

Grice, Elizabeth A., und Julie A. Segre. »The Skin Microbiome.« *National Reviews in Microbiology* 9, Nr. 4 (2011): 244–53.

Grice, Elizabeth A., et al. »Topographical and Temporal Diversity of the Human Skin Microbiome.« *Science* 324, Nr. 5931 (2009): 1190–92.

Hakanen, Emma, et al. »Urban Environment Predisposes Dogs and Their Owners to Allergic Symptoms.« *Scientific Reports* 8 (2018): 1585.

Jackson, Kelly M. und Andrea M. Nazar. »Breastfeeding, the Immune Response, and Long-term Health.« *Journal of the American Osteopathic Association* 106, Nr. 4 (2006): 203–7.

Karkman, Antti, et al. »The Ecology of Human Microbiota: Dynamics and Diversity in Health and Disease.« *Annals of the New York Academy of Sciences* 1399, Nr. 1 (2017): 78–92.

Kim, Jooho P., et al. »Persistence of Atopic Dermatitis (AD): A Systematic Review and Meta-Analysis.« *Journal of the American Academy of Dermatology* 75, Nr. 4 (2016): 681–87. https://doi.org/10.1016/j.jaad.2016.05.028.

Lehtimäki, Jenni, et al. »Patterns in the Skin Microbiota Differ in Children and Teenagers Between Rural and Urban Environments.« *Scientific Reports* 7 (2017): 45651.

Levy, Barry S., et al., (Hg.). *Occupational and Environmental Health: Recognizing and Preventing Disease and Injury.* 6. Ausgabe. New York: Oxford University Press, 2011.

Mueller, Noel T., et al. »The Infant Microbiome Development: Mom Matters.« *Trends in Molecular Medicine* 21, Nr. 2 (2015): 109–17.

Myles, Ian A., et al. »First-in-Human Topical Microbiome Transplantation with *Roseomonas mucosa* for Atopic Dermatitis.« *JCI Insight* 3, Nr. 9 (2018). https://doi.org/10.1172/jci.insight.120608.

Picco, Federica, et al. »A Prospective Study on Canine Atopic Dermatitis and Food-Induced Allergic Dermatitis in Switzerland.« *Veterinary Dermatology* 19, Nr. 3 (2008): 150–55.

Richtel, Matt und Andrew Jacobs. »A Mysterious Infection, Spanning the Globe in a Climate of Secrecy.« *New York Times*, 6. April 2019. https://www.nytimes.com/2019/04/06/health/drug-resistant-candida-auris.html.

Ross, Ashley A., et al. »Comprehensive Skin Microbiome Analysis Reveals the Uniqueness of Human Skin and Evidence for Phylosymbiosis within the Class Mammalia.« *Proceedings of the National Academy of Sciences* 115, Nr. 25 (2018): E5786–95.

Scharschmidt, Tiffany C. »*S. aureus* Induces IL-36 to Start the Itch.« *Science Translational Medicine* 9, Nr. 418 (2017): eaar2445.

Scott, Julia. »My No-Soap, No Shampoo, Bacteria-Rich Hygiene Experiment.« *New York Times*, 22. Mai 2014. https://www.nytimes.com/2014/05/25/magazine/my-no-soap-no-shampoo-bacteria-rich-hygiene-experiment.html.

Textbook of Military Medicine. Washington, DC: Office of the Surgeon General at TMM Publications, 1994.

Van Nood, Els, et al. »Duodenal Infusion of Donor Feces for Recurrent Clostridium Difficile.« *New England Journal of Medicine* 368 (2013): 407–415. https://doi.org/10.1056/NEJMoa1205037.

Wattanakrai, Penpun und James S. Taylor. »Occupational and Environmental Acne.« In: *Kanerva's Occupational Dermatology*, Hrsg. Thomas Rustemeyer et al. (Berlin: Springer, 2012).

Winter, Caroline. »Germ-Killing Brands Now Want to Sell You Germs.« *Bloomberg Businessweek*, 22. April 2019. https://www.bloomberg.com/news/features/2019-04-22/even-clorox-and-unilever-want-the-booming-bacteria-business-to-thrive.

IX. Erfrischt

Beveridge, Charles E. »Frederick Law Olmsted Sr.« National Association for Olmsted Parks.

Borchgrevink, Carl P., et al. »Handwashing Practices in a College Town Environment.« *Journal of Environmental Health,* April 2013. https://msutoday.msu.edu/_/pdf/assets/2013/hand-washing-study.pdf.

Fee, Elizabeth und Mary E. Garofalo. »Florence Nightingale and the Crimean War.« *American Journal of Public Health* 100, Nr. 9 (2010): 1591. https://doi.org/10.2105/AJPH.2009.188607.

Fisher, Thomas. »Frederick Law Olmsted and the Campaign for Public Health.« *Places,* November 2010.

Koivisto, Aino. »Finnish Children Spend the Entire Day Outside.« Turku.fi, 16. November 2017. http://www.turku.fi/ en/news/2017-11-16_finnish-children-spend-entire-day-outside.

Martin, Justin. *Genius of Place: The Life of Frederick Law Olmsted.* Boston: Da Capo Press, 2011.

National Archives. »Florence Nightingale.« https://www.nationalarchives.gov.uk/education/resources/florence-nightingale/.

Olmsted, Frederick Law, und Jane Turner Censer. *The Papers of Frederick Law Olmsted, Volume IV: Defending the Union: The Civil War and the U.S. Sanitary Commission 1861–1863.* Baltimore: Johns Hopkins University Press, 1986.

Rich, Nathaniel. »When Parks Were Radical.« *The Atlantic*, September 2016. https://www.theatlantic.com/magazine/archive/2016/09/better-than-nature/492716/.

Ruokolainen, Lasse, et al. »Green Areas Around Homes Reduce Atopic Sensitization in Children.« *Allergy* 70, Nr. 2 (2015): 195–202.

»Sanitation.« UNICEF, Juni 2019. https://data.unicef.org/ topic/water-and-sanitation/sanitation/.

»Sanitation.« World Health Organization, 14. Juni 2019. https://www.who.int/news-room/fact-sheets/detail/ sanitation.

»Trachoma.« World Health Organization, 27. Juni 2019. https://www.who.int/news-room/fact-sheets/detail/ trachoma.

»WASH Situation in Mozambique.« UNICEF. https://www.unicef.org/mozambique/en/water-sanitation- and-hygiene-wash.

REGISTER